民族教育跨越与利益契合

——海南省保亭自治县教育移民研究

谢君君　著

WUHAN UNIVERSITY PRESS

武汉大学出版社

图书在版编目(CIP)数据

民族教育跨越与利益契合:海南省保亭自治县教育移民研究/谢君君著.—武汉:武汉大学出版社,2015.5
ISBN 978-7-307-15438-4

Ⅰ.民… Ⅱ.谢… Ⅲ.少数民族教育—研究—保亭黎族苗族自治县 Ⅳ.G759.2

中国版本图书馆 CIP 数据核字(2015)第 057148 号

责任编辑:赵财霞　　责任校对:李孟潇　　版式设计:马　佳

出版发行:**武汉大学出版社**　　(430072　武昌　珞珈山)
(电子邮件:cbs22@ whu. edu. cn 网址:www. wdp. com. cn)
印刷:湖北睿智印务有限公司
开本:880×1230　1/32　印张:8.5　字数:218 千字　插页:2
版次:2015 年 5 月第 1 版　　2015 年 5 月第 1 次印刷
ISBN 978-7-307-15438-4　　定价:26.00 元

谢君君，男，博士，海南医学院讲师，研究方向：民族教育理论与政策、马克思主义中国化、教育人类学。先后主持国家社科基金项目1项、省部级课题及专项课题3项，在核心期刊及省级期刊发表学术论文20余篇，多篇文章被《广西民族研究》《复旦教育论坛》《教育评论》等杂志采用。

目　录

绪　　论

一、选题缘由

海南省是一个多民族的省份，全省 18 个市县中有 9 个少数民族聚居县市、137 个少数民族乡镇。除黎族是世居民族外，苗族始于明代万历年间迁移来海南，距今已有四百多年的历史。回族祖先大约在 12~13 世纪从印度支那半岛的占城(即今越南南部平定省一带)漂泊来海南，至今有七百多年的历史。其余还有苗、瑶、满、侗、壮族等 35 个少数民族是新中国成立后随着海南岛的开发逐渐迁徙过来的。黎、苗、回族主要聚居在海南的中部、南部的琼中、保亭、白沙、陵水、昌江等县和三亚市、通什市(今五指山市)，汉族主要聚居在海南的东北部、北部和沿海地区。其中全省汉族人口 678.70 万人，占总人口的 82.1%，少数民族人口 147.61 万人，占总人口的 17.9%。全省受大学及以上教育的有 41.28 万人，受高中教育的有 109.2 万人，受初中教育的有 310.25 万人，受小学教育的有 236.74 万人。其中少数民族的义务教育普及程度相对汉族地区较弱①。

2010 年年底，我有幸跟随导师孟立军到海南省调研，在走访

---

① 见海南省人民政府网：http://www.hq.xinhuanet.com/focus/hainan20y/2008-03/19/content_12738186.htm.

1

三亚、陵水、保亭、乐东、五指山等地教育局的过程中，我们对当地针对少数民族地区学生的"教育移民"工程产生了兴趣。所谓的教育移民是把少数民族地区的学生整体搬迁到县城上学而采取的一种学生教育移民工程。这样做的目的有二：一是针对少数民族地区义务教育力量薄弱、教学点散而小、师资薄弱等特点，采取提高当地少数民族教育水平、缩小城乡教育资源差距的做法，以实现少数民族学生与城镇学生教育起点的公平。二是为了通过提高少数民族地区学生的整体素质，改变其生存观念，实现真正的教育扶贫。教育移民工程自 2008 年 9 月启动以来，得到海南省委的大力支持，被纳入海南省的重点民生工程，2008—2010 年间共投资 3.7 亿元，在海南省的陵水县、保亭县、五指山市、琼中县、乐东县、东方市、白沙县、昌江县、屯昌县、定安县等地建立了 10 所思源实验学校，2011 年再投资 4.5 亿元，总计建立 24 所思源学校，整体搬迁41 200名少数民族学生。教育移民规模之大，全国罕见，产生了很大的社会影响①。

随着社会对该问题的关注，我对海南省的教育移民产生了兴趣，想深入地了解其产生的背景、实施的过程以及存在的问题。可以说它的产生有其特殊的背景，但不容忽视其对少数民族教育的关照所产生的深远意义。在所调研的学校观察，少数民族孩子进新校园的喜悦和老师对教学条件改善的期盼让人觉得这是一件得民心的好事。但它也让我充满了疑问，教育移民是否能解决落后少数民族地区教育公平的问题？少数民族学生脱离其熟悉的家庭和生活环境进入新校园，是否会产生文化的振荡，出现文化不适应的问题？教育移民的实施是教育模式的一种新的探索，它产生的实践意义是否可以对其他少数民族地区的教育起到借鉴的作用？

---

① 海南省人民政府办公厅关于转发省教育厅财政厅 2008 年教育扶贫（移民）工程实施方案的通知，琼府办（2008）75 号。

调研回来后，我对"教育移民"关键字进行了相关检索，发现对这个问题的研究竟然屈指可数。除了《琼州大学学报》发表了一篇海南省教育移民的学术调研情况报告，剩下的只有几篇学术论文和新闻报道。这更加深了我想研究它的兴趣程度。虽然此项研究的资料很少，不一定能深入地剖析其内在的运行轨迹，但可以给后来的研究者提供一些经验的素材。

二、研究目的与意义

(一)研究目的

本研究试图通过人类学的田野调查方法对海南省教育移民产生的背景、实施的过程进行深入研究，以期通过翔实的资料把其实施的完整过程呈现给大家，并对其产生的成效和存在的问题进行客观的分析和解读，并提出完善的对策。研究主要包括以下几个方面：

第一，教育移民实施的背景。

第二，教育移民的理论基础是什么？

第三，教育移民实施的过程和经验，包括教育移民是如何进行运作的？如何进行管理的？

第四，在教育移民学校的特定场域里，少数民族学生和老师是否存在心理和文化适应问题？学校是怎么解决冲突的？老师是怎么进行教学和管理的？

第五，少数民族教育移民学生的升学和毕业出路在哪里？

第六，教育移民取得了哪些社会成效，还存在哪些问题？

第七，在以上研究的基础上，提出完善的对策。

第八，教育移民的必要性和可行性分析以及其发展的趋势。

教育移民是政府针对少数民族学生提高教学质量而实施的教育政策，政府、教师和学生既是参与者，又是实践者，在学校这个特定时间—空间场域里，不同的价值观念在这里交汇，他们是如何相互适应并达到彼此的诉求的？

(二)研究意义

1. 理论意义

海南省教育移民的实施，其实质是让贫困地区少数民族人口在享受优质教育资源方面有更多的选择，最大限度地发挥民族教育的辐射和带动作用。它不仅为民族教育的跨越式发展理论提供了新的发展模式，同时也是实现教育公平、整合教育资源的有效途径。我国民族地区由于历史的原因，存在着经济和社会发展的不平衡、教育资源短缺、民族教育教学形式多样、基础设施条件差、师资水平低、双语教学薄弱等特点。为了解决民族教育存在的问题，我国部分民族地区根据实际情况实施教育移民工程，以求改变民族地区教育发展不平衡的状况，取得了很好的效果，但也存在着很多矛盾，如：如何兼顾移民生存发展与自然生态资源的和谐发展，教育移民的教育发展与地区经济发展的相互促进等。对海南省少数民族地区教育移民的研究，为我们提供了一片新的试验场，对进一步认识民族教育特殊性、丰富民族教育跨越式发展理论具有重要的作用。

海南省少数民族地区教育移民是最佳的扶贫方式之一，也是教育扶贫理论的新探索。民族地区的贫困，关键在于人力资本的缺乏、文化的贫困。所谓的文化贫困是指某一社会群体的生活方式、思维方式和价值观以及知识、习俗和技能的滞后等现象，表现为生活单调、安于现状、思维惰性化等，它根植于传统小农经济土壤，是地域长期封闭隔离、文化教育发展落后、人口素质低下的必然结果。如何提升民族地区人口的科学文化素质，怎样处理好民族教育与经济社会发展的关系，是教育扶贫理论的关键环节，对海南省教育移民的研究、进一步丰富教育扶贫理论具有重要的理论价值。

少数民族地区的教育移民，把处于不同民族地区的贫困人口集中在学校这个特定的学校场域中，民族文化的深深烙印与主流文化的灌输在这里产生冲突和融合，同时从全国各地引进的老师对本地文化的适应以及与学生家长教育观念的冲突也在不断发酵。这为文化适应研究提供了一个特定的研究环境，探讨其发生、发展的特征对民族文化的传承和创新具有重要的现实意义，同时也丰富了民族教育理论。

2. 实践意义

海南省自 1988 年建省以来，其地区经济发展一直处在一个落后的位置，究其根源是教育的落后、人才的匮乏。而少数民族地区教育的基础差、起点低，使海南省地区经济缺乏人力资本的供给，很多生态贫困区进入了一个恶性循环的境地，人力资本走不出，也留不下来。为了解决这种状况，加大教育基础设施的投入，提高少数民族地区的人才素质是其发展的重中之重。海南省教育移民的实施是在新的历史时期实行的针对海南少数民族地区教育发展的一个重要教育政策。对海南教育移民的研究不仅能为少数民族教育跨越式发展探索出一条实践的新路，而且能为海南少数民族教育政策的制定提供可供参考的政策依据。

从教育学角度看，海南省的教育移民，不仅把少数民族地区的孩子集中到县城上学，同时也在全国招聘了优秀教师；在学校这个特定的场域中，学校文化、外来教师与本地少数民族学生在文化上的差异在这里交汇，存在不同程度的文化冲突现象，这给我们提供了一个天然的试验场，对研究教育学、人类学提供了很好的经验素材。

少数民族教育水平的提高不仅关系到教育公平的均衡，也关系到地区的稳定和可持续发展。少数民族作为弱势群体，教育是其向上流动的主要途径，海南少数民族教育移民的实施实现了其在教育起点的公平，对是否能实现落后地区少数民族教育水平的跨越发展有着重要的实践意义。

三、文献综述

(一)关于教育移民的研究

通过中国知网(CNKI)对关键字"教育移民"进行检索的结果看，从1997—2011年间共有78篇研究成果，其中中国期刊26篇，中国重要会议论文1篇，重要报纸51篇。与本研究内容相关的有7篇，如赵岩的《"教育移民"工程——海南民族教育的一大亮点》①对海南的教育移民工程进行了简单的介绍，认为教育移民工程是海南民族教育的一次新的探索；海南省教育移民联合调研组的《海南省"教育移民"情况的调研报告》②对教育移民实施的背景和过程进行了扼要的概述；李张敏的《对"教育移民"政策的反思》③，提出了教育移民的说法和由来，并对其政策进行了反思；张西爱、严鑫华的《"教育移民"工程促进海南少数民族地区农村教育发展》④一文，简述了海南实施"教育移民"工程是怎样促进海南少数民族农村教育发展的；杨跃俊的《"教育扶贫移民""学前教育免费"——

---

① 赵岩:《"教育移民"工程——海南民族教育的一大亮点》，载《中国民族教育》2008年第3期，第8页。
② 海南省教育移民联合调研组:《海南省"教育移民"情况的调研报告》，载《琼州学院学报》2008年第1期，第43~45页。
③ 李张敏:《对"教育移民"政策的反思》，载《安徽文学》2008年第8期，第263页。
④ 张西爱、严鑫华:《"教育移民"工程促进海南少数民族地区农村教育发展》，载《内蒙古农业大学学报(社会科学版)》2009年第2期，第60~62页。

昌江县创新办学模式的尝试》①对海南昌江县教育移民试点的背景、具体做法进行了介绍，并提出学前教育免费的措施来完善教育移民政策；还有 2 篇是《瞭望》和《今日海南》上的新闻报道。剩下的关于生态地区环境产生的教育移民研究论文 1 篇，三峡工程产生的教育移民研究论文 7 篇，西部贫困县因教育产生的外出移民研究论文 2 篇。可以说关于"教育移民"概念，学术上还没有统一的认识。

对海南"教育移民"的新闻报道有 51 篇，主要有《海南启动"教育移民"扶贫工程》②、《海南昌江将深山农村学生免费迁至县城就读，"教育移民"乐农家》③、《吁请国家支持海南教育移民》④、《"教育移民"：教育公平是扶贫之本》⑤、《海南为教育移民工程配优质师资，12 万年薪向全国聘校长》⑥等。中央及地方媒体对海南省的"教育移民"进行的跟踪报道，在社会上产生了深远影响。

此外，《宁夏日报》刊登的《宁夏将实施山区教育移民工程，农村初高中毕业生免费上区内职校》⑦的报道，也透露出宁夏回族自治区今年开始在贫困地区实行教育移民的信息，可以说教育移民的实施

---

① 杨跃俊：《"教育扶贫移民""学前教育免费"——昌江县创新办学模式的尝试》，载《新教育》2011 年第 3 期，第 15~17 页。

② 魏月蘅：《海南启动"教育移民"扶贫工程》，载《光明日报》2008 年 1 月 18 日第 4 版。

③ 罗昌爱：《海南昌江将深山农村学生免费迁至县城就读，"教育移民"乐农家》，载《人民日报》2008 年 1 月 27 日第 1 版。

④ 谭丽琳等：《吁请国家支持海南教育移民》，载《海南日报》2008 年 3 月 10 日第 3 版。

⑤ 郑玮娜：《"教育移民"：教育公平是扶贫之本》，载《中国教育报》2008 年 4 月 18 日第 7 版。

⑥ 刘见：《海南为教育移民工程配优质师资，12 万年薪向全国聘校长》，载《中国教育报》2009 年 1 月 18 日第 1 版。

⑦ 尚陵彬：《宁夏将实施山区教育移民工程，农村初高中毕业生免费上区内职校》，载《宁夏日报》2011 年 2 月 16 日第 1 版。

是贫困地区教育跨越式发展的一条实践的新路子。为了找寻与本研究相关的论文，我对"集中办学"、"寄宿制"等关键字进行了检索，找到与海南少数民族地区教育移民政策相关的成果，主要有以下几类。

1. 从地区教育实践经验的角度研究

如：耿静等的《初级民族教育的一种模式——关于茂县民族教育校点布局的个案分析》①一文，对茂县校点布局的历史原因、自然原因、人文原因进行了回顾和分析，提出一种民族教育模式，即整合优化教育资源办好中心校，以适当的规模效益逐步将边远教学点学生转移到中心校，并将乡镇中学的投资补助转移到县城读书的学生身上，以形成地区教育的良性循环。吴国华的《着眼县情，多措并举，切实解决山区农村学生就学难问题》②对湖南省中方县撤并落后散而小教学点集中办寄宿制学校的试点经验进行分析，以解决偏远农村上学难的问题。齐林的《提高农村基础教育质量的思考——贵州省毕节市三镇九村"集中资源办学"调查》③对贵州毕节市三镇的撤点并校、集中资源办学的措施进行调查分析，并提出提高教育质量的建议。张广生的《刍论村小集中办学》④对彭州市的撤点并校、集中办学经验进行介绍。董建中等的《集中办学，提高

①　耿静等：《初级民族教育的一种模式——关于茂县民族教育校点布局的个案分析》，载《康定民族师范高等专科学校学报》2001 年第 4 期，第 55~58 页。

②　吴国华：《着眼县情，多措并举，切实解决山区农村学生就学难问题》，载《当代教育论坛》2006 年第 10 期，第 18~19 页。

③　齐林：《提高农村基础教育质量的思考——贵州省毕节市三镇九村"集中资源办学"调查》，载《理论界》2008 年第 6 期，第 179~180 页。

④　张广生：《刍论村小集中办学》，载《四川教育学院学报》2001 年 8月，第 10 页。

边远民族山区教育质量——漾濞彝族自治县的教改实践》①对漾濞县的撤点并校实践经验进行总结和分析，并提出在建设优质教育资源的同时，要兼顾边远基础教学点的建设；只有在保证基础教学点的基础上，才能保障集中办学的顺利进行。

2. 从整合资源的角度研究

如：谢治菊的《集中资源办学后边远贫困山区农村基础教育现状考察及思考》②提出整合资源还要兼顾落后地区的实际困难。刘贵川等的《集中资源办学对边远山区农户教育投资行为的影响》③提出撤并落后地区教学点、整合教育资源后，边远贫困地区的基础教育会更加严峻，会有更多的农村儿童因为家庭的教育投资成本增加而丧失受教育公平的权利。赵丹的《农村中小学布局调整后教学点师资状况的调查与思考——以中西部地区的调研为基础》④，对中西部实施教育资源整合后的情况进行调研，发现边远地区教学点的师资条件还是很差，影响教育质量，不利于教育公平。曲学合的硕士论文《县域教育资源整合的实践研究——平原县义务教育资源整合的个案研究》⑤，对山东平原县把所有初中学生全部集中到县

① 董建中等：《集中办学，提高边远民族山区教育质量——漾濞彝族自治县的教改实践》，载《今日民族》2005年第2期，第47~51页。

② 谢治菊：《集中资源办学后边远贫困山区农村基础教育现状考察及思考》，载《农村经济》2007年第9期，第116~118页。

③ 刘贵川等：《集中资源办学对边远山区农户教育投资行为的影响》，载《农村经济与科技》2008年第9期，第45~46页。

④ 赵丹：《农村中小学布局调整后教学点师资状况的调查与思考——以中西部地区的调研为基础》，载《天津市教科院学报》2009年第6期，第36~38页。

⑤ 曲学合：《县域教育资源整合的实践研究——平原县义务教育资源整合的个案研究》，山东师范大学硕士学位论文，2008年。

城城区学校就读、整合教育资源的做法，从教师和学生两个角度，对其利弊进行研究和阐述，并提出要加强学校文化、师资队伍的建设，并对学生进行必要的心理辅导等建议。项如雄的《整合农村办学资源，推进义务教育均衡发展》①，提出教育资源的整合要有序布局，整合的学校要注重乡土课程的开发和师资的培养，兼顾弱势群体的教育公平。曾以禹、钱克明的《"集中资源办学"政策对贵州省边远少数民族贫困地区农村基础教育影响的调查》②，对贵州边远贫困地区农村基础教育实施集中资源办学的政策进行调查分析，认为盲目地集中农村学校，使原本可以就近上学的孩子因交通不便、上学费用增加等原因纷纷辍学；对少数民族地区的集中资源办学不能搞一刀切，要考虑当地的实际情况，否则会适得其反。

3. 从少数民族农村地区集中办学实施方式的角度研究

王哲先、于艺偎的《西部少数民族地区学校布局调整与寄宿制学校建设现状、问题与建议》③一文，对少数民族地区学校数量多、分布广而散的现状，提出要根据地区情况做好布局调整，推动寄宿制学校的建设。龙泉良的《关于民族贫困地区农村寄宿制学校建设的思考——以湖南湘西土家族苗族自治州为例》④一文，对湘西民

---

① 项如雄：《整合农村办学资源，推进义务教育均衡发展》，载《福建基础教育研究》2010 年第 6 期，第 31～32 页。

② 曾以禹、钱克明：《"集中资源办学"政策对贵州省边远少数民族贫困地区农村基础教育影响的调查》，载《教育与经济》2005 年第 1 期，第 15～18 页。

③ 王哲先、于艺偎：《西部少数民族地区学校布局调整与寄宿制学校建设现状、问题与建议》，载《中国教师》2009 年第 5 期，第 14～17 页。

④ 龙泉良：《关于民族贫困地区农村寄宿制学校建设的思考——以湖南湘西土家族苗族自治州为例》，载《当代教育论坛》2006 年第 20 期，第 16～17 页。

族教育"点多、线长、面广"的分布格局,提出加强集中寄宿制学校的建设来改善民族地区义务教育,并提出加强寄宿制学校建设的建议。白亮、王迎的《西北农村地区寄宿制办学的思考》①一文,针对少数民族地区教学点散而小、布局不合理等问题,提出要加强寄宿制学校建设,注重农村职业和义务教育的衔接,改革财政中的转移制度和均衡师资配置等手段,促进教育资源的均衡化发展。王可、陈恩伦的《山区民族寄宿制学校发展的制度保障研究》②一文,认为寄宿制学校是民族地区发展教育的有效途径,应该借助制度的建设保障其更好的实施,使其切合农村地区的实际。可以说,对于少数民族地区教育落后、教学点散而小、师资配备不完善等问题,学界普遍认为集中办学、建设寄宿制学校是发展民族教育的重要途径。

(二)关于学校布局调整的研究

学校布局调整是一个国家或地区根据经济发展水平和人口分布状况,从教育资源的整合和优化以及提高教育质量的角度出发,对学校进行地理空间上的布局调整,以缩小经济发达地区与落后地区教育发展差距,提高教育资源的利用效率,最终实现教育质量和效益的良性发展。

1. 国外相关研究

国外关于学校布局调整的研究始于 20 世纪 70 年代,美国萨拉·赫斯科维奇曾在 1979 年提出对学校布局调整研究要重视三个

---

① 白亮、王迎:《西北农村地区寄宿制办学的思考》,载《天水师范学院学报》2010 年第 30 卷第 3 期,第 96~100 页。
② 王可、陈恩伦:《山区民族寄宿制学校发展的制度保障研究》,载《民族教育研究》2007 年第 18 卷第 5 期,第 29~31 页。

问题：一是学校布局为什么要调整？二是哪些地方学校布局发生了变化？三是变化的后果是什么？①他通过对特拉维夫和耶路撒冷两座城市在1970—1988年间人口变动情况对学校布局的影响进行调查分析，发现随着人口年龄结构的老龄化，学校数量随之减小，反之，人口年龄结构的年轻化将导致学校的增加②。他认为影响学校布局数量和分布变化的主要因素是人口规模、人口年龄结构以及社会人口在区域的流动分布等。人口增加、年轻化、分布分散将要求教育服务的增加；反之则要求教育服务减少。

拉维（Lavy）引用逻辑回归方程对加纳农村地区基础教育需求进行实证研究，发现区域学校教育质量、学校收费水平、儿童离学校距离远近等因素都会对儿童接受小学教育有重要影响。他认为学校布局应该考虑学校入学交通的方便与否、学校距离的远近以及社区环境等因素③。

萨瓦德（Sawada）和洛克辛（Lokshin）运用连续逻辑回归方法对巴基斯坦农村地区的家庭教育投资问题进行了分析，其引入了儿童性别、家庭人力资本与物质资本、儿童排行、年龄、学校布局等变量，发现学校家庭所处社区有女校对女童上学有积极影响，而有男校对男童入学影响不显著④。

---

① R. F. Yeager: "Rationality and Retrenchment: The Use of a Computer Simulation to Aid Decision-Making in School Closing", in *Education and Urban Society*, 1979(11).

② Douglas Lehman: "Bringing the School to the Children: Shortening the Path to EFA", August, 2003, at http://www1.worldbank.org/education/notes.asp.

③ 范先佐等：《中国中西部地区农村中小学合理布局结构研究》，中国社会科学出版社2009年版，第3页。

④ 范先佐等：《中国中西部地区农村中小学合理布局结构研究》，中国社会科学出版社2009年版，第4页。

凯利(Kelly)对学生辍学的比较研究表明，农村学生辍学的主要原因有家庭贫困、学校缺乏、学校距离过远、缺乏与农村人口特点相适应的学习时间和学年安排等，指出学校布局如果结合某种学生资助政策(如免费午餐、建寄宿学校等)，对农村学生入学率、巩固率以及学生成绩有重要影响①。

约翰·里依(John RevMw)对美国威斯康星州108所高级中学的研究发现：学校规模在143~200个学生的高中，仅能提供34.7个学分，而规模在1 061~2 400个学生的高中，则能提供80.3个学分，表明学校规模愈大，教师愈能发挥其专长；反之，教师平均任教的科目就会越多②。韦尔奇(Welch)的研究指出：较大规模学校之所以有利于教学质量提高，即在于教师不必担任其不擅长的课程所致，同时规模过大有利于开设成本较高的课程，提供更多类型的课程。但规模过大也会产生诸多问题，主要是校内人际关系的疏离和行政僵化两大方面；此外，教育规模过大还与辍学率升高、学生学业成绩下降、师生关系、学生间人际关系水平下降、学生社会行为恶化等都有一定的关系③。

学校布局结构的调整主要受家庭的贫困、入学距离的远近、社会人口的规模、分布等因素影响。有鉴于此，塞尔加·塞尼克(Serge Theunynck)提出要强调学校布局标准的重要性，它认为要设立弹性的标准，刚性的标准会影响入学，最少量的人口需求也应得到满足，学校应该靠近学生居住点，在农村地区，多年级同班上课和只有一个教室的小学是必要的，学校布局的标准应该集中于以成

①　范先佐等：《中国中西部地区农村中小学合理布局结构研究》，中国社会科学出版社2009年版，第4页。

②　范先佐等：《中国中西部地区农村中小学合理布局结构研究》，中国社会科学出版社2009年版，第4页。

③　马晓强：《关于我国普通高中教育办学规模的几个问题》，载《教育与经济》2003年第3期。

本效益的原则覆盖所有的孩子①。

　　道格拉斯·雷蒙（Douglas Lehman）提出学校布局及调整的标准通常有两个：一是学生上学的距离，二是学校覆盖的服务人群数量。他认为儿童入学距离用三种办法衡量：一是物理距离（physical distance），即实际的空间距离，用千米来衡量；二是文化距离（cultural distance），当儿童不得不离开自己的社区到另一个把他们当作外人并对他们不友好的社区上学，从而导致辍学的距离；三是时间距离（time distance），考虑诸如山地、河流等自然条件的阻碍而延长上学途中的时间②。

　　对于学校布局调整而应该关闭的学校，耶格尔提出了三条标准：一是综合考虑上学距离、对交通工具的需求等因素，将学生转到新学校的不适最小化；二是将关闭学校对社会的影响降到最小；三是原学校建筑可作为其他用途。他将这三条标准用计算机模拟，为那些要关闭学校的问题地区（problematic area）提供决策参考③。

　　学校布局调整必然要导致部分学校的撤并，而影响最大的要属被关闭学校的教师、学生及其家长。在英国，一些规模太小的乡村小学合并后，越来越多的家长不愿他们的孩子到数英里以外的学校就读，而选择了家庭教育。世界银行在非洲乍得的项目运用地理信息系统对 179 个村庄的研究表明，儿童入学率与上学距离关系密

---

①　Serge Theunynck：“School Construction in Developing Countries：What Do We Know？”2003，at http：//www1. worldbank. org/education/pdf/EFAcase_Construcion. pdf.

②　Douglas Lehman：“Bringing the School to the Children：Shortening the Path to EFA”，August，2003，at http：//www1. worldbank. org/education/notes. asp.

③　R. F. Yeager：“Rationality and Retrenchment：The Use of a Computer Simulation to Aid Decision-Making in School Closing”，in *Education and Urban Society*，1979（11）.

切，认为学校在 1 千米以外的距离已经不具有实质的覆盖意义①。学校也会因为要撤并而得不到应有的教育投资，无法开展正常的教学，教师也不能安心地教学，开始考虑自己的出路问题。同时，学校的撤并也会导致社会人口的流动，产出地区人口的滤出过程（filtering process），使部分家庭觉得临近有学校的地区适于居住，而出现搬迁等社会现象。当地人也会产生负面的心理影响，认为该地区生命周期的一个阶段或一段时期的结束，对关闭学校地区不同种族居住人口会产生不平等待遇的负面影响②。也有学者认为布局调整能带来有利的影响，美国学者库班(Cuban)对弗吉尼亚州的阿林顿地区 1975—1978 年关闭 4 所小学的研究发现，没有出现不利的影响，犯罪率没有增加，财产价值仍维持高水平，他对芝加哥的研究也得出同样的结论③。梅茨(Metes)甚至认为，学校关闭，校舍的功能转化，也可能给社区带来新的发展④。

国外相关的研究成果对我国学校布局的调整具有重要的借鉴作用，特别是我国地域辽阔，少数民族人口分布散而杂，东西部地区地理环境差异大，教育水平和地区经济状况分布不均衡等特殊情况，对我国的学校布局调整会增加更多的复杂性和困难度。

---

① Douglas Lehman："Bringing the School to the Children：Shortening the Path to EFA"，August，2003，at http：//www1. worldbank. org/education/notes. asp.

② 石人炳：《国外关于学校布局调整的研究及启示》，载《比较教育研究》2004 年第 12 期。

③ L. Cuban："Shrinking Enrollment and Consolidation，Political and Organizational Impacts in Arlington，Virginia，1973-1978"，in *Education and Urban Society*，1979(11).

④ M. H. Metes："The Closing of Andrew Jackson Elementary School：Magnets in School System Organization and Politics"，in B. S. Bachrach (ed.)，*Organization Behavior in Schools and Schools Districts*，New York：Praeger，1981.

2. 国内相关研究

改革开放以来，我国对于学校布局调整经历了两个阶段。第一阶段始于 1986 年《中华人民共和国义务教育法》颁布后，针对我国农村地区规模过小的"麻雀校"进行了较大规模的撤并，初步整合了当时的农村教育资源。第二阶段是 1996 年至今。由于我国自 20 世纪 70 年代开始实行计划生育政策，农村人口的出生率开始下降，农村学校的生源逐渐减少，农村学校渐渐出现很多"空壳"学校；到 20 世纪 90 年代中期，我国又开始进行农村税费改革，县乡的财政收入大幅度减少，为了解决我国中西部农村地区中小学生源不足、学校布局分散、规模小、质量低的突出矛盾，各级县及县以上的政府希望通过压缩校点来扩大教学规模，整合教育资源，提高教育资源的利用效率，以期达到提高教育质量和减轻政府财政压力的目的。到 2001 年，《国务院关于基础教育改革与发展的决定》中把调整农村义务教育学校布局列为一项重要工作。2002 年和 2003 年国务院和财政部分别下发了《关于完善农村义务教育管理体制的通知》和《中小学布局调整专项资金管理办法》的文件，进一步推动了我国中小学布局调整的步伐[1]。根据中国统计局统计年鉴查询，2004—2010 年间，我国共撤减普通高中学校 1 940 所，普通初中 8 237 所，普通小学 136 773 所（见表 0-1）[2]，显示出我国学校布局调整规模和速度都是相当瞩目的。

---

[1]　庞丽娟、韩小雨：《农村中小学布局调整的问题、原因及对策》，载《教育学报》2005 年第 4 期，第 91 页。

[2]　根据中华人民共和国统计局统计数据库查询 2004—2010 年学校、教职工和专任教师情况表计算得出，见 http：//219. 235. 129. 58/reportView. do？Url =/xmlFiles/28c754158d504b6fb47dc7bd52ad3a4f. xml&id = d2a60e0fe2224a50 8237f60394b436e2&bgqDm = 20040000.

表 0-1　**2004—2010 年全国学校、教职工和专任教师情况统计表**

2010 年全国学校、教职工和专任教师情况			2004 年全国学校、教职工和专任教师情况				
指标	学校(机构)数(所)	教职工数(人)	专任教师(人)	指标	学校(机构)数(所)	教职工数(人)	专任教师(人)	学校减少数
普通高中	14 058	5 859 271	1 518 194	普通高中	15 998	5 623 981	1 190 681	1 940
普通初中	54 823		3 523 382	普通初中	63 060		3 476 784	8 237
普通小学	257 410	6 109 847	5 617 091	普通小学	394 183	6 171 358	5 628 860	136 773
扫盲班	(22 227)	50 355	19 474	扫盲班	47 239	108 409	28 941	25 012

对我国中小学布局调整的研究，始于 20 世纪 50 年代，笔者通过中国知网以"学校布局"为关键字进行模糊检索，查阅到相关论文 289 篇，其中中国期刊全文数据库 267 篇，中国期刊全文数据库(世纪期刊)10 篇，优秀硕士论文 12 篇。为了了解对学校布局研究的关注度，通过年代进行分类，其中 1956—1989 年期刊论文 10 篇，1990—2000 年期刊论文 86 篇，2001—2011 年期刊论文 193 篇，含优秀毕业硕博论文 12 篇(见表 0-2)。可见，对学校布局调整的研究到 2000 年以后越来越受到关注。

表 0-2　　　**1956—2011 年中国知网关于"学校布局"**
关键字的期刊论文数量统计

年　　度	期 刊 篇 数
1956—1989	10
1990—2000	86
2001—2011	193

为了更好地梳理和反思我国学校布局的研究现状，笔者对近年来的相关文件进行了梳理，主要从以下几个方面进行综述。

(1)中小学布局调整的动因分析

我国的学校布局调整是在我国经济发展的背景下开始的，随着经济增长方式的转变，对教育质量的要求也成为时代的呼唤。学校布局简单地说，是指学校的空间分布，但是为什么要进行学校的布局调整？学校应该保持多大的规模？它受哪些因素的影响？它运行发展的动因又是什么？

第一，社会人口结构的变化。学校布局调整是在具体的历史背景下进行的，它是历史发展过程中的产物。自我国开始实行计划生育政策以来，农村人口的出生率开始逐步下降，到20世纪80年代实行改革开放后，大量劳动人口开始向城市转移，特别是20世纪90年代后，随着我国城镇化进程的加快，农村人口的下降已成为了一种普遍的现象。如华中师范大学范先佐教授对河南、陕西、内蒙古等6省地区的调查分析指出，河南省0~14岁年龄段儿童由2001年占总人口数的25.94%下降到2005年的21.14%，下降4.8%；陕西由25%下降到19.76%，下降5.24%；内蒙古由21.28%下降到17.1%，下降4.18%①。人口的迁移也是农村学校成为"空壳"的原因之一，自改革开放以来，我国农村人口向城镇转移的趋势一直在延续，城乡二元经济的结构和国家对东部沿海地区的倾斜政策，导致地区经济发展和教育资源分配的不均衡，使得农村人口为改变生存状态转向发达地区安家立业。社会人口结构的变化必然导致原有的一村一校的学校格局出现了很多学校招生生源

---

① 中西部地区农村中小学合理布局结构研究课题组：《我国农村中小学布局调整的背景、目的和成效——基于中西部地区6省区38个县市177个乡镇的调查分析》，载《华中师范大学学报(人文社会科学版)》2008年第4期，第122页。

不足、不足百人的学校处处分布的现象，导致教育资源的闲置和浪费，使得西部很多贫困县为了办好教育，财政的压力越来越大。

第二，教育资源分配与教育公平和效率的矛盾使然。教育公平是公民平等享有公共教育资源的权利，包括教育起点的公平、教育过程的公平、教育结果的公平、教育机会的公平；其基本是保障更多的弱势群体受教育的权力。人生来是平等的，但其出生的不同导致其后天发展受到诸多环境因素的制约，教育应设法消除环境中的经济和社会障碍，保障其对基本公共教育资源的平等享有①。教育公平和效率是一对天生的矛盾共合体，保障每个人受教育的权利是我国的教育政策的基本要求，教育也是人实现向上流动、改变自我命运的重要途径。教育资源的分配不可能绝对公平，也不可能只照顾少数人的利益，要实现效率的最大化；如何使教育资源的分配兼顾教育公平和效率是一个难解的课题。学校布局调整是在新的历史时期，对有限的教育资源重新进行合理配置的体现，使公共教育资源能满足广大农村学生的最大利益需求，使农村学生能享受与城市学生大致相同的教育资源，最大限度地实现教育公平②。尽管它还存在很多问题，却不失为一个实现教育公平和效率的有益尝试。

第三，教育均衡发展的客观要求。我国东西部发展的不均衡，导致地区教育发展的差距也越来越大，特别是一些少数民族贫困县的教育质量低于全国平均水平，这与我国教育公平政策相违背，也使得很多贫困地区陷入了"经济贫困——教育贫困——经济贫困"的恶性循环。我国教育发展的不均衡，导致原本贫困地区家庭只能

---

① 钱志亮：《社会转型时期的教育公平问题——中国教育学会中青年教育理论工作者专业委员会第十次年会综述》，载《教育理论与实践》2001 年第 2 期。

② 柳海民、娜仁高娃等：《布局调整：全面提高农村基础教育质量的有效途径》，载《东北师范大学学报(哲学社会科学版)》2008 年第 1 期。

选择教育质量差的学校，经济条件好的家庭选择教育质量高的学校，这无形中加大了贫困地区与经济条件好的地区的教育差距，导致很多贫困地区家庭在教育质量和家庭教育成本之间存在两难选择，在某种程度上导致了教育不公平的加剧。学校布局调整就是把有限的教育资源合理公平地配置，通过集中办学、整合和撤并一些生源不足、办学质量差的学校，以实现区域教育的均衡发展①，使贫困地区孩子享受与城里孩子大致相同的教育资源，缩小城乡教育之间的差距，提高农村的教育质量。

第四，提高教学质量的客观需求。随着经济的发展和人们生活水平的提高，对教育质量的要求也日益迫切。由于我国农村地区学校过于分散，学校规模较小，教师配备不足，教学质量低于全国平均水平，而教育资源过于集中在城市，导致城乡教育质量的差距也越来越大。很多农村家庭为了不让孩子输在起跑线上，倾全家之力送孩子到教学质量好的地区去学习，甚至出现陪读的现象，使得有些学校规模不断扩大，而农村中小学因为教学质量比较低，出现招不到生源的困惑。为此，各地通过学校布局调整，整合教育资源，撤并那些规模小、质量低、效益差的学校，希望通过教育资源的重新整合以缩小城乡学校教育质量的差距，提高农村中小学的教学质量②。

（2）中小学布局调整研究的主要内容

第一，学校布局调整的标准分析。学校布局调整是一个系统的过程，涉及不同的方面。有学者认为，学校布局调整要考虑学生上学距离的远近、地区人口的密度、学校规模大小等因素，此外还要

---

① 范先佐：《农村中小学布局调整的原因、动力及方式选择》，载《教育与经济》2006 年第 1 期。

② 范先佐等：《中国中西部地区农村中小学合理布局结构研究》，中国社会科学出版社 2009 年版，第 76 页。

考虑学校发展的优胜劣汰原则①。还有学者认为，地理环境、经济条件、文化环境以及学校管理也是学校布局调整的评判标准②。学校布局调整最大的承受者是学校的学生、教师及学生家长，因此要充分考虑教师、学生及学生家长之间的不同利益诉求，它不仅仅是学校选址建设的问题，还包括地区民族文化价值理念、学校教育质量、家庭教育成本承受力等问题。从布局调整政策所包含的主要指标、调整方式和实际效果三个层面来看，有学者认为其评价标准应包含上学距离、学校规模、调整方式、资源均衡和社会支持五个维度③。华中师范大学雷万鹏教授通过建立多元回归模型进行分析，认为在校生数量是影响学校布局的主要因素，上学距离、班级规模以及区域环境和经济社会发展水平也制约着学校布局的调整④。东北师范大学邬志辉认为，农村学校布局调整实质上是一个多目标线性规划问题，目标函数至少受三大类 12 项约束条件的限制：物质性约束条件包括地理条件和交通条件；社会性约束条件包括人口条件，宗族、民族、宗教文化条件，社会治安条件，家庭生存形态条件，地方政府资金供给条件和百姓教育意愿条件；教育性约束条件包括学生身心发展条件，学校与农村社区关系条件，学校自身历史文化条件和学校功能发挥条件；并根据以上约束条件提出"底线+

---

① 吕泽斌：《超前性、合理性、效益性和有序性——关于农村中小学布局调整的实践与思考》，载《教育科学》1995 年第 1 期。

② 余海波：《合理调整布局，提高办学效益——西南民族地区基础教育办学的一条有效途径》，载《学术探索》2001 年第 5 期。

③ 吴宏超、赵丹：《农村学校合理布局标准探析——基于河南省的调查分析》，载《教育发展研究》2008 年第 17 期。

④ 雷万鹏：《义务教育学校布局——影响因素与政策选择》，载《华中师范大学学报(人文社会科学版)》2010 年第 49 卷第 5 期。

弹性"的农村学校布局调整标准设计模型①。

第二，学校布局调整的具体模式。学校布局调整的具体模式，就是在农村中小学布局调整过程中具体实施哪种方式来达到布局调整的目的。具体实施方式可分为完全合并式、兼并式、交叉式和集中分散式四种模式②。也有学者根据学校空间覆盖的范围和服务人口的数量进行模式设计，分为"中心小学+片完小+初小(教学点)"或"中心小学+片完小"、"中心小学+初小(教学点)"、"九年一贯制中学+初小(教学点)"等模式③。还有根据国外中小学布局调整的经验提出建立学校合并与学校组合的模式，也就是建立好中心校，围绕中心校建立几个附属的"卫星"学校，这种模式就是使教育资源的效率最大化，实现教育资源的共享模式④。根据调整过程中政府行政实施方式选择的类型，又可分为示范方式、强制方式和示范与强制相结合的方式⑤。又有学者把布局调整的类型简单分为适度集中、初中从完小脱离出来和九年一贯制三种类型⑥。

第三，学校布局调整存在的问题分析。农村中小学布局调整由于各地实施的实际情况不同；存在着诸多问题。学校调整本身就是

① 邬志辉：《中国农村学校布局调整标准问题探讨》，载《东北师大学报(哲学社会科学版)》2010年第5期。

② 中西部地区农村中小学合理布局结构研究课题组：《中国农村中小学布局调整的背景、目的和成效——基于中西部地区6省区38个县市177个乡镇的调查与分析》，载《华中师范大学学报(人文社会科学版)》2008年第4期。

③ 王远伟、钱林晓：《关于农村中小学合理布局的设计》，载《华中师范大学学报(人文社会科学版)》2008年第47卷第3期。

④ 赵丹、郭清扬：《促进教育资源共享：国外发展中国家学校合并的重点和启示》，载《外国中小学教育》2009年第9期。

⑤ 范先佐：《农村中小学布局调整的原因、动力及方式选择》，载《教育与经济》2006年第1期。

⑥ 孙家振：《调整学校布局，优化资源配置——关于农村义务教育阶段学校布局调整的实践与思考》，载《山东教育科研》1997年第1期。

一个教育资源重新再分配的过程，在实际的推进过程中，教育行政部门、学校和农村当地人们之间存在着利益的博弈；而在很多实际的布局调整中，教育行政部门在没有充分调研的基础上，实行的教育资源整合"一刀切"的做法，损害了农民和学校的利益，因此，不同利益主体在价值观念和执行过程中不可避免存在着冲突。主要问题有：第一，不合理的学校布局使学生入学的费用增加，加重了农村家庭的教育负担；第二，不合理的学校布局使学生上学的距离变远；第三，盲目地撤并农村的教学点，使教师增加了工作量，教育质量难以得到保障；第四，不合理的学校布局，使教育资源不但没有得到整合，反而因为新增学校的建设导致地方财政教育费用增加，使有些教学点的教育资源得到闲置和浪费；第五，使一些地区的农民群体的切身利益和感情受到伤害，产生了社会安全稳定的隐患[1]。东北师范大学农村教育研究所 2008 年对甘肃等 8 省区的农村中小学布局调整进行了调研，发现一些地区由于布局调整失当，辍学率出现反弹，产生了一系列的问题：如家庭教育费用的增加，学生入学距离远增加了学生安全隐患，合并学校配套设施的不健全导致学生伙食、卫生等问题得不到妥善解决，合并学校学生规模过大但是师资和校舍配套设施没跟上，导致教师的压力增大，教学质量反而下降了[2]。也有学者提出在学校布局调整的实施过程中，教育行政部门没有考虑作为利益主体之一的农民的利益需求，认为农民是否具有参与影响决策的权利、是否拥有选择的空间，农民在行为上的选择是否代表了他们的主观认同，反映了布局调整政策的文

① 王泽德：《对我国农村中小学布局调整的反思》，载《教育学术月刊》2009 年第 5 期。

② 于海波：《农村学校布局调整要警惕辍学率反弹》，载《求是杂志》2009 年第 16 期，第 56 页。

本价值、执行取向与执行状态①。

第四，学校布局调整中的实证分析研究。对于学校布局调整研究中的实证分析近几年逐渐彰显，主要有华中师范大学农村中小学合理布局结构研究课题组对中西部 6 省区进行了调查分析，认为学校布局调整促进了教育资源的合理配置，促进了教师队伍优化和素质提高，促进了中小学教学质量的提高；同时也提出，学校布局调整并不意味着消除小规模学校，而应该实行中心学校与分散教学点相结合的形式，考虑农村教育的实际情况，兼顾最基本的教育公平，应消除认为教学点和复式教学就是过时的、应淘汰的教学模式的思想观念②。中央民族大学邓佑玲对三峡库区移民学校的布局调整进行了调查研究，认为布局调整使库区移民学校的办学规模得到了扩大、办学条件和办学效益都得到了提高，但也存在着师资待遇偏低、学校配套设施不健全等实际问题③。学者范铭、郝文武对陕西省的学校布局调整进行调查研究，认为学校布局调整并没有达到合理配置资源、提高教育质量、促进教育均衡发展的目的，我国不同地区的地理环境和经济发展有很大差别，布局调整"一刀切"做法不妥，应该摒弃城市化导向的教育观念，以价值理性看待农村教育问题④。冉芸芳、王一涛对湖北省的一个乡村小学进行调研分析，认为农村教学点的去留要遵循科学的依据和标准，有些教学点有独特的优势，对有需要保留的教学点要采取各种措施促其发展，

---

① 姜荣华：《农村学校布局调整：农民选择与农民认同》，载《东北师大学报（哲学社会科学版）》2010 年第 5 期。

② 范先佐：《农村学校布局调整与教育的均衡发展》，载《教育发展研究》2008 年第 7 期。

③ 邓佑玲：《关于三峡库区移民学校布局调整现状的调查》，载《民族教育研究》2007 年第 2 期。

④ 范铭、郝文武：《对学校布局调整三个"目的"的反思——以陕西为例》，载《北京大学教育评论》2011 年第 2 期。

而不是撤并和整合①。也有学者对农村学校布局调整对学生成绩的影响进行研究，认为合并学校与未合并学校学生成绩的差异并不明显，也就是学校布局调整并不一定能提高农村的教育质量②。

第五，学校布局调整的反思与政策建议。学校布局调整本着优化整合教育资源的角度出发，以求缩小城乡教育之间的差距，但是在实际的实施过程中出现的诸多问题，不得不让人反思其问题的根源。有人认为地方政府对学校布局调整政策的理解上有偏差，把学校布局调整视为"政绩工程"，一味地追求撤并的数量与速度，缺乏对当地农村教育实际情况的调研与分析③。也有人认为农村中小学布局调整在有些边远贫困地区，不仅没有改善农村学校的条件，反而使部分校点办学条件恶化，拉大了边远贫困地区农村与发达地区农村之间教育的差距。造成这种现象的原因主要是：政府主观愿望与农村实际的情形相矛盾，主观上认为学校布局调整能给孩子提供好的办学条件和高质量的教育，但现实是边远贫困地区义务教育目前只能在数量上予以保障，高质量的教育质量既受政府财力的制约，也与边远贫困地区老百姓脆弱的支付能力相悖。因此，边远贫困地区的教育供求矛盾与经济发达地区教育供求矛盾的区别在于：它不是优质教育资源的稀缺导致的教育不公，而是因绝对数量的不足，教育活动最基本条件难以保障导致儿童受教育机会的缺失④。在我国农村学龄人口大幅下降、城镇化进程加快的社会背景下，把

① 冉芸芳、王一涛：《教学点：何去何从——关于农村学校布局调整的一项质的研究》，载《当代教育科学》2007 年第 9 期。

② 东梅、常芳、白媛媛：《农村小学布局调整对学生成绩影响的实证分析——以陕西为例》，载《南方经济》2008 年第 9 期。

③ 庞丽娟、韩小雨：《农村中小学布局调整的问题、原因及对策》，载《教育学报》2005 年第 4 期。

④ 范先佐、曾新：《农村中小学布局调整必须慎重处理的若干问题》，载《河北师范大学学报（教育科学版）》2008 年第 1 期。

有限的教育资源合理地分配，以更好地提高教育资源的利用效率，对我国农村教育具有重要的意义；但是，学校布局调整不能完全从经济的角度出发，更不能将"自以为是"的善良意图强加给农村地区的受教育人们。要充分考虑政策执行对农村孩子、家长以及乡村社会可能产生的负面影响①。

有研究者认为应该科学理解我国的农村中小学布局调整政策，深入调研当地社会、经济、教育等实际情况，合理规划农村的中小学布局调整，积极稳妥地推进中小学的布局调整，还要加大对基础设施和管理制度的建立和健全，处理好布局调整后出现的交通安全、卫生等问题②。也有研究者从多渠道筹集教育资金的投资体制③以及提高农村寄宿制学校规划建设④的角度提出完善学校布局调整政策。对于农村学校布局调整，郭清扬提出要考虑两个问题：一是便于学生入学，二是提高教育资源的利用效率。对于布局调整后农村义务教育贫困生的资助，要考虑解决三个问题：一是标准测定问题，二是补助额度问题，三是增加透明度⑤。同时，他认为要确保农村中小学布局调整的顺利进行以及农村教育的健康发展，要做好五点工作：一是准确预测学龄人口变动趋势，科学规划农村中小学的布局调整；二是要采取切实措施保障边远贫困地区中小学生

① 王海英：《农村学校布局调整的方向选择——兼谈农村学校的"撤存"之争》，载《东北师大学报(哲学社会科学版)》2010年第5期。
② 庞丽娟、韩小雨：《农村中小学布局调整的思考》，载《教育学报》2005年第4期。
③ 吴宏超：《农村学校布局调整的困境与出路》，载《华中师范大学学报(人文社会科学版)》2007年第2期。
④ 吴宏超、赵丹：《农村学校合理布局标准探析——基于河南省的调查分析》，载《教育发展研究》2008年第17期。
⑤ 郭清扬：《农村学校布局调整与教育资源合理配置》，载《教育发展研究》2008年7月。

能公平地享受优质教育；三是加强师资队伍的建设；四是加大农村贫困地区学生资助力度，减轻贫困家庭的经济负担；五是加强农村寄宿制学校的建设力度，解决布局调整后学生上学难问题①。

(3)中小学布局调整的研究趋势

自我国学校布局调整政策实施以来，对其研究从 20 世纪 90 年代至今一直呈上升趋势，到 2000 年以后达到了高潮，说明对学校布局调整的关注度越来越高，并取得了很多有益的研究成果。这些成果不仅为农村中小学布局调整政策提出了很好的政策建议，也为以后的研究提供了可以延伸的思路和方法。总地来说，硕果颇丰，主要呈现出以下特点和趋势。

第一，研究角度从理论思辨转向实证分析。从已有的研究文献查阅，对学校布局调整的研究呈现出从原来的教育理论的思辨转向对实证研究的分析；从布局调整的理论预设和动力分析，转向对实际操作层面的深层研究；从教育公平和效率的辩证思考，转向到照顾教育公平的教育本位回归。只是目前，关于对实证分析的研究论文还是太少，不能全面、深入地呈现学校布局调整中的深层问题。

第二，研究者多倾向于从政策主体的角度出发，忽视了从教育政策承受者的角度看待问题。研究表明，关于对学校布局调整的认识还存在着争议，学校布局调整的标准还不明确，很多政策执行者对政策的理解还存在着偏差；很多研究者可能只考虑政策主体层面的"善意"，而忽略了教育意义底线的学生立场、公众支持底线的生命安全、优先目标底线的身心健康、价值观底线的文化多元②。而教育行政部门、学校、学生及家长不同利益主体在学校布局调整

---

① 郭清扬：《我国农村中小学布局调整问题、原因及对策》，载《华中师范大学学报(人文社会科学版)》2008 年第 1 期。

② 秦玉友：《农村学校布局调整的认识、底线与思路》，载《东北师大学报(哲学社会科学版)》2010 年第 5 期。

中都需要政策的关照，只有从不同的角度去分析才能保证教育政策的公平。

第三，研究者主要从教育经济学、教育学的角度进行研究，忽视了多学科的视角①。已有研究大多从教育经济学、教育学的视角出发，关注的是教育投资的效益、规模和质量等问题，而没有从多学科视角对农村中小学布局进行全面研究，研究方法上也多以调查问卷来收集资料，由于问卷调查自身特点的限制，只能收集一些表象的信息和数据，很少采用一些定性的资料收集方法，如访谈、参与观察等，其信度和效度也难以得到保证。从研究学科立场来看，研究方法过于单一化，也导致了研究结论的不全面。

第四，研究过于宏观，缺乏对微观研究的关照。很多关于中小学布局调整的研究过于从宏观政策的角度去考虑政策的执行、学校布局的规模、教育资金的投入等，而很少关照到微观层面受教育者的个人感情、家庭教育成本的负担以及社区文化的关照等，因此，一个看似很好的教育政策却在实践中遇到了诸多的问题，学校布局调整不仅是一个教育资源的再分配过程，也是一个政策认知、利益博弈和感情兼顾的过程。而很多的研究大多以某一方面的影响因素作为假设，如教育投入不足、社会人口结构的变化等，在此基础上作出的研究分析和得出的结论，往往缺乏对学校布局调整的全景式反应。

(三) 关于海南少数民族教育的研究

通过中国知网(CNKI)对"海南少数民族教育"进行检索，得到的论文总数只有 17 篇；在教育部中国高校人文社会科学信息网找到的课题申报中只有一项关于"海南省少数民族教育发展战略研

---

① 万明钢、白亮：《我国农村学校布局调整问题研究述评》，载《教育科学研究》2009 年第 6 期。

究"的课题。对海南少数民族教育的研究主要有：齐见龙等主编的
《五指山基业——海南少数民族教育探究》①对海南少数民族教育
产生、发展的全貌进行了详细解读，是唯一一部了解海南民族教育
发展的重要著作；琼州大学"海南民族教育探究"课题组的《海南少
数民族教育发展历程简述》②简述了海南少数民族教育发展历程及
教育特点；《海南少数民族地区基础现状及其发展思路》③论述了
海南少数民族基础教育取得的成绩及亟待解决的问题，并提出了发
展思路；《海南少数民族地区文化与民族教育》④简述了海南少数
民族地区文化的特性、功能与价值以及它们与民族教育的关系；
《海南少数民族地区科技与民族教育》⑤论述了民族地区科技对经
济发展的意义，并对其民族教育的状况进行了阐述；《海南少数民
族地区民俗与民族教育》⑥论述了民俗的教化功能，提出海南少数
民族地区的民俗教育与民族教育应该双向互补，协调发展；王兰春
的《海南少数民族地区基础教育调查及分析》⑦对海南省三亚市凤
凰镇少数民族地区中学及周边村庄进行调查，剖析该地区基础教育

① 齐见龙等：《五指山基业——海南少数民族教育探究》，吉林人民出
版社 2005 年版。
② 琼州大学"海南民族教育探究"课题组：《海南少数民族教育发展历
程简述》，载《琼州大学学报》2004 年第 3 期。
③ 琼州大学"海南民族教育探究"课题组：《海南少数民族地区基础现
状及其发展思路》，载《琼州大学学报》2004 年第 1 期。
④ 琼州大学"海南民族教育探究"课题组：《海南少数民族地区文化与
民族教育》，载《琼州大学学报》2003 年第 1 期。
⑤ 琼州大学"海南民族教育探究"课题组：《海南少数民族地区科技与
民族教育》，载《琼州大学学报》2003 年第 4 期。
⑥ 琼州大学"海南民族教育探究"课题组：《海南少数民族地区民俗与
民族教育》，载《琼州大学学报》2003 年第 6 期。
⑦ 王兰春：《海南少数民族地区基础教育调查及分析》，载《琼州大学
学报》2009 年第 5 期。

滞后的症结，并提出整改的措施；唐和亲、潘乙宁的《海南少数民族职业教育五十年》①简述了海南少数民族职业教育的发展历程；卓旭昶的《海南少数民族地区教育现状、问题及对策》②对民族地区教育状况、存在的问题做了调查分析，并对民族地区教育的发展提出一些设想和对策；林日举的《浅谈海南少数民族地区的教育发展》③简述了海南少数民族地区的教育发展历程；王文壮的《论少数民族教育与海南经济发展》④论述了海南少数民族教育与经济建设的关系，教育的发展直接影响了地区经济的发展；谢君君的《海南少数民族教育与文化传承》⑤阐述了少数民族教育的发展要兼顾民族文化的传承，并提出从民族教育课程、师资培养、入学政策等方面来保障少数民族文化的传承和发展。

(四) 关于教育扶贫的研究

教育扶贫，是指针对贫困地区的贫困人口进行教育投入和教育资助服务，使贫困人口掌握脱贫致富的知识和技能，通过提高当地人口的科学文化素质以促进当地的经济和文化发展，并最终摆脱贫困的一种扶贫方式。从 20 世纪 60 年代开始，国内外关于扶贫开发

---

① 唐和亲、潘乙宁：《海南少数民族职业教育五十年》，载《琼州大学学报》1999 年第 1 期。

② 卓旭昶：《海南少数民族地区教育现状、问题及对策》，载《琼州大学学报》1997 年第 2 期。

③ 林日举：《浅谈海南少数民族地区的教育发展》，载《琼州大学学报》1997 年第 3 期。

④ 王文壮：《论少数民族教育与海南经济发展》，载《亚洲人才战略与海南人才高地——海南省人才战略论坛文库》，2011 年 12 月 1 日，第 257~259 页。

⑤ 谢君君：《海南少数民族教育与文化传承》，载《教育评论》2011 年第 3 期。

理论的研究大致经历了"贫困文化理论"①、"资源要素理论"②、"人力素质贫困理论"③、"系统贫困理论"④的发展，从经济、文化、人力资本、社会政策系统的角度分析了贫困的成因，并从经济、文化、教育、结构调整等方面提出相关的扶贫方式。此方面的成果大多是从扶贫开发理论出发对教育扶贫功能⑤的阐述，主要有以下几个方面：

1. 教育扶贫的理论介绍

(1) 贫困文化理论

贫困文化论是由美国学者奥斯卡·刘易斯(Oscar Lewis)提出的，他认为贫困文化是贫困群体在与环境相适应的过程中产生的行为反应，并且内化为一种习惯和传统文化，它的特点是对自然的屈从感、听天由命、对主流社会价值体系的怀疑等⑥。也就是说贫困的原因由贫困文化导致，由贫困地区人口的安于现状、不思进取的生活态度，内化成群体的一种思维定势和行为准则，在这种贫困文化的熏染下，形成一种低水平的经济均衡，并在贫困地区一直延续。

(2) 资源要素理论

资源要素论国外的主要代表有马尔萨斯(T. R. Malthus)的土地报酬递减理论、纳克斯(R. Nurkse)的贫困的恶性循环理论、莱本

---

① Oscar, Lewis: *Five Families: Mexican Case Studies in the Culture of Poverty*, New York: BasicBooks, 1966.

② 姜德华：《中国贫困地区类型及开发》，旅游教育出版社 1989 年版。

③ 王小强、白南风：《富饶的贫困》，四川人民出版社 1986 年版。

④ 罗必良：《从贫困走向富饶》，重庆出版社 1991 年版。

⑤ 林乘东：《教育扶贫论》，载《民族研究》1997 年第 3 期，第 43 页。

⑥ 沈红、周黎安等：《边缘地带的小农——中国贫困的微观理解》，人民出版社 1992 年版，第 187 页。

斯坦(H. Leibonstein)的临界最小努力理论①，他们主张增加贫困地区的资本投入力度，使其达到国民收入增长的速度，强调资本的积累和形成，以期推动社会的经济增长。我国学者姜德华在 1989 年最早对我国贫困地区的类型进行了分析，并总结了自然资源的不合理开发与自然生态恶性循环的过程，把贫困的原因归因于对自然资源的不合理开发或是过度开发导致环境的恶化造成深度贫困。资源要素理论主要从经济学的角度认为贫困是对生产要素——土地、劳动力、资金，不能进行有效地合理配置②。

(3)人力素质贫困理论

1960 年，美国学者舒尔茨(T. W. Schultz)在美国经济学会上发表了《人力资本投资——一个经济学家的观点》的演说，提出经济的发展取决于人的质量，而不是自然资源的丰瘠或资本存量的多寡。他认为贫困地区之所以落后，不在于物质资源的匮乏，而在于人力资本缺乏；加强教育事业的发展，对人力资本的形成、经济结构的转换和经济可持续发展具有重要的意义③。我国学者王小强、白南风在 20 世纪 80 年代通过把人的素质化为"进取心量表"进行测量，包括改变取向、新经验、公共事务参与、效率感、见识、创业冲动、风险承受、计划性 8 个指标，并描述了贫困地区人口的特征为创业冲动微弱、易于满足、风险承受能力较低、不能抵御较大困难和挫折、不愿冒险；生产与生活中的独立性、主动性较差，有较重的依赖思想和听天由命的观念；难以打破传统和习惯，接受新的生产、生活方式以及大多数新事物、新现象较差，安于现状等；

---

① 金俊峰：《云南山区"开发式"扶贫模式研究》，华东师范大学 MPA学位论文，2006 年。

② 沈红：《中国贫困研究的社会学述评》，载《社会学研究》2000 年第 2期，第 91 页。

③ 刘维忠：《新阶段新疆农村扶贫开发模式与对策研究》，新疆农业大学博士毕业论文，2010 年。

总结出"人口素质差"是贫困地区贫困、落后的本质原因①，认为改变贫困地区人口的行为方式和思想观念，提高人的综合素质是改变贫困的根本。

(4) 系统贫困理论

系统贫困理论认为贫困是由诸多综合因素系统运行的结果，贫困的根源是由"陷阱—隔离—均衡"所构成的一个"低层次、低效率、无序的、稳定型"区域经济社会运转体系，这个体系规定着贫困延续的轨迹②。在这个贫困区域系统中，社会的能力机制、资源基础与求变能力之间未能参与整个外部区域经济全面增长与社会持久进步的过程。在发展的内部关系上，三者之间需要构成一定的相互适应关系③。可以说，系统贫困理论已经把贫困脱离出一个平面、静态的描述，而是从一个更广阔的视野来研究贫困。

综上所述，对扶贫理论的研究首先从贫困的定义和分类开始，但对贫困的定义有不同的角度观点，暂时学界还未能将其统一，但有关贫困的绝对和相对的生存状态已得到大家的共识，只是量化的标准不一样；对其产生的原因分析也衍生出相关的理论，由单一的贫困文化发展到系统观理论，并且由分化走向了共融。可以说，扶贫已经不再仅仅是一个部门的问题，而是不同学科和不同部门协同研究管理的问题，这必然会产生不同的扶贫机制，我想这是扶贫理论发展的新趋势。

2. 教育扶贫研究模式研究

我国在 1996 年的《中共中央国务院关于尽快解决贫困地区人口

① 王小强、白南风：《富饶的贫困》，四川人民出版社 1986 年版，第 56～59 页。

② 罗必良：《从贫困走向富饶》，重庆出版社 1991 年版，第 98 页。

③ 夏英：《贫困与发展》，人民出版社 1995 年版，第 18～21 页。

温饱问题的决定》中明确提出："要把扶贫开发转移到依靠科技进步，提高农民素质的轨道上来。"至此，在扶贫开发的内涵上拓展了教育扶贫的功能。我国学者林乘东于 1997 年提出教育扶贫论，他认为教育具有反贫困的功能，它可以切断贫困的恶性循环链；应该把教育纳入扶贫的资源配置中，实现教育投资的多元化，使公共教育资源向贫困地区倾斜。同时，他也提出教育不能独善其功反贫困，需要具备四个条件：第一，提高贫困地区的人口综合素质；第二，建立相对公平的经济分配制度；第三，优化贫困人口配置，提高贫困人口劳动力与生产要素的结合度和效率；第四，增加资本积累和投入，为反贫困提供经济基础，创造更多的就业机会①。集美大学的严万跃认为，现代社会的贫困问题都是知识与能力贫困的表征和结果，发挥教育的扶贫功能不仅能增强贫困人口脱贫致富的能力，还可以带来巨大的社会效益②。教育的扶贫功能得到了学术界的认同，但是针对我国贫困地区教育扶贫问题和现象的实证研究模式才刚刚开始。

(1)经济学视野下的教育扶贫研究

厦门大学的杨能良、黄鹏认为，教育扶贫是一种特殊的社会公共产品，加强对教育的政府投入，提高贫困人口的教育水平，使之能受到其脱离贫困的教育，需要建立一种普遍的社会保障体系，弥补贫困人口的收入缺口；同时加大基础设施的建设，改善经济环境，提高贫困人口的就业率③。他们认为教育扶贫是一种最有效、最持久的扶贫方式。兰州大学博士生张宏从经济学角度对甘肃省麻

①　林乘东：《教育扶贫论》，载《民族研究》1997 年第 3 期，第 43～52 页。
②　严万跃：《论现代教育的扶贫功能》，载《深圳职业技术学院学报》2006 年第 4 期。
③　杨能良、黄鹏：《教育扶贫——我国扶贫的财政学思考》，载《福建财会管理干部学院学报》2002 年第 1 期，第 14 页。

安村的参与式扶贫开发模式进行研究，通过深度的调研，了解不同
类型农民特殊的生态和社会经济条件限制因素，并分析存在的问
题，总结扶贫开发模式中的一些规律，认为参与式扶贫开发是最优
的一种模式①。四川大学的龚晓宽运用计量模型对近年来的扶贫效
益进行了分析，提出扶贫模式的创新要以提高贫困人口的素质为核
心理念②。周丽莎根据经济学家阿玛蒂亚·森提出的解决贫困
和失业的根本之道是实现社会机会的自由理论，对新疆克孜勒
苏柯尔克孜自治州进行实证研究，认为实行集中办学、民汉合
校和"双语"教育的扶贫模式能让少数民族学生平等地接受教
育，实现"实质自由"，缓解能力贫困，认为教育扶贫是一种值
得推荐的扶贫方式③。他们大多从当地经济发展、改变贫困人口
的收入水平、加大教育投入力度等方面去阐述教育扶贫模式。

(2)社会学视野下的教育扶贫研究

对教育扶贫模式的社会学视角更多倾向对贫困地区自然生态环
境衰退背后的传统人文因素进行研究④，认为提高贫困地区人口的
素质、改变传统落后的思想观念是改变贫困地区的关键。西南大学
的欧文福专门从产业发展和人力资源能力建设的角度探讨了西南贫
困地区的教育扶贫，综合了民族学、社会学、教育学方法，揭示了

---

① 张宏：《欠发达地区参与式扶贫开发模式研究——以甘肃麻安村为
例》，兰州大学博士毕业论文，2007年。
② 龚晓宽：《中国农村扶贫模式创新研究》，四川大学博士毕业论文，
2006年。
③ 周丽莎：《基于阿玛蒂亚·森理论下的少数民族地区教育扶贫模式研
究——以新疆克孜勒苏柯尔克孜自治州为例》，载《民族教育研究》2011年第2
期。
④ 沈红：《中国历史上少数民族人口的边缘化：少数民族贫困的历史透
视》，载《经济开发论坛》1993年第5期。

民族教育与经济发展的规律①，为教育扶贫提供了不同的视角。沈红对宁夏、甘肃两省的扶贫调查分析，对不同地区扶贫的方式、过程和结果进行了描述，并比较了各自的利弊，为"八五"期间的扶贫提供了数据参考②。

（3）以问题和现象出发的教育扶贫实证研究

不同的地区有着不同的贫困状况，针对不同地区教育扶贫方式、过程、结果的比较分析研究，有助于我们总结扶贫过程中存在的一些共性和特性问题，如针对农村长期贫困现状与教育改革的研究③、农村贫困地区教育扶贫的对策研究④等。特别是随着教育扶贫力度的深入，有些生态环境恶劣的地区，还出现了一些生态移民和教育移民，这方面的研究也开始涌现，如甘肃四个干旱贫困县的教育移民调查研究⑤、海南省"教育移民"情况的调查研究⑥、宁夏吊庄开发性移民教育⑦、三峡库区教育移民⑧的个案实证研究等。

---

①　欧文福：《西南民族贫困地区的教育与人力资源开发——基于产业发展与人力资源能力建设》，西南大学博士毕业论文，2006年。

②　沈红：《扶贫开发的方式与质量——甘肃、宁夏两省区扶贫调查分析》，载《开发研究》1993年2月，第49页。

③　陈全功等：《农村长期贫困与教育改革》，载《贵州财经学院学报》2006年第1期，第71页。

④　尧平清、王等等：《农村贫困地区教育扶贫及其对策探析》，载《西北成人教育学报》2001年第1期，第47页。

⑤　魏奋子、李含琳、王悦：《贫困县教育移民的政策定义与可行性研究——以西部地区四个干旱贫困县为例》，载《人口与经济》2007年第3期，第7页。

⑥　海南省教育移民联合调研组：《海南省"教育移民"情况的调研报告》，载《琼州学院学报》2008年第1期，第43页。

⑦　杨华：《民族地区的经济发展与教育功能的强化——从宁夏吊庄开发性移民看教育的发展及其功能》，载《西北民族研究》2004年第3期，第98页。

⑧　张学敏：《三峡库区教育移民迁校经费缺口分析与对策研究》，载《教育与经济》2001年第4期，第41页。

除此之外，也有针对教育扶贫体系中贫困地区基础教育与职业技术教育的研究①，不同地区的教育扶贫个案研究，如浙江省永嘉县的教育扶贫研究②、西部开发过程中的凉山教育扶贫战略研究③等。同时，针对教育扶贫过程中的新方式的研究也涌现出来，如河北远程教育扶贫网的思考④等。可以说对教育扶贫的研究层出不穷，硕果甚丰⑤。

3. 教育扶贫研究的特点和趋势

(1)研究角度的多元化

贫困是一种与人类发展进程相伴生的社会现象，扶贫是相伴贫困而生的，贫困问题处理得好与否直接影响到社会的和谐稳定。对教育扶贫的研究一直以来是基于贫困理论基础上的一种对策研究，从经济学、教育学、政治学、人类学的角度去分析都显得有些片面，因为贫困产生的原因十分多元化，决定了它是一个社会系统中的顽症。教育扶贫的研究也只是扶贫开发体系中的一种方式，如何界定教育扶贫的功能，怎样在社会资源配置中发挥好的效果，以及如何处理在教育扶贫过程中产生的一些经济学、社会学、教育学中的问题，都还需要不断地厘定和探索。我国对教育扶贫研究的经济

---

①　余祖光：《终身教育背景下职业教育的扶贫助困功能》，载《北京大学教育评论》2007年第3期，第23页。

②　吴月新、肖正德：《浙江永嘉县教育扶贫工作的调研报告》，载《当代教育论坛》2007年第4期，第26页。

③　彭徐：《西部大开发与凉山教育扶贫战略研究》，载《西昌师范高等专科学校学报》2003年第2期，第51页。

④　陈玉堂等：《实施现代远程教育 加快农村发展步伐——"河北科盟远程教育扶贫网"的启示与思考》，载《河北科技大学学报（社会科学版）》2004年第1期，第71页。

⑤　谢君君：《教育扶贫研究述评》，载《复旦教育论坛》2012年第3期。

学解释认为，资本和权力在反贫困中具有重要的作用①，认为增加基础教育的投入，势必会带动贫困地区的社会发展；但是城乡教育的差距，导致贫困地区的教育成本上升，也产生一些教育致贫②的现象，如何平衡贫困地区的教育投入，有没有量化的标准。教育扶贫的社会学角度研究怎样针对不同地区的共性和个性问题进行传统人文素质教育研究，以期通过改变当地的人口综合素质，从救济式的扶贫转变成自发性的扶贫，并提供了很好的实证研究，但是却忽视了经济的投入和生态环境因素的影响。现在的系统观研究更是从一个宏观的角度去分析教育扶贫的功能应该如何去协调和整合资源配置，怎样设定一个有效的区域评价体系去评价教育扶贫的效果，有没有一个确实可行的实证研究，能证明教育扶贫的系统整合能起到反贫困的作用。

(2)教育扶贫方式的多样化

我国目前主要的教育扶贫按扶贫主体的不同分有不同的方式，主要有：第一，政府主导型教育扶贫。我国自 1995 年开始向贫困地区实行义务教育工程，据统计至 2000 年，国家教委和财政部共投入达 200 亿元，其中中央专项投资达 39 亿元，地方政府按不低于 1∶2 的配套比例投入达 78 亿元，社会募集资金达上百亿元。这些资金主要投入全国 592 个国家贫困县、部分省级贫困县和部分少数民族贫困地区③。第二，社会资金扶贫——基金主导型。比较典型的是"希望工程"，可以说希望工程动员了社会各界力量参与到教育扶贫的过程中，帮助贫困地区的学生享受到教育。据统计，希

---

①　黄文平、卢新波：《贫困问题的经济学解释》，载《上海经济研究》2002 年第 8 期，第 3 页。

②　谷宏伟：《"教育致贫"及其后果——转型时期中国低收入家庭的教育困境》，东北财经大学博士毕业论文，2007 年。

③　魏向赤：《关于教育扶贫若干问题的思考》，载《教育研究》1997 年第 9 期，第 62 页。

望工程自 1989 年 10 月 30 日开始实施，截至 1996 年年底，全国累计接收国内外捐款(按人民币计，下同)额 978 287 526 元，累计支出 686 977 179 元，全国希望工程捐款暂存 291 310 347 元①，这些还不包括图书、衣服、文具用品等。第三，非政府组织主导型。如世界银行、亚洲开发银行等民间组织团体。2001 年 10 月 30 日中国非政府组织(简称 NGO)国际扶贫会议在北京发表了《中国 NGO 反贫困北京宣言》，把政府、社会和非政府组织共同参与到扶贫过程中来。据统计，1995 年，"第二个贫困地区基础教育发展项目"启动，其中世界银行贷款 1 亿美元，国内配套 1.2 亿美元，江西、四川、新疆、内蒙古、广西、宁夏 6 个省、自治区 111 个县受益②。

按扶贫主题作用于扶贫客体的方式不同，可分为救济式扶贫和开发式扶贫两种。救济式扶贫是指扶贫主体直接向扶贫客体提供生产和生活所需的粮食、衣物等物资或现金，以帮助贫困人口，也称"输血式"扶贫模式。开发式扶贫是指扶贫主体通过投入一定的扶贫要素(资源)扶持贫困地区和农户生产自救，逐步走上脱贫致富道路的扶贫行为方式，也称"造血式"扶贫③。

(3)教育扶贫观念分层化

第一，教育扶贫从开始道义上的扶贫转变成制度性扶贫。以往教育扶贫只是提倡帮助贫困地区人口改变教育状况，捐献自己的一份力量；现在教育扶贫已经成为各个地区政府的政绩考核标准和硬性规定。第二，教育扶贫由以往的救济式扶贫转变成造血式扶贫。

---

① 《中国青基会希望工程公告》，载《人民日报》1997 年 3 月 5 日。

② 《我国积极利用世行贷款发展教育》，载《中国教育报》1996 年 6 月 6 日。

③ 李菊兰：《非政府组织扶贫模式研究》，西北农林科技大学在职硕士毕业论文，2008 年。

救济式扶贫造成了一些贫困地区人口靠救济的思维惰性，思想上不愿争取改变现状，而是等待救济，养成了一种生活上的依赖；现在的教育扶贫注重从思想上教育、鼓励贫困地区人口参与到摆脱贫困的项目中去，让其学习知识和技能，自食其力。第三，扶贫重点从贫困地区转向贫困人口。以往的扶贫资金主要是投到贫困地区政府，让其开展扶贫项目，但是，由于管理监督机制的缺乏，出现了挤占、挪用扶贫资金等现象；现在把资金落实到贫困户个人，目前有些地区对教育扶贫资金进行分类，项目资金发放到政府，并建立专项资金账号，个人资金实名发放到个人户头，保障了教育扶贫资金的有效使用。第四，由区域性教育扶贫转变为阶层扶贫。以往的贫困人口主要分布在农村、地理生态环境相对脆弱的地区和少数民族贫困地区，但是随着改革开发的发展以及乡村人口的流动，在城镇中也出现了一些新的贫困人口，如市场竞争中淘汰的无业人员、身患残疾无法务工人员、没有收入来源生活极度贫困的人员等。第五，单一扶贫向综合扶贫转变。解决贫困问题已不再是经济、教育等方面的问题，而是一种社会文化现象，需要从不同的层面去思考解决贫困问题的措施①。

(4) 微观实证研究下的教育扶贫对象微观化

从教育扶贫的宏观角度研究到教育扶贫的方式和方法比较，再到教育扶贫区域的问题和现象研究，教育扶贫越来越倾向于对个别贫困地区的个案研究，试图从小的社会环境中去探索教育扶贫中存在的一些规律问题，用实证的微观视角去探索教育扶贫过程中的最佳模式，如金俊峰对云南山区"开发式"扶贫模式的研究②等。但这方面的研究成果还是太少，也没有一个系统的、值得借鉴的、评

---

① 魏向赤：《转变教育扶贫的观念》，载《金秋科苑》1997 年第 3 期。
② 金俊峰：《云南山区"开发式"扶贫模式研究》，华东师范大学 MPA 学位论文，2006 年。

价效果良好的教育扶贫模式①。

总之，我国自 20 世纪 80 年代至今，对教育扶贫的研究大多还是在国外扶贫理论预设的基础上开展的，并从经济学、社会学、教育学、人力资本等多元角度进行了研究，取得了一些成果；对我国的贫困地区进行了系统的梳理和分类，为教育扶贫的进一步研究打下了很好的基础。但从学术界和整个系统的角度来看，还存在学科衔接不紧、研究不全面等问题。我们要做好教育扶贫的研究，必须要厘清地区贫困的内在根源和教育之间的关系，不仅要探究教育扶贫的形式、特点，还要充分做些实证研究，收集些资料，从系统的角度去比较不同形式的教育扶贫模式，总结一些教育扶贫共性的规律。

综上所述，对海南省教育移民的研究还有以下问题有待深入探讨：

第一，海南省的"教育移民"是政府针对少数民族地区教育落后的现状，而采取的一种把少数民族地区学生和教师整体搬迁到县城和乡镇集中办学的教育工程，目的是想通过教育资源的整合，实现少数民族地区教育的跨越式发展，使享受弱势教育资源的学生与县城的学生享受相对公平的教育。目前对于海南教育移民现象的研究论文可以说屈指可数，并且对它的研究也只是简单的概述，没有更深层次的研究。因此，本项研究将对教育移民问题进行深入的实证研究，不仅是对海南少数民族教育问题的关注，更是对少数民族地区如何实现教育跨越式发展进行深层剖析，以期对其他少数民族地区的教育发展提供可供借鉴的经验参考。

第二，对海南省少数民族地区教育的研究也仅仅停留在教育史、教育与政治、经济的关系研究等方面，并没有针对海南少数民族教育发展过程中存在的问题进行实证研究。可以说，对海南

---

① 谢君君：《教育扶贫研究述评》，载《复旦教育论坛》2012 年第 3 期。

少数民族教育移民的研究对海南少数民族教育的发展能提供很好的经验参考和实践意义。

第三，目前全国各地针对少数民族地区学生教育资源不均衡，而采用把少数民族教育落后地区的学生集中到县城办学，实行寄宿制的做法，并取得了很好的成效和做法。但是各个地区情况不同，并且规模小而散，并没有形成一个好的教育移民模式可以借鉴和推广。对海南教育移民的研究，就是想通过全省大范围的教育移民实施过程，找寻其在实践过程中存在的问题和可以借鉴的经验，为少数民族地区教育跨越式发展找寻一条可以借鉴的教育移民模式。

第四，目前，对少数民族地区学生集中到县城办学的研究，大多集中于寄宿制办学的角度、实施的背景和过程以及产生的实际意义等方面。虽然也有对实施过程存在问题的研究，比如少数民族学生的学业成就、教师和教学、学生就业出路等问题，但没有找到好的解决办法。可以说在全国各地的实施过程中，只是想解决其学生受教育的起点问题，实施的主体一般都是教育部门；并没有从宏观整体的角度去考虑其在实施过程中，政府、社会、学校、学生及家长之间的关系发生了哪些改变，在学校这个特定的场域中学生存在哪些适应问题。

四、核心概念界定

从移民学的角度来看，海南省的教育移民并不是真正意义的迁移，它既不属于完全意义的工程移民，也不属于生态移民，因为既不是由于重大生态工程而产生的被动移民，如三峡移民；也不是因为生态环境的恶劣而产生的移民，如宁夏吊庄移民；其移民的主体是教育条件落后的少数民族学生，但并没有改变其家庭赖以生存的环境，实现真正的人口迁移，而是政府为了改变其教育资源的不平等，提高少数民族地区学生的教育质量，使其享受跟县城学生同等的教育条件，而实施的教育政策。同时，它又与"高考移民"有区别：其一，高考移民是在高考前迁移户籍，教育移民却没有迁移户籍；其二，高考移民只是户籍的迁移，本人可能并没有改变其教育的环境，而"教育移民"并不改变户籍，而是教育环境得到较大的改善。

教育移民是针对海南省少数民族边远贫困地区、生态核心保护区以及教育水平相对落后地区的学生，把这些地区义务教育阶段中小学生整体迁移到条件较好的县市城区或者乡镇移民学校集中学习，使这些学生在教育条件上与城镇中小学生享受同等的教育条件，以实现教育起点的公平。

教育移民的长远目标是想通过教育的扶贫功能实现少数民族边远贫困地区的真正脱贫，它不仅仅是把少数民族边远贫困地区的学生整体搬迁到县市城镇集中上学，满足他们在教育条件上的公平，而且从更高的层次上把移民学生的上学、升学以及就业联系起来，把基础教育、职业教育和城镇就业衔接起来，让贫困地区学生可以实现外向型就业，改变贫困地区的贫困代际传递的恶性循环。可以说，教育扶贫是目标，教育移民是实现的手段。

教育移民与其他地区的移民不同，它是一种生态移民，它并不改变贫困地区的生态面貌，也不让生态保护区的居民整体搬迁，而是通过提高贫困地区学生的教育水平，培养其适当的生存技能，通过自我观念的改变，改变其以往的生存方式，实现从政府帮扶到自我扶贫的转变。

教育移民是一个系统的工程，从实现的方式来看，它包括中小学教育资源的整合、中职教育的免费入学、政府社会就业平台的构建等；从制度保障来看，它包括师资队伍的引进、助学保障机制的构建、生态移民的补偿、学生升学就业的保障机制等；从实现的主客体来说，它包括省市各级教育主管部门、移民学校老师、移民学生以及移民学生家长。

总地来说，海南省的教育移民是政府为了实现少数民族学生的教育起点公平，将地处边远、贫困和生态核心保护区的中小学整体搬迁到条件较好的县市城区或乡镇读书。通过教育资源的整合，改善其受教育的环境，并把把基础教育、职业教育和城镇就业衔接起来，通过教育结构的调整和教育质量的提高，实现输出型移民和学生教育素质的整体提高，通过教育的扶贫功能以实现该地区的最终脱贫。

五、主要研究内容

海南省的"教育移民"工程从 2008 年下半年开始实施，首先在海南省昌江县王下乡进行试点，随后在全省 10 个少数民族贫困县市进行分阶段推广。第一期投资 2.1 亿元建立 10 所思源学校，有 18 000 名学生从少数民族贫困地区教学点整体搬迁到县城上学；第二期在儋州、万宁、澄迈等地建立 3 所思源学校和 1 所思源中学，2009 年秋季开始招生；第三期投资 4.5 亿元，建立 8 所思源学校，其中 3 所思源中学；三期总共有 41 200 名农村学生迁入县城上学①。

在新搬入的思源学校中，少数民族学生在语言、文化等社会文化生活环境的变化中，如何适应新的环境？学校如何进行教学和管理？在全国选聘的教师有些不懂少数民族语言，在教学过程中是否有文化的冲突和自身适应的问题？他们又是如何进行协调和缓解的？少数民族学生在迁入县城上学后，其升学和就业的出路在哪里？与迁入前有什么不同？教育移民政策执行过程中，如何进行管

---

① 海南省人民政府办公厅关于转发省教育厅财政厅 2008 年省教育扶贫（移民）工程实施方案的通知，琼府办〔2008〕75 号。

理，还存在哪些问题？以后发展的趋势怎样？这些都是本项研究的重点关注问题。并且，笔者希望在详细调查的基础上，总结在教育移民过程中的经验，试图构建一个教育移民模式，为少数民族地区教育的跨越式发展提供一个可供借鉴的新思路。

本项研究的基本思路是从应用研究的角度出发，以致力于解决在教育移民过程中所面临的实际困难为根本目的。为了做好此次调查研究，我选定了海南省保亭黎族苗族自治县作为本次调研的重点，希望通过对个案的研究，做到以小见大。海南省保亭黎族苗族自治县位于海南省西南部，距离省会海口市 230 千米，全县总面积1 160.6平方千米，辖 12 个乡镇及 2 个地方农村，62 个村委会，464 个自然村；全县总人口 15.7 万人，其中黎族占总人口的56.2%，苗族占 3.8%，其他民族占 40%。据 2007 年统计，全县人均生产总值7 137元，城镇居民人均可支配收入7 378元，农民人均纯收入2 190元，城乡发展的不平衡特征比较明显，具有代表性。全县现有中小学在校生17 655人，其中普通高中在校生1 535人，初中在校生6 539人，小学在校生9 581人；共有专任教师1 460人，其中高中专任教师115 人，初中专任教师448 人，小学专任教师897 人。全县教学点分布广，并且规模小而散，为了整合教育资源，全县共撤并移民教学点 34 所，教育移民学生3 400余人，建设思源中学、小学各一所。在全省所有教育移民地区，保亭县的教育移民规模属于中等，少数民族特征明显。

本研究试图对教育移民地区进行全方面的调研，全景式描述教育移民实施的背景、过程以及教育移民政策的实施情况，分析政府与社会、学校与学生、教师与学生之间的互动关系，描述他们在教育移民过程中存在的问题，并提出合理的解释和建议。本书第一章对海南省保亭自治县教育移民实施的理论基础进行阐释，并分析其实施的必要性和可行性；第二章介绍其实施的背景；第三章详细阐释其实施的过程，包括移民学生的来源、经费的管理、学校的管理、学生的升学和出路等；第四章对教育移民过程中存在的问题进行分析；第五章是对教育移民问题的理论思考；第六章在总结问题的基础上提出对策，并试图为少数民族地区教育跨越式发展提出有建设性的政策参考。

六、本书采用的理论及研究方法

(一)本书采用的理论

本书从教育人类学、教育政策学的角度对海南少数民族地区教育移民进行研究。所采用的理论基础主要有民族教育的跨越式发展理论、教育扶贫理论、教育公平理论。

民族教育的跨越式发展理论直接来源于列宁和斯大林的民族教育理论，是指通过在相对先进教育的影响下，民族教育出现的一定程度有别于一般教育活动常规变化的符合教育发展趋势的发展过程。其实施的内容是通过增大对民族教育的投入和政策支持，促进民族教育内部的改革、调整和完善，使相对落后地区的教育发展程度赶上或者超过教育发达地区，实现民族教育的跨越式发展。

教育扶贫理论认为民族贫困地区陷入贫困恶性循环的根源是文化的贫困。贫困文化是贫困群体在与环境相适应的过程中产生的行为反应，并且内化为一种习惯和传统文化，它的特点是对自然的屈从感、听天由命和对主流社会价值体系的怀疑等，这种安于现状、不思进取的生活态度内化成群体的一种思维定势和行为准则，导致贫困地区形成一种低水平的经济均衡，并在贫困地区一直延续。为了解决贫困问题，就必须通过国家和社会对民族地区教育的大力扶持和民族贫困人口的积极参与，促进民族贫困地区教育的发展，以期提高民族贫困人口思想道德和科学文化素质，促进当地的经济和文化发展，并最终摆脱贫困。

教育公平理论强调要注重教育起点的公平、教育机会的公平以及教育过程的公平。要实现民族教育起点的公平，就必须给予民族教育更多的支持，让民族地区的学生享受到与城镇孩子同等的教育资源。可以说海南少数民族教育移民的出发点就是想通过整合教育资源，使贫困地区的孩子享受与城里孩子同等的教育资源，实现教育起点的公平。

一项政策的实施必然有其基本的理论基础，而海南省少数民族地区教育移民的实施不仅能验证理论的可行性，并且在实践中总结真知灼见，以求进一步完善理论，为民族教育的发展提供一个可供借鉴的发展模式。

(二)本书采用的研究方法

1. 参与观察法

为了更好地完成研究，本书将以教育人类学的文化适应理论为手段，有针对性地选择海南省黎族苗族自治县保亭县进行实地调研，着重收集该地区教育移民实施的背景、实施的现状、取得的成效，并挖掘存在的问题，收集该地区教育发展的基本数据并进行归类分析，以期对海南省保亭自治县的教育移民过程进行全景的描述，了解参与教育移民政策的相关利益者对教育移民政策的意见和建议。

2. 访谈法

访谈法包括开放式和半结构式访谈。访谈对象包括教育行政主管部门领导、校长、教师、学生以及学生家长。开放式访谈通过个别访谈或集体座谈形式进行，在此基础上确定结构式访谈的问题和对象，再逐步深入个人访谈。

3. 政策文本分析法

对民族教育的相关理论和政策进行文本分析，梳理民族教育跨越式发展的理论依据，了解其他民族地区教育移民的共性和差异，为进一步完善民族教育跨越式发展提供一定的现实依据。

4. 典型案例分析

选择海南省较有代表性的少数民族自治县进行重点案例分析，深度分析教育移民给当地教育发展带来的变化以及存在的问题。

5. 比较研究法

比较海南省少数民族教育移民地区与沿海发达地区教育的差距，厘清差距的现实困境，比较国内外其他民族地区教育移民政策，为海南少数民族地区教育移民政策的完善提供进一步的改进措施。

七、主要创新点

(一)研究视角的创新

目前，对于海南少数民族地区教育移民的研究甚少，大多是对教育移民过程的简单描述和报道。本书通过对教育移民过程的深入调研，从教育扶贫、教育公平和教育均衡发展的理论视角去阐述教育移民的深刻内涵，并围绕着教育移民政策的主客体关系，从少数民族地区教育行政部门、学校老师、学生、学生家长的不同角度去阐述教育移民过程中存在的利益博弈和亟待解决问题。同时，抛开教育移民事件本身，把它放在中国特色社会主义民族教育发展的大背景下，从民族教育跨越式发展的宏观视角去梳理教育移民给当地民族教育带来的变化，以及从微观上厘清不同利益群体在教育移民过程中的价值冲突和相互关系；使教育移民问题不仅全景地呈现出来，还给予人们深刻的实践启示。

(二) 理论的创新

对海南教育移民的研究不仅仅是对其产生的背景、过程和存在的问题进行分析，而且是通过对教育现象的研究，总结一般的发展规律，丰富现有的理论体系。本书借用民族教育跨越式发展、教育公平和教育均衡发展理论去阐述教育移民的应有之义，同时通过实践的验证，去充实、丰富民族教育的理论体系。特别是在总结保亭自治县教育移民的过程中，以实证的案例提取出"契合理论"的概念，并进一步阐明教育移民政策的推广需要在满足价值契合、条件契合、利益契合，并有畅通反馈回路的机制下才能达到最佳的效果，在此理论的基础上，试图构建教育移民的实践模式。

第一章　海南省保亭自治县教育移民实施的理论基础

一、民族教育跨越式发展理论

(一)民族教育跨越式发展理论的提出

跨越式发展理论最早源自马克思对于俄国社会的研究。1881 年马克思在给俄国民粹主义者维·伊·查苏利奇的复信草稿中提出俄国的"农村公社"可以通过发展土地公有制和消灭自身社会的私有制来保护自己，认为俄国可以跨越资本主义制度的"卡夫丁峡谷"，即可以不通过资本主义，而把资本主义制度所创造的一切积极成果用到公社中来，成为现代社会所趋向的那种经济制度的直接出发点，进入社会主义。1882 年，马克思和恩格斯在《共产党宣言》俄文第二版的序言中明确提出俄国农村公社土地公有制在一定的条件下可以跨越资本主义制度而成为共产主义发展的起点。马克思、恩格斯认为人类社会历史发展过程是普遍性与特殊性辩证统一的过程，人类社会的发展要经历原始社会、奴隶社会、封建社会、资本主义社会、社会主义社会和共产主义社会的过程，这是人类社会发展的一般规律，但是俄国农村公社的土地公有制有其特殊性，如果能吸取资本主义先进生产力的成果，在特定的历史环境条件下，有可能跨越资本主义制度，而直接进入社会主义社会。社会发展具有普遍的规律，但并不排斥各个国家、各个民族具体历史发展阶段的偶然性、个别性和差异性，根据自身的条件选择适合自己发展的道路①。这是马克思、恩格斯对于跨越式发展理论的初步阐述。

马克思的跨越式发展理论是相对于社会发展的一般规律而言，它包括生产力和社会制度的跨越，社会制度的跨越可以在相对短的时间内通过革命运动取得成功，而生产力的提高需要一个长期的积累过程，新的更高的生产关系只有在出现相适应的生产力时才会出现。因此，两者在发展上不可能同步实现，具有一定的层次性。通俗地讲，跨越式发展理论是在社会发展的一般规律的前提下，不同国家、民族历史发展和社会演进可以在相对先进生产力的基础上进行一种超常规、跳跃式发展，从而跨越某个历史阶段或进入一个更高的社会阶段。

历史的发展也证明了马克思、恩格斯关于跨越式发展理论的可能性。如日耳曼人没有经历奴隶社会而直接进入了封建社会，美洲在欧洲移民的入侵下直接过渡到资本主义社会，非洲原始部落在欧洲殖民者的入侵下，没有经历封建社会这一发展阶段②。实践证明，马克思、恩格斯的跨越式发展理论不仅适用于俄国这一特定的国家，也适用于所有处在资本主义以前发展阶段的国家。中国社会的发展也是马克思跨越式发展理论的一种实践证明。改革开放使中国借助资本主义的优秀成果，学习先进的科学技术，引进先进的社会生产力，实现了中国的政治、经济、文化的跨越式发展。

民族教育的跨越式发展是我国学者孟立军于 1996 年提出的，他把马克思的跨越式发展理论延伸到民族教育领域，认为民族教育

---

① 杨朝晖：《马克思主义跨越理论及其中国化进程》，载《理论观察》2010 年第 3 期。

② 刘先春、吴阳松：《原著视角下对马克思跨越理论的真实考察》，载《兰州大学学报(社会科学版)》2011 年第 39 卷第 2 期。

发展具有历史性，它是伴随民族的产生而产生的。在原始公社制，民族教育主要是以家庭教育传授生产技能和社会公德为内容的教育，它具有原始性和自我封闭性；奴隶社会的民族教育主要传授历史知识、宗教礼仪、伦理道德等传统文化内容，教育成为奴隶主阶级实现政治统治的重要工具，它带有明显的阶级性和等级制；封建社会的民族教育带有浓厚的宗教消极性，它以培养为统治阶级利益服务的臣民为宗旨。按照马克思关于社会发展的一般规律，社会发展分为原始社会、奴隶社会、封建社会、资本主义社会和社会主义社会五个不同的阶段，民族教育在不同的阶段发挥着重要的作用，实现部落—民族—国家的发展。由于生产力和社会制度的跨越式发展，民族教育也存在着交替运动变化发展的状态。在不同的社会发展阶段，民族问题也相伴而生，究其根本，民族问题的根源"取决于每一个民族的生产力、分工和内部交往的发展程度"[1]，也就是各民族经济社会发展的不平衡决定了不同民族享受文明发展成果的程度不同。民族教育具有选择和创造民族文化的功能，也是解决民族问题的重要手段，民族教育的发展能促进民族的融合和团结，更能促进社会的长治久安。要解决民族问题，首先得优先考虑各民族教育发展的均衡，实现落后民族地区教育的跨越式发展。民族教育的发展，有其民族教育本身的历史发展原因，但主要受民族地区政治、经济和文化的影响。而民族地区政治、经济和文化的跨越式发展的实现，同样也可以实现民族教育的跨越式发展。孟立军提出民族教育的超常规发展的概念，是指在异文化或异文化背景下，教育活动相互作用而造成的后进教育超出一般发展变化水平的一种运动状态[2]。

---

① 《马克思恩格斯选集》第 1 卷，人民出版社 1972 年版，第 56 页。
② 孟立军：《论民族教育的历史性》，载《民族教育研究》1996 年第 3 期。

(二) 民族教育跨越式发展的理论定位

马克思主义的社会主义发展理论包括一般发展理论和特殊发展理论两大组成部分。一般发展理论是指人类社会具有从低级到高级的发展性，具有几种社会形态的阶段性和社会形态更替的顺序性，即人类社会从原始社会、奴隶社会、封建社会、资本主义社会到社会主义社会等几种发展形态，对人类社会历史发展过程中所表现出来的阶段性和发展顺序进行了理论概括，揭示人类社会发展的一般规律和常规次序。特殊发展理论是指社会发展在一定的条件下实现了区别于一般社会发展规律的阶段，实现了跨越式发展。特殊模式指处于封闭落后的不发达国家，在资本主义因素的介入和诱发下，可以加速实现从旧的所有制形式向资本主义生产方式的过渡，实现跨越一般发展阶段的超常规发展，如俄国农村公社土地公有制跨越了封建社会和资本主义社会直接过渡到社会主义社会。社会主义发展的特殊规律和特殊模式是民族教育超常规发展理论的理论基石。从含义上来看，所谓跨越式发展，也就是超出常规发展阶段的跨越发展，是指事物超出寻常发展程度的运动状态，具有突发性、剧变性和跳跃性的特点，是事物发展过程中的一种特殊运动状态。同时，超常规发展的实现，是在适当条件的影响下，加速事物可能产生质的飞跃的量变积累过程，事物量变积累的加快从而使质的飞跃提前到来的现象，则是事物的超常规发展。超常规发展并不是某一单个事物或事物某一方面孤立的变现过程，从事物发展相互联系和作用的观点来看，某一事物或事物某一方面的超常规发展，会引起事物或其他事物加速量变的积累条件，造成正、反两方面的超常规变化；但是，超常规发展是可以通过人的主观能动性加以控制的过程，人们既可以对事物超常规变化的有利条件进行强化，也可以对这种变化的不利方面进行有效抑制，这取决于人们对客观事物的认识程度①。从人类社会而言，超常规发展现象包括政治超常规发展、经济超常规发展和文化超常规发展多种变现形式。

教育跨越式发展，是指在异文化或异文化背景下，教育活动相互作用而造成的后进地区教育超出一般发展变化水平的一种特殊运动状态。具体而言，教育跨越式发展是指在一定社会的政治背景、经济背景和文化背景等相互联系的条件下，相对处于先进水平的教育活动对相对后进教育活动产生影响，而相对后进教育活动对相对先进教育活动主动吸收的过程，从而加速教育向更深层次的演变，并表现为超越一般发展程度的变化过程。可以表现为某种教育类型的整体水平方面，如教育质量的大幅提升，也可以表现为某种教育类型的某种教育要素方面，如教育思想、教学方法、教育政策、教育条件等多方面。

民族教育的跨越式发展是指在相对先进教育活动影响下，民族教育出现一定程度上有别于一般教育活动常规变化的超出寻常变化程度的符合教育发展趋势的发展过程。民族教育跨越式发展的条件从根本上讲取决于一定社会的政治、经济和文化诸方面的因素，直接原因在于有较之民族教育更为先进的教育形式的直接作用。它不仅指民族教育的发展速度和发展数量，而是一个综合性的概念，是一个社会多种现象相互作用下实现民族教育质和量超常规发展变化的过程。它与教育超常规发展既相互联系又相互区别，联系在于它们所遵循的特殊发展规律以及发展原则基本上是一致的，发展进程在质的分析上具有其共同的方面，区别在于民族教育所具有的民族特色和民族因素对教育的影响不同，从而使民族教育本身带有与一般教育不同的特征。

---

① 孟立军：《历史性跨越：民族地区超常规发展与民族地区发展研究》，广西民族出版社 1999 年版，第 42~44 页。

社会主义民族教育跨越式发展的基本内涵就是在社会主义制度优越性充分发挥的情况下，通过促进少数民族教育超常规发展，加快提高少数民族群众的科学文化素质，促进民族地区社会生产力的提供，推动民族地区经济和社会发展，尽快缩小民族地区与发达地区的历史差距，使民族教育发展程度尽快赶上或者超越教育发达地区的发展程度①。

(三) 我国民族教育跨越式发展的实践条件

民族教育作为一种历史现象，是与民族的产生相伴随的，民族的产生为民族教育的产生提供了客观依据，同时民族教育又为民族自身从蒙昧到现代民族的演化提供条件。我国的民族教育自新中国成立以来一直处于曲折的发展之中，在不同的时期存在着不同的发展状态，总体而言，还存在一些难以解决的现实问题。

1. 民族教育发展水平的不平衡

民族教育发展水平的不平衡既体现在边远贫困地区与教育发达地区教育发展水平上的差距，又体现在各少数民族教育水平上的差距，还体现在不同地区同一民族教育水平上的差距。造成这种不平衡的原因，既有历史上存在的地区之间的差距，又有民族教育在各地实践中的差距，还有因历史差距造成的难以弥补的现实差距。

新中国成立前，我国各少数民族经济与社会发展极不平衡，如独龙、黎族、哈尼族等少数民族仍处在原始社会末期或保留着原始社会残余，与这种错综复杂的政治结构和经济结构相适应的民族教育，表现为原始社会形态的、奴隶社会形态的、封建社会形态的不同层次的教育。如新中国成立前，云南的大部分彝族居住地区进入

---

① 孟立军：《历史性跨越：民族地区超常规发展与民族地区发展研究》，广西民族出版社 1999 年版，第 45~51 页。

了封建社会，甚至位于云南滇越铁路沿线地区出现了资本主义因素，但大小凉山地区却长期保持着比较完整的奴隶制度，还有海南的黎族大部分与汉族地区一样处于半殖民地半封建社会，但处于海南保亭、乐东、白沙三县交界地区的五指山腹地的部分黎族则处于"合亩"制度下，同时保留着原始社会家族公社残余和农奴制、奴隶制的某些因素，与此相适应的民族教育也与汉族地区有着很大的差异①。

自新中国成立以来，我国的民族教育得到了飞速的发展，可以说民族教育为民族地区的发展起到了重大的推动作用。但不可否认，从整体来看，我国民族教育还存在着发展不平衡的现状。这是因为民族教育的发展水平不仅取决于国家对教育的政策和投入，还取决于各民族地区自身的发展水平，主要是生产力的发展水平，以及与生产力发展相适应的政治制度、经济条件、社会文化及当地人们的科学文化素质水平等。

2. 民族教育的特殊性问题

我国是一个拥有 56 个民族的多民族国家，各民族在历史发展过程中形成了自己独特的语言和文字。据统计，在 55 个少数民族中，除回族、满族通用汉语外，53 个少数民族拥有自己本民族的语言，分属汉藏、南亚、南岛、印欧 4 个语系。此外，少数民族在文字使用上呈现出复杂性，有的民族使用本民族文字，有的民族使用汉字，还有的民族使用在汉字影响下创制文字等。据统计，包括汉族在内，我国共有 21 个民族的 28 种文字，其中沿用至今的有 12 个少数民族的 17 种文字②。民族教育中语言文字的多元化特

---

① 孟立军：《论中国民族教育的历史特点》，载《中南民族学院学报》1996 年第 1 期。

② 孟立军：《历史性跨越：民族教育超常规发展与民族地区发展研究》，广西民族出版社 1999 年版，第 36 页。

点，在一定程度上增加了民族教育的复杂性。同样，我国也是一个具有多样宗教信仰的国家，除了汉族的道教和有些本民族自身固有的原始宗教和萨满教外，还有佛教、伊斯兰教、基督教等。这些宗教信仰对本地的教育活动也产生了重要的影响，甚至有些教育活动是在宗教文化的传授中进行的。

由于历史的原因，我国少数民族大多居住在边疆或山区，自然地理环境相对较差，交通不通畅，与外界的信息交流相对封闭，经济和社会生活相对落后。我国经济的发展和教育文化的辐射，把相对先进的文化带给他们的同时，也影响了少数民族的文化状态，使他们产生了族群认同的心理过程，以及文化的融合和冲突现象。如何使相对先进的文化提高少数民族的文化素质，通过引进先进的技术改变落后的历史面貌，实现脱贫目的，又要使他们保存自身的民族意识，实现各民族团结发展，是民族教育发展的一个重要课题。

3. 民族教育存在的现实问题

经过 60 多年的发展，我国民族教育通过加大对少数民族地区干部的培养、民族地区招生政策的倾斜、民族地区教育经费的投入等政策支持，发生了显著的变化。但是由于多方面的原因，还是存在着很多现实问题，如少数民族的学生比例相对全国平均水平还是很低①；民族教育结构不合理，职业技术教育与普通教育结构比例失调，少数民族地区基础教育薄弱，各办学层次不同程度上存在生源不足等；民族教育质量还有待提高，少数民族学生的升学率还比较低；民族教育师资不足，结构失调，素质整体不高。

民族教育必须结合民族地区的特点和教育水平的实际情况。由于对民族教育特点和规律研究不足，以至于不能从民族教育的外因和内因两方面及它们的相互作用中去认识和把握民族教育的特殊规

---

① 千里原：《民族工作大全》，中国经济出版社 1994 年版，第 200 页。

律和特点，忽视了民族特点、地区文化特色等，使民族教育政策在实践的过程中存在着一些一时解决不了的现实问题，如在管理制度、课程设置、教学内容、教学形式等方面在民族地区还存在难以适应的情况。

民族教育发展的不平衡和存在的现实问题，究其原因，既有历史遗留问题的原因，也有在发展过程中主观和客观的原因。主观上主要是对民族教育特点和规律认识的不足，客观上我国民族地区基础教育的底子薄弱，不仅需要大力的教育投入，同时当地民族对教育政策的理解和认识还需要时间。民族教育要消除这种发展不平衡的状态，使后进的民族教育赶上或超过教育发达地区的教育水平，就要在全国教育不断发展的渐进量变过程中动态地消除民族地区教育发展过程中存在的差距问题，为民族地区的教育发展提供一个突变和跨越式发展的条件和基础。

从我国的现状来看，民族地区大多经济发展水平比较低，且多属于贫困落后地区，它们不仅面临经济发展的困难，民族教育事业的发展更是举步维艰。要实现民族教育的跨越式发展，必须要提高当地的生产力水平，使当地的经济水平能满足教育发展的基本需求，并切实处理好发展教育事业与发展经济事业的辩证关系，在经济发展的基础上，优先发展教育事业。民族教育要实现跨越式发展不仅需要当地政治、经济和文化的外部环境的支撑，还需要内部因素的积极配合。内部因素包括各民族对当地政治、经济、文化和教育事业发展的主观愿望和需求，以及教学人才、教学观念、教育管理等软件和教育设施等硬件条件。只有充分调动各民族实现跨越式发展的积极性，才能为跨越式发展提供不竭的动力。从我国民族地区的不平衡状况来看，主要有两种类型：一种是国内发达地区与不发达地区的差距，另一种是国内主体民族与非主体民族、民族地区与非民族地区在发展程度上的差距；主要表现为民族地区的教育经济发展水平不能满足民族地区人们的物质文化需求。要改变这种政治、经济、文化发展不平衡的现状，需要吸收一切先进的优秀文明成果，通过政治变革生产关系达到发展生产力的要求，营造有利于先进生产力发展的文化背景，并积极调动各民族发展地区经济文化的主动性，为实现民族地区的跨越发展创造条件。从教育规律的角度出发，民族教育的发展必然受到政治、经济、文化的影响，同时，教育是对有主观能动性的人的教育，也必然要考虑人的主观愿望和需求。因此，民族教育的跨越发展需要具备以下条件。

(1)民族地区政治条件

政治制度的确立，是保障地区稳定和发展的前提，是决定地区经济和文化发展的保障；教育的发展也必然反映统治阶级对教育的要求。自新中国成立以来，在民族地区实行的民族自治政策是我国民族地区得以持续发展的基础，也是民族地区实现跨越式发展的基本条件。如 20 世纪 50 年代，我国各民族地区发展状况参差不齐，全国有 3 000 多万少数民族处于封建地主经济状态；大部分藏族地区和部分傣、维吾尔、哈尼族存在着封建农奴制；海南的黎族、黑龙江的鄂伦春族、西藏高原的珞巴族不同程度上保存着原始公社制状态；经过我国社会主义的改造，民族地区实现了向社会主义的过渡，并建立了民族自治的政治制度，为民族地区的经济和文化发展创造了必要的条件。特别是改革开放以来，我国很多民族地区完成了"普六"、"普九"教育，民族地区的科学文化素质得到了根本性的转变；地区的经济发展也出现了巨大的变化，如从全国民族自治地区来看，1949 年全国工农业总产值为 36.6 亿元，到 1991 年达到 2 673.894 2 亿元，是 1949 年工农业总产值的 73.06 倍①。

(2)民族地区经济条件

经济的发展反映一个地区的生产力水平，它是与一定的社会制

---

① 黄万纶、李文潮：《中国少数民族经济教程》，山西教育出版社 1998 年版，第 3 页。

度相适应的。生产力在一定条件影响下出现跨越式发展，必然会引起生产关系的变革，实现社会的更替和发展；同时，一定社会的经济状态也决定了与之相适应的社会文化状态。经济的发展是实现国家或者地区政治和社会稳定的基础，也对社会文化素质的再提高和新的政治关系提出了新的要求。自改革开放以来，我国民族地区的双边贸易和地区经济得到了快速发展，这与我国政治和文化的环境是分不开的；经济发展要求与之相适应的文化类型，如物质文化和精神文化，还要求与之相适应的人的文化素质。从某种意义上来说，经济的发展与人的文化发展是相辅相成的；没有经济的发展，人的文化素质的发展便失掉了存在的基础和发展的空间；同时，没有人的文化素质发展，经济的发展也就失去了原动力。如广西壮族自治区边境 8 个县 1988 年的地方财政收入仅为 8 678 万元，到 1994 年地方财政收入达到 41 542 万元，比 1988 年增长了 4.79 倍，年均增长达 29.82%①。可以说，经济的发展要有与之相适应的生产关系和意识形态，不能脱离本地区的政治和文化环境过度超前，也不能束缚在一定的政治和文化环境中停滞不前，当生产力达到一定程度，就会产生跨越式发展的条件，影响其他方面的发展。

(3) 民族地区文化条件

文化事业是社会发展的重要组成部分，它是以科学技术与人的素质为基础，以实现人的、社会的发展与自然环境的充分利用和保护相互协调。文化发展可以促进政治制度的不断完善，也可以通过提高人的科学文化素质，提高劳动生产率，并进而促进经济的发展。文化的发展必须根植于当地的经济社会发展水平，同时受制于当地政治环境的制约，并为当地的政治利益服务。因此，民族地区的跨越式发展，必须在充分发展民族文化的基础上才能真正使落后民族实现真正的发展。自新中国成立以来，对民族地区的教育事业

---

① 杨清震：《中国少数民族地区边境贸易》，山西教育出版社 1998 年版。

的投入逐年增加，在招生政策上、教育制度上都适当考虑其实际情况和需求，使民族地区的劳动者在科技文化素质上得到普遍提高，很多边疆落后民族地区都已普及了基础教育，整体的文化水平得到了提高，为我国民族地区的发展提供了重要的人力资源。

民族教育的跨越式发展不仅需要在一定政治、经济和文化条件下才能实现，同时也需要充分考虑民族性和各地的实际情况，各民族地区人们的主观愿望和需求也是一个重要的因素。因为我国很多民族地区一直保留着原始的发展状态，不仅仅是发展的问题，也包含着深刻的民族性，很多民族认为改变现有的状态就等于脱离了本民族，是一种失去民族符号和印记的"背叛"。如我国凉山彝族地区，新中国成立前一直都没有正规的教育机构，起教育职能作用的是家支组织，家支组织是其民族教育的重要内容，很多少数民族从小就要背诵家支祖先的谱系，族谱之间的政治关系是其阶级身份的象征，是其民族得以延续和发展的印记。因此要改变其教育职能，需要得到其民族的理解和支持，不仅需要教育观念的转变，也需要其自身有改变其生存状态的主观愿望。

(四) 民族地区跨越式发展与民族教育跨越式发展

历史实践证明，民族教育的跨越式发展在一定的条件和区域环境下是可以实现的。在新的历史时期，如何结合不同地区环境的差异，实现民族地区的跨越式发展，是一个亟待实践检验的课题。从全国民族教育的角度来看，需要从以下几方面实施。

1. 国家重点扶持与民族地区自主发展相结合

国家重点扶持是针对民族地区由于历史、环境、人文等因素影响导致与发达地区造成的现实差距提出来的。所谓的重点扶持包括政策的扶持、资金的投入和民族文化事业的发展等方面。其中民族文化事业的发展主要是从民族教育上对其重点扶持，一是政策的倾斜,给予民族教育更多的政策支持,包括招生、人才引进、教育自主权等;二是增加基础设施的投入和教育经费的投入等;三是对于民族地区的教育区别对待,结合实际情况,整体考虑,创造条件跨越发展。民族地区自主发展是指在不违背国家政策法规的前提下,给予民族地区更大的自主权,为民族地区的发展提供充分的空间,让其结合自我的实际情况,开创性地自我发展。自主发展主要是针对民族地区发展的不平衡性和后进性,让地方政府根据民族地区的现实情况,因地制宜地制定适应本地区需要的发展措施,为民族地区的跨越式发展创造必要的条件。自主发展是实现民族地区发展的基本内部条件,从事物发展的动因来看,可以说自主发展是民族地区发展中起决定性作用的因素,它能充分调动地区发展的主动性和创造性,同时也能兼顾民族地区的民族特色,推动民族地区整体的发展水平。但仅仅依靠自主发展是远远不够的,目前民族地区与发达地区存在的现实差距需要国家的重点扶持,才能使民族地区的发展规模和速度跟上发达地区的水平。从民族地区发展的共时性来看,对滞后地区应侧重国家重点扶持,对相对发达地区,应侧重自主发展;另一方面,从民族地区发展的继时性来看,民族地区总的发展趋势呈现出从物质扶持向政策性扶持的转化过程和从重点扶持向自主发展的转化过程。我们强调对民族地区的重点扶持,其目的在于使民族地区最终摆脱国家的重点扶持,实现民族地区的自主发展;而我们目前所强调的对民族地区采取的倾斜政策,其目的也在于最终取消对民族地区的政策倾斜。当然,国家重点扶持和自主发展都是针对民族地区的实际情况提出的,其最终是为民族地区的跨越式发展创造条件。

2. 民族教育发展要兼顾民族地区发展需要

所谓兼顾民族地区发展的需要就是要尊重民族特点和地区的实际情况,改革针对民族地区的教育体制,使民族教育真正符合地区经济社会发展的需求。首先，在突出教育内容现代化的同时，注重教育形式的民族化。如我国傣族一直以来都是"政教合一"的教育体系，其佛教寺庙教育形式是其教育的主要形式，新中国成立后，由于推行固定化的教育模式，脱离了本民族的教育传统，并先后推行老傣文和新傣文的反复，致使傣族教育一度发展缓慢，其发展速度甚至一度低于哈尼、基诺等原先教育发展水平低的民族①。其次，要调整民族教育结构，使其与民族地区的实际相结合，突出基础教育和职业教育的比重；要从民族地区目前存在的实际需求出发，突出技能人才的培养和整体素质的提高，不能仿效发达地区注重升学率和高层次人才的培养，要考虑民族教育的特殊性，不能强求教育的正规化。民族地区整体上劳动者素质偏低、生产率不高，自然环境恶劣对劳动者的生产活动制约性相对较强，因此，适当地加大职业技术教育的规模，能更契合当地社会发展的实际需求。最后，针对民族地区教育的特点，使其区别于一般的学校教育。如民族地区的人口密度低，教学点多散而且规模小，按照一般学校的规模地区政府的财政负担压力大，师资配备也不足，这无形中增加了民族地区教育的困难度；同时，双语教育的困难也很大，越是民族贫困地区，越是师资不足，教育基本的开展都难以为继，更谈不上教育质量的提高和发展。这些民族地区的特殊情况，促使我们对待民族地区的教育要更加契合本地的实际，不能搞一刀切，要遵循教育管理的一般规律，充分发挥学校教育、家庭教育和社会多种形式的教育的作用，探索出一条区别于一般学校教育的新路子，为民族教育的跨越发展出谋划策。

3. 民族地区教育要整体推进与重点突破相结合

整体推进是指在国家或地区整体利益前提下，从全局的角度

① 董建中：《论民族传统文化与民族教育的协调发展问题》，载《云南师范大学学报》1991年第1期。

出发，有步骤地推动各个相关区域协调发展、相互促进的过程。重点突破是指有选择、有计划地推动某个国家或地区、某些局部方面的发展过程，它是整体推进的一种特殊表现形式。整体推进侧重解决民族地区教育事业与全国发展水平整体提高的问题，重点突破则是侧重于解决民族地区与发达地区以及民族地区内部不同地区之间存在的差距问题。在具体的实践层面上，要区分不同的教育发展类型，进行分类指导。孟立军教授依据对教育发展水平的划分标准，对民族地区进行了三类划分：第一类是部分散杂区和部分民族自治地方的中心地区，这类地区原有教育水平与汉族地区大致相当。第二类是部分散杂区和民族自治地方大部分地区，这类地区原有教育基础相对于汉族地区比较薄弱，教育发展水平滞缓，校点不足，办学条件不能满足需求，少数民族入学率、巩固率、合格率、升学率较低。这类是民族教育水平的中间层次，也是民族教育需要重点关注的地区。第三类是边远杂散地区和民族自治地方边远高寒地区，这类地区原有教育基础就十分薄弱，基础教育发展滞后，中等教育发展迟缓，教育整体发展水平低于全国正常水平，教学设施和人才都明显低于一类和二类地区，是民族教育需要重点扶持的地区。根据不同的分类标准，要制定不同的发展规划，采取重点扶持和自主发展相结合的方式，帮助不同类型地区实现跨越发展。对于一类地区，要充分利用现有的经济发展水平，向文化发展模式转化，充分利用先进教育和科技，对薄弱地区进行资金和人才补给，实现从经济发展向先进文化发展的跨越，带动新的增长点。对于二类地区，既要重视地区经济社会的发展，又要坚持发展文化事业，两手都要抓，两手都要硬，适时把握好经济启动向文化启动转化。对于三类地区，要把脱贫致富与发展教育事业、提高群众的科学文化素质结合起来，增加职业技能教育和成人教育在教育系统的比重，把推广农业科技和提供科学文化素质结合起来，为科技转化为生产力创造条件①。

（五）启示

我国民族地区与非少数民族地区之间客观存在着由于历史等因素所形成的差距，这种表现在发展程度上的不平衡现象对国家或地区的政治、经济、文化生活有着重要的影响。要解决地区之间发展的不平衡，采用常规的发展模式和发展政策是难以实现的。因为常规发展模式注重解决整体发展的一般性问题，难以解决后进地区赶超先进地区这种特殊性问题。因此，对后进地区的跨越式发展研究，具有重要的现实意义。地区的跨越式发展主要包括政治、经济和文化等方面超出一般发展程度的跨越发展，由于某个领域的跨越式发展，最终影响到其他领域，继而牵动其他方面协调发展，这种表现为政治、经济、文化三个方面中某方面实现跨越发展以致使整个社会得到整体协调发展的现象，被称为政治启动、经济启动和文化启动。三种运动状态表现为依次更替的过程，政治启动在初期有效性最高，经济启动在中期有效性最高，文化启动在后期有效性最高。当然，由于不同国家或不同地区客观上存在的差异性，表现形式上也会表现出特殊性和多样性。

教育的跨越式发展是指在异文化的背景下，教育活动相互作用而造成的先进地区教育超出一般发展水平的一种特殊运动状态，它是在相对先进教育活动的影响下，有别于一般教育活动超出常规变化程度的符合教育发展趋势的发展进程。它能直接和间接地服务于政治、经济和文化的跨越式发展，并进而促进政治、经济和文化等某方面实现跨越式发展，以致实现整个地区的跨越式发展。一方面，它能对民族落后地区群众施加影响，加快提高他们的科学文化

① 孟立军：《历史性跨越：民族教育超常规发展与民族地区发展研究》，广西民族出版社1999年版。

素质；另一方面，通过民族教育对文化的选择和创造功能，继承民族优秀文化，抛弃相对落后的文化，并凭借上层建筑的反作用，对民族地区的政治、经济和文化产生影响，并最终达到加快民族地区经济和社会发展的目的。

海南少数民族地区的教育移民，是民族地区教育跨越式发展的实践探索，通过加大对民族地区教育的投入，使少数民族群众在相对先进的教育条件下，努力提高他们的科学文化素质，并服务于民族地区的政治、经济和文化各领域，促进社会某一方面实现跨越式发展，并带着整个地区的跨越式发展。利用民族教育跨越式发展理论对海南少数民族地区教育跨越式发展进行指导，既是对理论的升华，也是实践的验证。

总地来说，民族地区的跨越式发展是一个渐进的过程，不可能一蹴而就，需要在实践的过程中不断总结和反思。民族地区的民族特点和地区实际情况各不相同，实现跨越式发展的方式也会各有创新，遵循教育发展的规律和社会矛盾运动的发展轨迹，是指导我们实践的重要原则；民族地区发展的不平衡现状和地区教育发展的滞后性，以及民族地区自身内部存在的矛盾和差别，是迫使我们不断地研究和探讨民族教育发展的现实动力。在民族教育跨越式发展的实践过程中，我们要遵循地区实际运行的可行性和系统性，不能以局部代替整体，更不能实行一刀切的做法，要考虑各个要素之间的相互影响，以及民族主体的接受程度，多角度、全方位地考虑民族教育跨越式发展的实践模式。

二、教育公平理论

(一)教育公平理论的提出

关于教育公平问题的讨论是从 20 世纪 60 年代开始的，西方关于教育公平系统的理论阐述主要有：一是麦克马洪（McMahon）的三类型说：①水平公平，指相同者受相同对待；②垂直公平，指不同者受不同对待；③代际公平，指确保上一代人的不平等现象不至于全然延续下去。二是瑞典教育家托尔斯顿·胡森提出的教育机会均等理论，包括教育起点均等、教育过程均等和教育结果均等。三是罗尔斯（John Rawls）提出的公平三原则，即平等自由的原则、机会公平的原则和差别原则；其中，第一原则优于第二原则，第二原则优于第三原则，要义是平等分配各种基本权利和义务，尽量平等地分配社会合作所产生的利益和负担，只允许给最少受惠者带来补偿利益的不平等分配①。

　　我国关于教育公平的阐述是从 20 世纪 90 年代开始的，并是从不同学科进行广泛讨论，主要有以下几种阐述：①学者章毛平认为教育公平即教育机会均等，它包括两方面内容，一是人人享有受教育的机会，二是人人有公平接受高质量教育的权利。②学者李立国认为公平不等于平等，教育公平主要指人类受教育的基本权利的平等与受教育的非基本权利的不平等。受教育的基本权利是指人人平等地拥有作为人受教育的权利，非基本权利表现在对教育利益的竞争结果权，即根据人的才智的不同差别给予不同的受教育机会，强调优秀的人才接受更高级的教育，根据人本身的不同禀赋和社会分工的需要，强调教育的竞争结果权。③学者郑晓鸿认为教育公平不是一个单一概念，不同层次种类的教育公平，其内涵是不同的；教育公平的内涵可以分为三种类型：一是观念层次的教育公平，是指对教育市场公平和教育社会公平的一种主观价值判断，是以人们对教育市场公平和教育社会公平的合理性的判断作为评判标准。二是教育市场公平，指使教育效率达到最大化的教育资源的最佳配置，最佳配置不等于最理想的配置方式，必须实施机会平等、教育平等

---

①　翁文艳：《教育公平的多元分析》，载《教育发展研究》2001 年第 3 期。

及竞争平等，而机会平等包括学生和教师两个方面。三是教育社会公平，指财富和收入的平等，对学生而言，是指学生已有的受教育程度和一定时期内所受教育程度的平等。④学者郑淮认为教育公平是指处于同一社会的个体，在入学机会、教育过程及受教育的结果上都应该是平等的，任何受到区别对待或条件不均等都被视为教育机会的不均等。⑤学者李慧认为教育公平是指对教育机会进行合情合理的分配。所谓"情"是指符合民众的意愿，"理"是指符合教育的目的及社会发展的规律；是否符合民意，决定了教育公平的实施是否具有稳定的精神价值；是否符合目的和规律性，决定了教育公平的实施是否具有发展的价值。⑥学者胡劲松认为教育公平具有内在规定性，教育公平首先关注的不是作为受教育的个人如何对待或是享受何种待遇，而是由不同划分标准所形成的特定受教育群体在教育利益和负担中所占的份额，只有在确认"份额"在群体中公平分配的前提下，群体中个体教育权利分配的公平性才有可能和有意义；教育公平除了要求一种分配以外，还特别强调相应的救济或制度保障①。总之，教育公平的不同理论阐述延伸了教育公平的内涵，拓展了教育公平的实施范围，为我国的教育公平实施提供了不同的理论视角。

对于教育公平的概念，石中英教授作了比较全面的定义：教育公平是指在法律上人人享受平等的教育权利；平等地享受公共教育资源；平等地享受教育机会以及在教育活动中被平等地对待；还包括在客观上存在社会发展不平等的历史时期，公共教育资源配置向社会弱势群体进行倾斜等方面②。2000 年中国教育学会专门研讨

---

　　①　肖建彬：《论教育公平研究中的若干理论问题》，载《西北师范大学学报(社会科学版)》2003 年第 3 期。

　　②　石中英：《教育公平的主要内涵与社会意义》，载《中国教育学刊》2008 年第 3 期。

了社会转型时期的教育公平问题，会议认为：教育公平是一个相对的概念，不等于绝对的平均，教育公平必须在承认个体差异的同时允许非基本教育权利、非公共教育资源方面的不公平存在，绝对的教育公平本身就是不公平的、也是不可能存在的；教育公平包括教育机会的公平、教育过程的公平和教育结果的公平。教育公平是一个动态的、历史的、区域的概念，不同时期、不同地区内教育公平受其外部条件和内部因素的双重制约①。

(二) 教育公平的主要内容和特征

教育公平的主要内容有入学机会均等和教育活动的公平。入学机会均等包括义务教育入学机会均等和高等教育入学机会均等。对我国来说，义务教育入学机会均等是保障教育公平实现的基本要求。由于我国义务教育覆盖面广，各个地区的历史、条件不同，虽然国家从法律上规定了人人享有基本的入学权利，但还是在不同地区存在着入学机会权利规定上的均等与事实上的不均等现象。有学者认为我国义务教育的财政分担制度是导致教育不公平的主要原因之一，特别是教育体制改革后，义务教育主要由地方财政负担，各地区的经济发展不平衡，造成了教育事实上的不均等。也有学者认为就近入学的初衷是为了保证入学机会的均等，但实质上由于学校布局不合理和发展水平的相对差异以及特权阶层的存在，造成了教育事实上更大的不公平。也有学者认为不同民族、社会经济地位、文化等因素也是造成客观上义务教育入学机会不均等的主要原因②。

---

① 高立平：《教育公平：教育权利与教育权力》，载《现代教育科学》2005 年第 5 期。

② 陈云奔：《近 10 年来我国"教育公平"研究进展》，载《上海教育科研》2004 年第 4 期。

　　高等教育入学机会均等的讨论主要集中在三个方面：一是高等教育收费的问题；二是高等教育产业化的问题；三是高考制度的问题。在我国目前的经济状况下，有偿化的高等教育有利于国家将有限的教育资源投入到普及义务教育上，也有利于提高高等教育的质量；其实质是用小范围的不平等换取大范围的平等。教育产业化是试图将教育全面纳入到市场经济运行的轨道，但却违反了教育的本质属性，导致教育异化，淡化教育的人文价值和意义，加剧了教育的不公平。高考的问题集中在不同地区、不同民族的招生录取上，这种差别化的招生录取到底是保障了普遍的公平还是伤害了大多数的不公平，现在还一直有争议。

　　教育活动的公平目前主要关注课堂教学的公平、课堂的公平以及教学评价的公平。课堂教学的公平强调对待学生个性差异的公平和师生关系中的对待公平；比如教师是否一视同仁地对待所有的学生，教学上是否"因材施教"等。课程的公平主要是指课程知识的选择、分配、传递是否体现了价值实现的程度，是否具有教育公平的意义；比如学生在隐性课程的经验感受是否反映了教育公平的权力分配和社会选择，不同民族、文化背景的儿童都应该具有同等机会获得关于"自己的文化"的全面而适当的知识。教学评价的公平主要集中在：一是教学评价所依据的价值观的合理性和评价标准的合理性；二是教育评价的工具和手段是否公平；三是评价结果的解释和处理是否也存在公平的问题①。

　　教育公平涉及教育过程的方方面面，既有外部的公平，也有内部的公平。从不同的角度来看，关于教育的绝对公平是不存在的，也不可能实现，但要给予每个社会成员对教育资源平等的享有权利，尽可能地保障教育起点的公平、过程的公平和结果评价的公

---

　　① 陈云奔：《近10年来我国"教育公平"研究进展》，载《上海教育科研》2004年第4期。

平。基于以上的分析，教育公平具有以下基本特征：一是具有社会公共属性。教育的对象是针对社会人类而言，教育公平是对社会教育公平现象的反映，它受制于许多社会因素，并随着社会的发展而不断变化。所谓的公共属性是社会中每个人都可享有的，但又必须承认每个人存在一定的社会差异性，教育公平就是在这种差异的基础上，试图缩小教育的差异以实现每个人教育公平的享有。二是具有相对性。教育公平的相对性是由教育公平的社会性所决定的，不同时期的教育公平的质、量及其内容、范围是有所不同的，随着经济社会的发展，人们对教育的需求程度决定了教育公平的相对性，同时，教育公平涉及不同群体教育权利和利益的分配，不同区域的限制以及内外部条件的影响，使有限的教育资源不可能平均分配，可以保障人人享有平等的教育机会，但不等于人人享有同等质量的教育，这是教育公平相对性的体现。三是具有从属性。教育公平作为公平在教育领域里的表现和延伸，必然具有从属性。它是社会公平的一部分，没有公平的社会，就不可能有真正普遍的教育公平；只有把公平的理念延伸到社会生活的各个领域，才能实现真正的教育公平。

（三）教育公平的制约因素

关于教育公平的制约因素大致可以从几个维度进行分析：一是以教育活动运行为依据，分为外部影响因素和内部影响因素。所谓的外部影响因素包括地区的政治因素、学生家庭状况、种族、社会地位、经济条件、性别等；内部因素包括天赋才能、学术因素、学术课程性质等。二是从社会学视角进行宏观层面考察，认为影响教育公平的因素包括经济、社会和制度三个层面；经济层面指教育地区的经济状况、教育财政支出、学生家庭教育成本承受能力等；社会层面指家庭背景、地区和城乡差异；制度层面指收费制度、招生制度、教育资源配置等。三是从教育资源配置的角度来考察，教育资源包括制度资源和实物资源。其中制度资源又包括正式的制度资源和非正式的制度资源。正式的制度资源指中央和地方政府有关教育方面的政策、制度和规定等；非正式的制度资源包括与教育有关的文化背景、社会氛围、校风、学风等。实物资源则主要包括教育经费、学校的基础设施、师资力量、课程设置和学生家庭的经济状况等。也有学者把教育公平的制约因素分为本体性因素和条件性因素，本体性因素反映的是社会主流意志或国家意志，是相对稳定的因素；条件性因素反映的是社会个体或群体的差异，包括内在差异和外在差异；内在差异是社会个体或群体无法选择的，是不可变或难以改变的，外在差异是社会个体或群体可以选择的，是相对可变的因素，可以通过自身的努力和社会的矫正来实现。总之，从不同的角度来看，影响教育公平的因素多种多样，存在着不同的分类，不同因素也会产生不同的作用反映，需要综合考虑各方面的因素对教育公平的影响①。

(四) 启示

教育公平是教育发展的永恒追求，它牵扯到不同群体对公共教育资源的分配，也受社会外部和个人本体多方面因素的影响。对海南少数民族地区教育移民的研究，就是对影响教育公平的现实外部因素进行考量，政府希望改变受教育人群的外部环境，改善现有的教学条件来实现教育公平。在民族地区的发展过程中，教育公平仅仅是相对的，特别是相对于发达地区而言，其教育差距是绝对的。海南少数民族地区教育条件亟待改善，促进城乡教育公平是其重要的出发点，但影响教育公平的因素有很多，通过教育移民能否解决其现实的教育差距，是否会增加贫困地区人口因为改善其受教育环

---

① 肖建彬：《论教育公平研究中的若干理论问题》，载《西北师大学报（社会科学版）》2003 年第 3 期。

境而付出更多的教育成本，还有待现实的考证。从教育公平的视角去找寻教育移民过程中的变化，利用教育公平理论去阐述教育移民的实践进程，是想验证教育移民前后教育公平在本地区的实现程度，并根据民族地区实现教育公平的探索路径，总结其有益经验。

三、教育均衡发展理论

(一) 教育均衡发展的概念及内涵

教育发展包括教育规模的扩大和结构的优化，最直接的因素是教育需求与教育供给作用的结果。教育均衡实质上是指在教育公平思想和教育平等原则的支配下，教育机构、受教育者在教育活动中的有平等待遇的理想和确保其实际操作的教育政策和法律制度。其最基本的要求就是在教育机构和教育群体之间平等地分配教育资源和份额，达到教育需求和教育供给的相对均衡，并最终落实在人们对教育资源的分配和使用上①。从个体看，教育均衡是指受教育者的权利和教育机会的均等；从学校看，教育均衡指区域间、城乡学校间以及各层次教育间教育资源配置是否均衡；从社会看，教育均衡指教育所培养的劳动力在总量和结构上，是否与经济、社会的发展需求达到相对的均衡。

当前人们所关注的基础教育均衡发展，主要是指我国不同地区之间、城乡之间、同一地区不同学校之间、不同学校不同群体之间的教育均衡发展问题；主要涉及的是受教育者的受教育权保障问题，即教育的民主和公平问题。基础教育均衡发展，主要表现有八个方面：①入学权利和入学机会实现均等发展，其中包括有能力就

---

① 翟博：《教育均衡发展：理论、指标及测算方法》，载《教育研究》2006 年第 3 期。

读的弱势群体学生应该享有同等的受教育机会；②区域间实现均衡发展，指不同区域之间要统筹规划教育资源，实现教育资源的有效分布；③城乡之间的教育均衡发展，教育资源在城乡之间的均衡配置；④学校之间实现均衡发展，包括学校布局和规模均衡合理，学校教育经费投入、基础设施、师资配备、生均教育资源和学生生源均衡等多方面；⑤学生间的均衡发展：包括学校内各班级在设施、师资、生源和管理等方面的均衡；⑥基础教育在不同类别、不同层次间实现均衡发展，包括基础教育内部的普通教育和职业教育的均衡发展，也包括初等教育、中等教育和高等教育的均衡发展；⑦基础教育在教育质量上的均衡发展，包括课程设置、教学水平和效果间的均衡；⑧基础教育结果在学校教育中和受教育者之间实现均衡发展。基础教育的均衡发展最终的归宿点是学校的均衡发展，因为学校是教育教学的基本实施机构①。

　　教育均衡发展不是限制或削弱发达地区、优质学校和强势群体的教育发展，而是在均衡发展思想的指导下，以更有力的措施扶持基础薄弱地区、薄弱学校、弱势群体，特别是农村学校教育的发展，进而把基础教育水平提升到一个更高的水平，实现教育整体水平上的均衡。均衡发展不是教育的平均主义，也不是把高水平的教育拉下来，而是根据不同区域的实际情况，分区规划、分步实施、分类发展；它鼓励不同区域、不同学校、不同类型的教育，根据各自的实际情况，创造性地探索自己的特色发展道路，实现优势互补、特色发展和整体提升。教育均衡发展是一个长期的、动态的、可持续性的历史过程，它的发展是一个从"均衡—不均衡—均衡"不断发展的螺旋上升过程；当前我国基础教育均衡发展主要是城乡之间教育发展的不均衡问题，只有把农村教育作为教育整体的一部

———————

　　①　翟博：《教育均衡发展：理论、指标及测算方法》，载《教育研究》2006 年第 3 期。

分，才能实现城乡教育的均衡发展。教育均衡发展要结合各自实际情况积极推进，它不是同质化发展，而是区域的特色发展；由于各地教育发展的差异性和历史原因，不同区域之间的教育发展存在不同程度的差距，因此，在鼓励发展较快地区快速发展的同时，要采取有力措施扶持后进地区加快发展，均衡发展不等于区域之间教育发展的同步化。

教育均衡发展的内涵可以从以下层面来理解：一是从教育资源的配置来看，教育资源配置包括"硬件"和"软件"两方面，硬件主要指生均教育经费投入、校舍、教学基础设施等；软件包括师资、学校内部管理等。二是从教育的目标来看，学生在德、智、体、美、劳等方面的均衡全面发展。三是从教育的功能来看，教育所培养的劳动力在总量和结构上与经济、社会的发展需求达到相对的均衡。从宏观上来看，教育均衡主要体现在教育权利公平、教育机会均等、教育规模、结构均衡和教育制度的均衡；从中观层面来看，教育均衡主要体现在区域均衡、城乡均衡、学校均衡、群体均衡、硬件和软件的均衡；从微观层面来看，教育均衡主要体现在生源均衡、质量均衡、结果均衡和评价均衡。因此，教育均衡的目标是教育需求与教育供给的相对均衡，教育资源配置的均衡是教育均衡发展的基础和前提。

(二)教育均衡发展的阶段理论

教育均衡发展的本质是追求教育平等、实现教育公平；从教育发展来看，可以分为四个阶段：第一个阶段是低水平均衡阶段，也就是普及义务教育阶段，这个阶段主要是以追求教育机会的均等为目的，让每一个适龄儿童享有均等的受教育机会。第二个阶段是初级均衡阶段，这个阶段主要以追求教育资源合理配置为目的，确保教育资源在区域间、城乡间、学校间、群体间的优化配置，以确保受教育群体和个体的权利平等、机会均等，具体体现在公民就学和受教育条件的均等。第三个阶段是高级均衡阶段，这个阶段主要以追求学校教育发展均衡为目的，即以人的培养和发展为目标，充分尊重学生的个性和差异，挖掘每个学生的学习潜能。第四个阶段为高水平均衡阶段，这个阶段是教育均衡发展的理想阶段，指国家经济社会高速发展，人民生活水平大大提高，教育资源丰富，区域、城乡、学校和不同群体之间的教育差别极大缩小，教育资源得到合理的配置，每个学生都能接受相对均等的教育，并能最大限度地发挥自己的特长和学习潜能。从我国的现状来看，东、西部教育发展差距较大，东部地区的教育发展水平较高，基本普及了高中阶段教育，进入初级均衡发展阶段；西部及边远贫困地区已经或正在进行"两基"攻坚，尚处于低水平的均衡发展阶段，还需要国家的大力支持。虽然我国基础教育已经实现了普及阶段，处于从普及阶段进入大众化阶段的过程中，一些经济条件较好的地区又会有新的发展愿望和要求，条件差的地区因为自身经济能力的局限，出现一种低水平的动态均衡状态，要打破这种均衡，需要加大对落后地区的支持力度，缩小东西部地区教育的差距。因此，区域推进基础教育均衡发展是目前我国教育发展的重要政策举措①。

（三）教育均衡发展需要关注的主要问题

教育的均衡发展需要面对很多实际的现实问题。第一，公平和效率的问题。如果从公平角度出发去制定和实行有关政策，就必然会伤害到教育资源的效率。由于我国教育发展的不平衡，教育资源不可能平均分配，在相对公平的前提下，适度关注教育效率是可行的；在经济发展水平相近的区域内，努力追求义务教育资源的均衡配置，是最大化实现教育公平和效率的前提和基础。第二，示范性

---

① 翟博：《教育均衡发展：理论、指标及测算方法》，载《教育研究》2006 年第 3 期。

学校与教育均衡发展的关系。由于我国教育资源短缺，从教育管理的角度看，抓一些示范学校，抓一些示范学科，提升教育的质量，本就无可非议；可示范性学校的建立，势必导致学校之间新的不平衡，如何处理好示范性学校与教育均衡发展的关系也是教育均衡发展的难点。第三，学校办学特色与教育均衡发展。办学要均衡，更要办出特色。如何在实现基础教育均衡发展的基础上，面对学校之间存在的客观差异，建立更多能够培养学生个性发展需要的特色学校，是教育均衡发展的困惑，因为教育资源的分配如何兼顾各地区、各学校的实际情况，又能充分发挥各学校的创造性，需要现实的思考和实践。第四，教育创新发展与教育均衡发展。如何在教育均衡发展的指导思想下，通过建立相互竞争机制，不断激活学校向更高水平的均衡发展，也是教育均衡发展的难点。因为在教育发展的过程中，通过制度的创新，激发教师和校长的教育教学热情，才能不断增强学校的发展动力，实现学校之间、区域之间向更高水平的均衡目标发展；但教育制度的均衡需要考量教师、校长、教育主管部门以及学生各方面的需求，如何兼顾，尚待研究。第五，弱势群体教育与教育均衡发展。弱势群体教育包括经济困难家庭子女的教育、残疾儿童的特殊教育、学习困难学生的教育和城市流动子女的教育等，这些弱势群体的教育如何得到现实的关照，是教育均衡发展的难点，也是影响教育均衡发展的关键所在。

在教育均衡发展的过程中，也会面临低水平教育均衡陷阱和高水平教育均衡陷阱的问题。所谓低水平教育均衡陷阱是指在人均国民收入缓慢增长的情况下，人口增长与国民收入的持久均衡状态，这种状态是指某个区域的经济状态决定了当地的教育水平，并且这种状态形成一种动态的循环状态，要打破这个贫困的恶性循环，需要加大地区的投资力度，使地区的国民收入增长超过人口增长和人均收入大幅提高的水平，从而推动经济冲破低水平的均衡状态。我国基础教育发展的规模大，但层次不高，并且发展规模的扩张是在低层次上实现的，存在大量的薄弱学校，很多边远贫困地区还处于普及教育的低水平或初级教育均衡发展阶段；教育经费长期投入不足，不能促使教育发展到一定的水平，就容易出现"低水平均衡发展陷阱"的现象。如何发挥教育的扶贫功能，不仅需要教育自身的努力，还需要国家在经济、文化等多方面的支持。高水平教育均衡陷阱是指中国经济虽然在量上有较大的增长，但缺乏质上的变化，出现这种变化主要是由于人口的高度增长导致中国经济的停滞，一是人口的增长吞食了小农维持家庭生计以外的剩余，使小农无法积累资本；二是传统方式的农业投入，达到了再增加便会导致边际报酬递减的极限，把传统农业提高到一个无法通过自身的力量来改变的水平。这种经济结构对新式投资和工业发展起到了抑制作用。我国基础教育也同样面临着"高水平均衡陷阱"的问题，由于我国受教育人口的增多与优质教育资源的不足、教育投入不足、教育发展不均衡的矛盾关系，我国的教育无法满足人们的教育需求。如何解决受教育人口众多与推进教育现代化、实现教育均衡发展的内在矛盾，是我们摆脱高水平均衡陷阱、推进教育均衡发展的重大问题。如日本政府是最早推行全免费义务教育均衡发展的国家之一，但面对巨大的教育经费投入，政府难以为继，提出改革现有的免费义务教育方案，这充分说明了高水平教育均衡陷阱的问题。因此，推进教育均衡发展，必须结合一个国家或地区经济社会和教育发展的实际，量力而行，分步实施，分阶段推进区域的教育发展，防止绝对的教育机会均等和教育资源平均分配，防止脱离生产力发展水平、教育发展水平等历史条件去追求教育均衡，要以科学的发展观指导推进基础教育的均衡发展。

（四）启示

海南省少数民族地区的教育移民过程，其中重要的措施是想通过教育资源的整合实现教育的均衡发展，特别是基础教育的均衡发展。很多教学条件差的薄弱学校在移民过程中被撤并，也有部分相对条件好的学校被整合，在实施的过程中，教育主管部门是如何考虑，又是如何进行实施的，教育资源的整合是否达到其预期的目的，这是本书研究的重要内容。

本研究利用教育均衡发展理论去梳理教育移民过程的政策脉络，厘清不同利益群体在教育移民过程中的利益博弈关系，不同的价值选择会导致不同的教育资源分布；根据海南少数民族地区教育发展的实际情况，从宏观上、微观上去考量教育移民过程中教育均衡发展的得与失。教育均衡发展如何在少数民族地区教育发展的路径上实现，又如何合理地进行总体布局才能达到最佳的效果，以及在教育移民的过程中还存在哪些问题，影响教育均衡发展的制约因素是什么，教育均衡发展是否影响到少数民族地区教育移民过程中教育公平的实现，这些问题都是本书的研究内容，需要现实的解答。

教育均衡发展是为了更好地实现教育公平，也是为了更好地实现民族地区教育的跨越式发展。在教育移民的过程中，采取中小学布局结构调整的方式，促进教育资源的整合，满足城乡移民学生享受同等的教育条件。中小学布局结构调整是实现教育均衡发展的手段，目的是为了促进教育公平的实现，改变以往落后的教育面貌，进而实现民族地区教育的跨越式发展。这仅仅是理论的预设，与现实的实践还存在一定的现实距离。

总地来说，民族教育跨越式、教育公平、教育均衡发展理论与海南少数民族地区的教育移民问题存在着天然的耦合关系，不仅可指导实践，也可在实践中不断地验证并丰富现有的理论体系。对于海南少数民族地区的教育发展而言，探索一条适合民族地区教育跨越式发展的可行路径，需要在理论与现实的关照下不断前行。

第二章 海南省保亭自治县教育 移民实施的背景

一、海南少数民族教育概况

海南省是个多民族的省份，除黎族是世居民族外，还有苗族、回族、壮族等35个少数民族。在这个多民族融合的地区，民族教育呈现出多样性和跨文化性等特征。据历史记载，从西汉到南北朝时期，海南岛的黎族社会还是原始经济占统治地位，这个时期的教育呈现出社会教育的特征，传统文化主要通过族群的代代相袭，绵延传承。从隋唐五代至宋元时期，随着内陆封建统治势力的输入，海南岛由原始社会跨越了奴隶社会，直接过渡到封建社会；特别到明清两代，封建经济开始在全岛占据统治地位；到新中国成立初期，除五指山腹地还残存着原始经济特征的"合亩制"外，其他地区已被封建经济所垄断，并在沿海地区出现了资本主义的萌芽。海南琼州大学的齐见龙等在《五指山基业——海南少数民族教育探究》中，把海南的民族教育根据时间划分为原始教育(西汉以前)、古代教育(两汉至1840年鸦片战争)、近代教育(鸦片战争至新中国成立)和现代教育(新中国成立以后)四个阶段。

在不同的阶段中，民族教育呈现出不同的内容和特征，原始社会的教育内容注重生存技能的培养，突出实用价值和功利目的，主要通过族群和父辈的社会教育，没有正规的教育机构。到古代教育阶段，封建统治势力介入，很多外来民族随之迁入，如苗族、回族等逐渐迁入海南地区。特别是从元朝开始，封建政权加强了对海南封建基层组织的设置，如任命峒长进行管理，并引入了中原先进的生产技术和文化。随着封建经济的发展，海南的教育也出现了一些变化，如宋元朝时期，一批流放的文人开始在海南传播文化，岛上先后建立了儒学，如"东坡书院"，元朝时在黎族地区设立"寨学"等，开始对黎族施行封建文化的教育。明清时期，封建教育得到了蓬勃的发展，各地办起了社学、义学和书院等各类学校，黎族地区也涌现出一批举人和进士，如丘浚、海瑞、王宏海等，对海南少数民族教育的发展具有重要的作用。但由于历史和地域等多方面的原因，海南黎族地区的生产力一直发展缓慢，即使在封建势力统治海南期间，海南的生产力水平也极不均衡，少数民族的冲突也时有发生，教育发展时起时落。这个时期的教育更多的是封建统治阶级的一种"抚黎"政策，向海南的黎族灌输封建文化的阶级意识，使其从原始社会更好地向封建社会过渡。随着鸦片战争的爆发，外国列强纷纷涌入海南地区，各地陆续出现教会学校；特别是光绪年间，由于清政府的无能和腐化，海南民族地区到处发生起义斗争，两广总督张之洞调冯子材率苗兵入琼镇压，并在海南实施"抚黎章程"，拉拢地方黎族峒长参与地区事务管理，鼓励各地兴办学堂，从汉区聘请教师，并深入到五指山腹地，对海南民族教育的发展起到重要的作用。从国民党时期到新中国成立，这段时期的教育呈现出鲜明的阶级性和革命性，更多的是直接为革命阶级的斗争需要。总之，到新中国成立初期，海南岛的教育一直在曲折中缓慢发展，截至1950年，海南全岛228.12万人口中，高等学校在校生仅219人，平均每万人口中在校大学生只有0.96人，而少数民族所占比例为零。

新中国成立后，海南少数民族地区的教育在中国共产党的领导下，在60多年的时间内得到了大力的发展。据统计，1957年，海南新办小学63间，完全小学增加了34间，在校小学生达到71 756

人，比上年增加2 584人，适龄儿童入学率达到45%；至1965年，海南小学教育发展到2 378间，比1958年增长了3倍。1956年中学教育有完全中学一所，初中9所，在校学生3 696人，到1965年普通中学有36所，在校学生12 000多人。"文革"期间，海南的教育受到很大程度的破坏。但改革开放后，政府进行一系列的拨乱反正，进一步落实党的民族教育政策，海南的基础教育得到了较大的发展，到1986年，海南的少数民族适龄儿童入学率达到98.5%，巩固率97.2%，普及率94.1%，基本在全境普及小学教育。同时，加强了对民族教育的扶持，从1979年至1984年共建立了8所民族中学；据1990年统计，全省共有中小学民族寄宿班75个，在校寄宿生3 338人，其中高中寄宿班295个，初中寄宿班36个，在校寄宿生1 678人，小学寄宿班30个，在校寄宿生1 365人①。为了使教育更好地为当地的经济建设服务，成立了海南大学、海南师范大学、海南医学院、农机中专、职业技术学校等适合多层次需要的学校教育，基本形成了多层次的教育结构，为海南教育以后的发展打下了坚实的基础。但是，由于历史和地域等多方面原因，海南的基础教育相对全国而言，还是显得相对落后，教育发展不均衡现象还是比较突出。据调查统计，1998年、1999年、2000年，民族地区初中阶段入学率分别是88.15%、92.23%、92.9%，分别比国家规定的"普九"指标要求低6.85、2.77和2.1个百分点；辍学率分别为5.3%、3.6%和4.9%。1998年高中阶段少数民族在校生3 693人，只占高中在校生总人数的28.1%；1999年、2000年分别占23.7%、23.43%②。截至2003年，海南省每万人中各类大学生人

---

① 陈立浩、朱克良、李颜：《历史的画卷——海南民族高等教育50年》，载《琼州大学学报》1998年第4期，第56~63页。

② 琼州大学"海南民族教育探究"课题组：《海南少数民族地区基础教育现状及其发展思路》，载《琼州大学学报》2004年第1期，第36~40页。

数仅为全国平均数 150 人的 2/3；全国每万人在校研究生人数为 5.1 人，海南仅为 0.54 人，是全国的 1/10①。可见，海南民族地区基础教育还是相对比较薄弱。

海南省自 1988 年建省以来，各项事业得到党和政府的大力支持，政治、经济和文化都得到了迅猛发展。但由于历史基础的薄弱和地域的边缘，海南省相对全国其他地区还是相对落后。一个地区教育的发展与该地区政治、经济和文化的发展密不可分，政治经济发展制约着教育的跨越式发展，同时教育发展的不均衡也严重制约着地区经济的发展。近年来，随着国家改革的深入，海南省根据自身的实际情况，努力发展热带农业和旅游产业，走出了一条适合自身发展的新路子，形成了以第三产业为龙头、第一产业为主导的产业格局，政治、经济和文化事业得到了飞速发展，同时也给教育发展注入了新鲜的血液。特别是国家对海南国际旅游岛的战略部署，给海南带来了新的历史发展机遇期。

1988—2005 年，海南省的经济发展经济经历了三个阶段：第一个阶段是 1988—1995 年，海南省建立经济特区，全国热钱大量涌向海南岛，出现了房地产投资过热、通货膨胀居高不下等现象。特别是 1992—1993 年，随着中央决定控制基本建设投资、治理经济环境和整顿金融秩序政策的实施，海南岛出现了经济下滑，特别是海南省的房地产经济泡沫的破灭，使海南经济在 1995 年跌入谷底。第二阶段是 1995 年后，海南省总结以往发展的过激现象，明确了经济发展战略和思路，大力发展热带农业和第三产业，在国家的宏观调控下，免受了 1997 年亚洲金融危机的冲击，经济开始稳步回升，到 1999 年，实际经济增长速度达到 8.6%。第三阶段是 2003 年至今，海南省的经济步入稳步发展轨道，年实际增长速度

---

① 北京教育科研网：《海南省教育事业十一五规划》，见 http：//www. bjesr. cn/esrnet/site/bjjykyw/fzzl/jyghyj/ghzy/gssjygh/0059300114522993ea. ahtml.

达到 10% 以上，并逐步加大对高科技产业的引进和教育的投入，经济发展格局得到进一步明晰。

虽然经济得到了一定的发展，但海南的东西部发展差距还是很大，特别是少数民族地区，贫困人口的比例还是很高。全省有 11 个贫困市县，主要分布在中部和西部，其中民族自治县 6 个，县级市 2 个，汉族区县 3 个。农村贫困人口达 13.8 万人，农村低收入人口达 40.3 万人，全省 76.5% 的贫困村和 77% 的农村贫困人口集中在这些贫困市县。2006 年具体数据见表 2-1①。

表 2-1   **2006 年海南省贫困村、贫困户和贫困人口情况**

	全省	贫困市县	国定贫困县	占全省比例(%)	
				贫困市县	国定贫困县
贫困村个数(个)	720	551	256	76.5	35.6
占行政村的比例(%)	27.5	45.1	63.1	—	—
农村贫困人口(人)	138 650	106 925	57 957	77.1	41.8
占农村人口的比例(%)	2.9	5.2	9.5	—	—
农村低收入人口数(人)	403 292	281 762	92 910	70.0	23.0
占农村人口的比例(%)	8.5	13.7	15.3	—	—

尤其是 5 个国家重点扶持县，地区生产总值之和不及全省总值的一半，人均地方财政一般预算收入仅为全省平均水平的 35%，城乡居民储蓄存款余额比全省平均水平低 52%，农民人均纯收入比全省平均低 1 054 元，主要人均经济指标皆大大低于全省的平均

---

① 《海南贫困市县现状》，见 http：//www.sdpc.gov.cn/dqjj/fpkf/fpgzxx/t20080331_202175.htm。

水平。2006 年具体数据见表 2-2①。

表 2-2　　　2006 年海南省贫困市县人均主要经济指标

	全省	贫困市县	国定贫困县	比全省平均水平±(%)	
				贫困市县	国定贫困县
地区生产总值(元/人)	12 980	7 985	6 064	-38.5	-53.3
第二、三产业增加值比重(%)	69	49	45	—	—
地方财政一般预算收入(元/人)	654	269	231	-58.9	-34.7
地方财政一般预算支出(元/人)	1 525	1 387	1 779	-9.0	16.7
城乡居民储蓄存款余额(元/人)	9 358	4 079	4 441	-56.4	-52.5
农民存款余额(元/人)	1 045	652	679	-37.6	-35.0
社会消费品零售总额(元/人)	4 074	1 559	1 195	-61.7	-70.7
农村居民人均纯收入(元/人)	3 256	2 685	2 202	-17.5	-32.4

注：除储蓄存款指标外，其他指标不含农垦数据。

由此可见，海南经济发展还存在诸多问题，特别是发展的不平

① 《海南贫困市县现状》，见 http://www.sdpc.gov.cn/dqjj/fpkf/fpgzxx/t20080331_202175.htm.

衡，以及少数民族地区发展的薄弱。

海南省少数民族地区基础教育自建省以来得到了政府的大力支持，2000 年海南民族地区 9 个市县、137 个乡镇通过了"普九"的验收，2002 年通过了全国"两基"的验收。但是巩固"普九"的目标，任务还相当艰巨。主要存在的问题有：

第一，民族地区基础教育经费投入还存在严重不足。随着国家把基础教育的管理权限下放到各级地方政府，海南省民族地区各市县的地方财政相对比较困难，且参差不齐；再加上农村教育附加费大额缺收，社会集资渠道又十分有限，使各民族市县的教育经费十分紧缺。如乐东县 2001 年按规定应拨出教育专款约 7 000 万元，但实际投入仅 3 900 万元，还有部分地区存在着民族基础教育难以为继的程度①。

第二，危房改建面积大，高中阶段教育发展缓慢，学生的辍学率有抬头趋势。2002 年，从各市县的统计材料看，全省民族地区中小学危房约 10 万平方米，其中五指山市现有危房 1.1 万多平方米，乐东 3.5 万平方米，保亭县有危房 2.8 万平方米，琼中县有危房 0.99 万平方米，儋州 4 个民族乡镇 0.74 万平方米，东方市民族乡镇有 0.3 万平方米，还有其他市县和民族乡镇存在一定数量的危房，基础教育设施的投入亟待加强。高中阶段的教育对于提高少数民族地区文化素质具有重要的作用，也是一项十分紧迫的工作。2002 年各民族市县的高中阶段的升学率不到 30%，从整体来看，少数民族学生的高中阶段入学率是严重偏低的。辍学率也出现抬头的趋势，如 2002 年，乐东千家中学、山荣中学初中生辍学率高达 30%，比限定的辍学率高出 27 个百分点，该县志仲镇解放中心小学每年有一年级小学生 100 余人，到六年级毕业时只剩下 20 多人，辍学率超过

① 琼州大学"海南民族教育探究"课题组：《海南少数民族地区基础教育现状及其发展思路》，载《琼州大学学报》2004 年第 1 期，第 38 页。

70%。该县每年应有在校初中生 7 000 余人，但实际入学仅 5 014 人，入学率仅为 71.6%，比普及率低 23.4 个百分点。辍学的主要原因，一是学生家长秉持读书无用论，毕业也找不到工作；二是农村学生家庭经济相对困难，不能坚持读完；三是想早点找工作，弃学外出打工。四是少数学生基础差，成绩差，厌学而辍学①。

第三，师资不足，实力薄弱，工作条件差，教师的流动性大。2008 年以前，海南民族地区各市县中小学师资人员十分紧缺，如东方市东河镇教学区共有 71 个班，2002 年在校学生 2 718 人，专任教师仅 86 名，这里中小学至少空缺教师 54 名，且 45~59 岁年龄段的教师占总数的 50%。因为教学条件差，很多新分配的教师不愿到民族山区去任教，有些教师宁愿外出打工也不愿在山区当教师。据琼中县统计，1995—2002 年先后有 27 名骨干教师外流，其中一名高中教师调至深圳市大众搬运公司当搬运工，还有一名教师给海口一家单位看守停车场。民族地区教师的待遇低，条件差，人才流失严重②。

据调查统计，1998—2000 年，民族地区初中阶段入学率分别为 88.15%、92.23%、92.9%，分别比国家规定的"普九"指标要求最少低 6.85、2.77 和 2.1 个百分点；辍学率分别为 5.3%、3.6% 和 4.9%，2000 年初中阶段的辍学率，三亚和陵水县分别高达 6.9% 和 5.3%，其中少数民族学生分别高达 18% 和 6.1%。高中阶段少数民族在校生占高中在校生总人数的比重也呈下降趋势，1998 年为 28.1%，1999 年为 23.78%，2000 年为 23.43%③。截至 2006

---

① 琼州大学"海南民族教育探究"课题组：《海南少数民族地区基础教育现状及其发展思路》，载《琼州大学学报》2004 年第 1 期，第 38 页。

② 琼州大学"海南民族教育探究"课题组：《海南少数民族地区基础教育现状及其发展思路》，载《琼州大学学报》2004 年第 1 期，第 39 页。

③ 齐见龙等：《五指山基业——海南少数民族教育探究》，吉林人民出版社，2005 年，第 297~304 页。

年，海南省有小学3 050所，在校生从 2002 年的 100 万人增加到104.7 万人，适龄儿童入学率为 99.81%，年辍学率为 0.51%；初中 463 所，在校生从 2002 年的 39.8 万人增加到 47.5 万人，初中入学率为 98.07%，年辍学率为 3.39%①。这些数据充分说明了海南民族地区基础教育的落后现状。

二、海南少数民族地区教育移民的发展历程

(一) 海南省教育移民的由来及主要经验

近年来，针对海南省东西部教育发展不平衡的现状，海南省政府加大了对少数民族贫困地区的扶贫力度，并把优先发展教育作为一项重要的工作来抓。2002—2004 年间，海南省预算内教育经费总投入 54.22 亿元(其中 2002 年为 16.12 亿元、2003 年为 17.4 亿元、2004 年为 20.7 亿元)，年均增长 8.69%；2004 年预算内教育经费已占到全省 GDP 的 3.13%。与此同时，海南省政府还大力拓展教育融资渠道，吸引企业民间资本投入到教育行业，2002—2004 年间，全省教育经费总投入分别为 29.8 亿元、32.9 亿元、38.9 亿元②。2004 年，海南省委、省政府出台《优先发展教育的决定》和《海南省农村教育 10 年发展规划》，在总结了近些年扶贫工作存在的问题的基础上，决定把优先发展教育和扶贫工作结合起来，逐步转变为从"就地扶贫"、"易地扶贫"到"教育扶贫"。自 1998 年起，海南省委、省政府就组织省直机关、企事业单位以及海口市等 136

① 姜斯宪：《把义务教育作为教育工作的重中之重来抓——省人民政府关于全省义务教育实施情况的报告(摘要)》。

② 北京教育科研网：《海南省教育事业十一五规划》，见 http://www.bjesr.cn/esrnet/site/bjjykyw/fzzl/jyghyj/ghzy/gssjygh/0059300114522993ea.ahtml.

个单位与全省 45 个贫困乡镇联手，对应扶贫，每年联手扶贫单位约 400 名优秀干部轮驻帮扶点，开展以"帮思想、帮门路、帮技术、帮资金"为主要内容的扶贫活动。2005 年海南省昌江县根据本县的实际情况，分析了以往扶贫成效不大的原因，从"扶贫先扶智"的思路切入，针对王下乡教育设施落后、学校分散、师资薄弱以及学生上学困难等实际，提出先解决学校分散、师资配置效率低和基础教育投入不足等问题，率先实施"教育移民"工程整合教育资源，把地处边远、贫困和生态核心保护区的义务教育阶段中小学整体搬迁到条件较好的县城区或乡镇读书，首先试点在王下乡。王下乡地处边远的霸王岭山区，下辖 4 个村委会，13 个自然村，总人口 3 185 人，2006 年人均收入 1 050 元，是省扶贫开发重点县。县政府研究制定方案，首先核定搬迁的规模，将王下乡 271 名初中生整体迁入昌江民族中学（还有 6 名初中教师也一同调入该校），学生管理实行寄宿制，在校期间，不交任何费用，每月还享受财政发放的 75 元生活补贴。县财政一次性拨付搬迁资金 264.63 万元，其中 155.69 万元用于基础设施建设，其他教育经费 66.79 万元，还有 56 名毕业生继续教育经费 42.15 万元，移民学生基本实行费用全免政策。其次完善管理体制，由县委直接联系学校进行定期检查，成立专门的管理办公室，负责学生日常管理工作；建立王下乡寄宿生医疗报销制度；保障学生安心上学。最后，确立"贫困生异地搬迁读书——毕业后进行职业教育——城镇就业"的思路，使基础教育与职业教育衔接，拓展学生升学和就业的出路。县政府加快了可容纳 3 000 人的职教中心建设，实行政府支持和联合办学相结合，职教中心的学生实行"四免一补"（免除学杂费、住宿费、信息费、课本费，补助学生生活费）①；使学生能进得来，留得住；至

---

① 海南省教育移民联合调研组：《海南省"教育移民"情况的调研报告》，载《琼州大学学报》2008 年第 1 期，第 44 页。

2007 年，先后移民 3 批 981 名学生，第一批毕业的 78 人，有 3 人考上昌江中学，其余全部进了三亚技工学校；2008 年有 8 人考进昌江中学，其余 94 人上了昌江职教中心，比较移民工程之前，这是个大的突破。该工程改变了昌江民族地区师资队伍不稳、教学设施差、教学质量不高、学生辍学严重等问题，产生了积极的社会效应。

海南省教育移民的主要试点经验是：

第一，把教育移民与教育资源整合相结合。在加大基础教育投入的同时，把散而小的教学点进行整合，突出教育的投入和产出效率；同时，为了解决移民的学生因上学路途远产生的费用，县财政给予了交通补助和用餐补助，并统一建设新的学生公寓，使学生们能在舒适条件下安心读书，解决了学生和家长的心理顾虑，使学生迁得出，留得下。

第二，把生态保护和教育移民结合起来。为了减少生态保护区的人口，改变其生产方式，县政府对实施教育移民地区家庭建立生态补偿机制，由县财政发放生态补偿金每人每月 33 元，并鼓励移民学生家长同意学生迁到新的学校就读，通过教育改变其生活状态，使生态保护区的学生能走出大山，到外地就业。

第三，把基础教育与职业教育衔接起来，在保障优秀学生升学的基础上，鼓励学生在职业教育中能学有一技之长，在当地的经济社会发展中能实现充分就业。在教育移民实行前，很多家长都抱有"读书无用论"等观念，不愿意送小孩去读书，一是学生本身的基础差，升学无望，二是进入学校学习后，毕业回到家，农业知识匮乏，存在很多不适应。为了解决学生的出路问题，县政府提出免费送不能升学的学生进入职业教育学习，毕业后大部分推荐到当地的企业进行工作，不仅为贫困地区家庭解决了经济压力，同时也通过教育的示范效应改变了以往的思想观念。

至此，海南省的教育移民工程开始在全省推广开来，并成为海南省的一个特殊的教育现象，在政府文件和媒体报道中得以正式命名。

(二)海南省教育移民的主要特点及初步成效

1. 海南省教育移民的主要特点

教育移民，是海南省教育界一种独特的移民群体，是针对某个贫困地区乡镇教育设施落后、师资力量薄弱和学生上学条件艰苦的实际，将地处边远、贫困和生态核心保护区的义务教育阶段中小学生整体迁移到条件较好的县市城区或乡镇读书，移民学校统一命名为"思源实验学校"。同时，把教育移民与地区扶贫就业结合起来，为移民学生日后读中职或上大学打下基础，培养其基本的生存技能，改变以往落后的教育观念。教育移民还把中职教育与政府社会推荐就业衔接起来。选拔优秀的移民学生到省市重点中学接受普通高中教育，未考上高中的免费入读职业院校，培养其职业技能，并搭建政府推荐就业平台，让其留在城镇就业。

总地来说，教育移民就是在各级政府的大力扶持下，通过教育移民，使少数民族地区边远贫困地区的人口实现外向型转移，并加大教育资源的整合力度，使贫困地区的学生享受与城镇学生同等的教育条件，以期大幅度提学生的入学率，促进贫困以及少数民族地区的青少年学生在城镇就学、就业，脱贫致富，并最终达到贫困地区教育扶贫的目的。它具有以下特点：

第一，层次较高。一般的生态移民和开发式移民是将迁出地的农村人口整体搬迁到新的居住地，这对人口的素质和质量没有特殊的要求，也不会对移民安置区的人口素质产生多大的影响，一般只能引起移民安置区人口数量的增加。而教育移民对人口素质有很高的要求，这种要求不仅是人口平均接受教育的年限长，而且是人口的年龄结构比较年轻，是典型的和潜在的生育年龄组人口。所以，教育移民对控制人口有利，对整体提高人口素质有利。

第二，效果明显。从对海南省黎族地区 4 个市县教育移民的调查情况看，教育移民对于让贫困地区享受优质教育资源以及提高大中专院校录取率有非常明显的效果。假定这些教育移民人口当中只有很少的比例考上了大中专院校并顺利就业，那么，将会给这些地区的教育产生示范效应，并带动贫困地区家庭鼓励孩子接受教育，改变读书无用论的观念。

第三，机制稳定。由于教育移民机制的核心是对人力资源的开发，对教育的重视和对教育的投资增加，会在这些地区形成比较稳定的教育发展机制，并形成"投资教育——移民——增加投资——提高教育水平——扩大教育移民"的良性发展机制，促进地区教育事业的健康发展。

第四，连带效应。教育移民不仅使优质教育资源得到均衡配置，而且缩小了地区教育发展的差距，使农村学生与城镇学生享受到相对公平的教育资源，并有机会进入更高层次的教育机构学习。同时，移民学生的成功就业，不仅给当地经济建设输送了专业技术人才，也对贫困地区的移民产生了连带效应，使更多的家庭重视孩子的教育，并内化为教育改变命运的观念。

2. 海南省教育移民的初步成效

从 2005 年下半年起，海南省昌江黎族自治县县委、县政府经多次深入调研，率先在全省试点，认真分析了以往对王下乡就地扶贫和易地扶贫的几项措施成效不大的原因，以"扶贫先扶智"的思路为切入点，把全乡初中生迁至县城就读，逐步减少贫困地区人口对生态环境的承受力；通过教育的扶贫功能，改变当地人民的教育观念，培养其基本的生存技能，并将他们输送到城镇就业，以期从根本上解决当地贫困问题。项目的实施受到当地群众的拥护，并在全省产生了积极的示范效应，受到省委和国家相关部委的高度重视，他们组织调研组到昌江进行调研试点，试点后决定在全省实施推广。

2007 年 7 月,海南省委政策研究室社会发展处领导与省"教育移民"专题调研组到五指山市开展"教育移民"专题研讨会,要求五指山市结合教育的实际情况,整合教育资源,集中力量搞好教育移民工程,争取让农村贫困孩子享受到优质教育资源。

2008 年,海南省在总结昌江移民工程试点经验的基础上,在全省范围内开展了教育移民工程,并把其纳入《海南省 2008 至2012 年重点民生项目发展规划》,实施范围定在陵水、保亭、五指山、琼中、白沙 5 个国家扶贫开发工作重点县市和昌江、定安、乐东、东方 4 个省扶贫开发工作重点县。实施过程分三个阶段:

第一,计划在 5 个国家扶贫开发县市和 4 个省级扶贫开发县改、扩建 10 所九年一贯制学校,一次性建设投资 1.944 亿元,其中,省财政6 150万元、香港言爱基金会资助10 600万元,校舍改造款 711 万元;市县配套1 979万元;经常性资金按照 7∶3 的比例由省财政和市县财政共同分担。总建筑面积 13.77 万平方米,新增优质学位18 000个。同时,为了提高学校的管理水平,计划在全国公开招聘 10 名优秀校长,2009 年 9 月开始招生[1]。

第二,计划在儋州市、万宁市、澄迈县建立 3 所思源实验学校和1 所思源高中,学校选址定于市县城区,预计于 2011 年秋季开始招生。

第三,计划 2011 年再建 8 所思源学校,其中 3 所思源高中,计划投资 4.5 亿元,主要由省政府、县政府和香港言爱基金按 1∶1∶1 投资,预计 2012 年秋季开始招生。三阶段实施总计建设 24 所思源学校,移民学生41 200名(含7 000名高中生)。可以说教育移民的范围已基本涵盖海南少数民族地区,规模全国罕见[2]。

---

[1] 海南省人民政府办公厅关于转发省教育厅财政厅 2008 年省教育扶贫(移民)工程实施方案的通知,琼府办〔2008〕75 号。

[2] 谢君君:《海南少数民族地区教育移民研究》,载《广西民族研究》2012 年第 2 期,第 81~83 页。

2009年9月，海南省约18 000名贫困山区学生进入分布在海南全省的10所思源实验学校就读。这项投入力度前所未有的海南教育扶贫移民工程，被外界称为"大特区里的思源教育模式"。2010年7月，海南思源实验学校的第一个学年结束了，站在"思源一年"的节点，思源学校不仅在自我总结，也被社会审视着。在全国两会上，当代表、委员把目光集中在海南的"思源异地扶贫教育模式"上时，他们发现在解决城乡教育公平问题、缩小城乡教育差距方面，海南已先行、先试，率先迈出了坚实的一步。眼下，海南10所思源学校首批1 100多名初中毕业生已离开了思源学校，其余16 900多名学生也已在思源学校接受了两学期的义务教育。

时任海南省委书记卫留成认为思源模式是海南总结多年扶贫经验探索出的一条将扶贫、提高贫困地区人口素质和生态保护有机结合的教育新思路。"因此我们要将贫困地区的孩子接到城里，让他们享受和城里孩子一样的优质教育资源，让他们通过知识改变命运，摆脱贫困。""思源模式是对全国农村九年义务教育发展模式的创新；是对全国传统扶贫模式和生态环保的改革，是海南在实现基本公共服务均等化、构建和谐社会方面对全国作出的贡献。"①

目前，海南正着力推动少数民族地区教育扶贫移民工程的二期和三期建设。

三、海南少数民族地区教育移民的目的与意义

(一) 教育移民的目的

教育移民，是希望通过教育资源的整合，实现教育资源的共

---

① 谭丽琳、王先:《卫留成：提高海南教育质量任重道远》，载《海南日报》2009年9月1日。

享，使少数民族地区贫困学生与城镇学生享有教育平等的权利；通过教育资源优化、弱化教育失衡、使移民学生通过教育最终脱贫致富，这是海南省教育事业生存与发展的根本基点，亦即基本的价值导向。教育移民政策较为鲜明地体现出了国家以及社会发展对教育发展的要求以及教育自身内在逻辑发展的基本规律。

1. 促进教育公平的实现

教育公平是指每个社会成员有平等享受公共教育资源的权利。它包括教育机会公平、教育过程公平和教育质量公平。教育机会和教育过程公平相对容易做到，但教育质量公平，即让人人受到较高质量的教育，则不易做到。"教育移民"让所有的农村孩子与城市孩子共享同样的教育资源，最大限度地实现了教育公平。它满足了少数民族地区学生对教育的迫切要求，也是改变贫困地区人们生活状况的最佳途径。

昌江教育移民的成功经验探索出了一条实现教育公平、拓展扶贫内涵的新路。海南通过"教育移民"缩小了城乡差别，让城里和农村的孩子共同享受到了优质的教育资源，让所有农村孩子与城市孩子共享同样的教育资源，实现了民族地区贫困学生与城镇学生起点的公平。

2. 推动教育均衡发展

在海南省，教育发展失衡的问题比较突出。一方面，农村学校由于生源的流失，一些偏远的山村学校出现"空壳"现象；另一方面，孩子随父母进城上学后，城里的学校人满为患，城区教育资源承载力不足的矛盾也逐步加剧，许多学校都不同程度地出现了"大班额"现象。这给城乡教育发展造成了新的不平衡，造成农村特别是偏远、贫困地区的教育质量远远落后于城市，导致了教育过程乃至教育结果的不公平。

海南省实施"教育移民"政策，主要遵循的原则是"小学生就近到条件较好的乡镇中心学校就读，初中生集中到人口较多、经济条件较好的乡镇中学或县城中学就读"，让所有农村孩子与城市孩子一样获得较好的教育机会和优质教育资源，从而在某种程度上推动教育均衡发展，实现教育资源的有效整合。一方面，海南选择了教育条件相对落后的地区，使教育移民政策真正惠及最需要的地区和学生；另一方面，注意优质教育资源的承载量，加大投入扩大优质教育资源的规模，最大限度地发挥优质教育资源的辐射和带动作用。

3. 实现教育扶贫的功能

海南在少数民族地区全面实施教育扶贫移民工程，2009 年已转移 1.8 万余名农村学生到县市城区就读，让这些学生享受到了优质的教育资源；同时，也使移民学生通过教育实现向社会不同阶层的流动，实现外向型的移民输出，缓解贫困地区生态环境的人口承受力。同时，教育的扶贫功能能打破贫困地区的贫困循环链条，从根本上消除制约贫困的关键因素，通过改变贫困地区学生的文化素质，培养其基本的生存技能，改变贫困地区人口"等、靠、要"的思想观念，实现以往由被动扶贫到主动致富的方式转变。

教育扶贫移民与扶贫开发的结合，是源于对过去扶贫工作方式的深刻反思和实践的探索。扶贫先扶智，教育移民从抓教育入手解决贫困问题，抓住了根本，通过教育移民，减少了贫困地区的人口，减轻了贫困家庭的负担，更重要的是提高了人口素质，为农民脱贫致富奠定了良好的基础。

4. 保护生态环境

教育移民与生态保护结合起来，是实施生态保护的有效途径。由于很多生态核心保护区都是贫困地区，通过让生态核心保护区的贫困学生搬迁到县城上学，减少了生态保护区的人口，逐步改变其生产生活方式，极有利于生态环境的有效保护；同时，海南又实行生态补偿机制，由县财政按人口每月发放生态补偿金(每人每月33元)，大大提高了群众保护生态环境的积极性，也提高了贫困家庭送子女就学的热情。

5. 促进职业教育发展

教育移民政策的关键落脚点是实现贫困地区人口的脱贫致富，教育移民让其享受优质教育资源的同时，也保障其接受基本生产技能的培养，最终实现在城镇就业，让其走出大山，开始新的生活方式。其实施的基本思路是"贫困偏僻农村学生易地搬迁读书——职业教育——城镇就业"。"教育移民"学生初中毕业后，未能考入普通高中就读的，全部由政府出资进入职业技术学校就读，把发展职业教育也作为了"移民教育"的一个关键环节。通过加大职业教育投入，扩大职业教育办学规模，实行"四免一补"政策(免除学杂费、住宿费、信息费、课本费，补助学生生活费)和联合办学等措施，从而促进职业教育快速发展。

教育扶贫移民与发展职业教育、促进就业结合起来是教育移民的创新之举。把贫困、边远地区学生转移出来集中接受初中教育只是其中的一步，接下来，还要解决好学有所长、学有所用的问题。海南把教育扶贫移民与职业教育衔接了起来，通过实施优惠政策，促使移民学生接受职业教育，确保他们能有一技之长，为今后的发展和家庭的脱贫创造良好的条件。

(二)教育移民的意义

近年来，海南农村义务教育得到了一些发展，但也存在着一些突出的问题：一方面，政府没有足够的力量把优良的教育资源引入偏远落后的贫困农村；另一方面，贫困农村区域和生源都很分散，教育资源配置效率低，有的学校出现了校舍闲置现象，一个班才几个人，既浪费资源又难以保证教育质量。因此，政府在按需求向贫困地区"输入"教育资源的同时，有必要探讨由偏远贫困村庄向相对发达地区"输出"生源的新路，把自然条件差，基础设施薄弱，至今没有通路、通电的贫困自然村和处于生态核心保护区的边远村庄的小学生转移到就近条件较好的乡镇中心学校或县城九年一贯制学校就读，把初中生集中到人口较多、经济文化条件较好的乡镇中学或县城中学就读，也就是教育移民。

教育移民，不仅有利于改善农村地区的教育质量，促进教育均衡，从长远角度来看，还有利于贫困地区农民脱贫致富，促进当地经济社会发展。实施教育扶贫移民，不是一项孤立的公共政策和纯粹的福利行动，也不是一个化解社会矛盾的权宜之计，而是实现基本公共服务均等化，实践教育扶贫功能的新探索，对海南省的少数民族教育发展具有重要的现实意义。

1. 教育扶贫移民是偏远落后地区脱贫的治本之策

对贫困发生机制的研究表明，贫困人口综合素质较低既是贫困的原因，又是贫困的结果，在贫困和人口素质之间存在着一种恶性循环。要打破这种恶性循环，必须提高贫困人口的综合素质。海南省少数民族地区的贫困面貌，既有历史的原因，也受其他因素的影响，但根本的原因是"人"的问题，治贫先治愚，扶贫先扶教，教育扶贫移民以"能力"救助为核心要素，通过提高贫困人口的受教育水平，变"输血"式扶贫为"造血"式扶贫，为贫困地区经济注入持续发展的动力和源泉，从根本上解决了一家一户、一个村及整个地区的脱贫问题。

2. 教育扶贫移民是促进教育均衡发展的战略举措

现阶段，海南省教育经费的投入不足已经极大地阻碍了农村基础教育的健康发展，进而阻碍着实现教育公平的历史进程，特别是少数民族自治县的教育财政捉襟见肘，教育的发展与发达地区的差距愈发明显。通过教育扶贫移民，就是希望更有效地利用优质教育资源，最大限度地发挥优质教育资源的辐射和带动作用，让贫困地区的学生在享受优质教育资源方面有更多的选择，以推动教育均衡发展，实现教育起点上的公平，为发展边远落后地区和少数民族地区教育提供一种新的发展模式。

3. 教育扶贫移民可以减轻贫困地区生态承载压力

海南省生态资源丰富，而居住在生态保护区的人们生活条件却相对艰苦，很多生态保护区人口还保留着落后的生存方式，通过砍伐和狩猎来维持生计，这种代际传递的贫困循环，使他们逐渐与社会脱节。要想改变现状，必须对生态保护区的人口进行政策倾斜，提高其受教育的条件和机会，给予一定的生态补偿金，通过教育扶贫移民，改变其落后的生存生活方式和价值观念，把保护生态环境与改善教育水平结合起来。

4. 教育扶贫移民可以促进海南少数民族农村教育

教育移民通过扩大民族寄宿班的招生规模，把全县（市）农村初中学生全部集中起来就读，让山区孩子走出大山，进城读书，让贫困的农村孩子享受到更多的优质教育资源，给孩子们改变命运的机会，是海南省社会主义新农村教育模式的实践探索，对各地特别是海南中部扶贫重点市县具有积极的借鉴意义。农村基础教育的薄弱由来已久，通过教育移民，不仅改变了农村基础教育的面貌，也给予了农村基础教育更高的发展空间，以前分布在农场的"麻雀"学堂，教学设施相对薄弱，在教育移民政策下得以撤并和改建，使少数民族地区的农村教育得到了快速的发展，校舍的建设都按照规定的标准进行改建，操场、多媒体、食堂较移民前有很大的变化。

5. 教育扶贫移民可以促进海南少数民族农村教育贯彻教育公平的教育理念，改变移民学生的命运

教育移民使贫困山区的学生享受到优质教育资源，推动了教育的均衡发展，并实现了教育的相对公平。学者杨东平认为，"教育公平是社会公平价值在教育领域的延伸和体现，包括教育权利平等和教育机会均等这样两个基本方面"。也有学者认为，教育公平是"公民能够自由平等分享当时、当地公共教育资源的状态"①。

海南教育移民模式让山区孩子走出大山，进城读书，让贫困的农村孩子享受与城里孩子平等的教育资源，不仅是教育公平理念在少数民族地区的合理诠释，也是构建社会主义和谐社会的必然要求和我国教育改革和发展不懈追求的目标。

6. 教育扶贫移民在推动海南少数民族农村教育发展的同时，促进了海南少数民族地区和谐社会发展

海南教育移民的实施，不仅使边远、落后地区的贫困学生享受到优质的教育资源，而且也在一定程度上对生态环境的保护、地区的经济发展以及各民族的团结与稳定等起到了重要的作用。农村教育事业的发展关系到农民的切身利益，也关系到子孙后代和国家发展。海南少数民族教育发展的矛盾是教育成本和教育机会满足不了少数民族群众对教育的需求。教育移民在改善了农村教育条件的同时，也为民族地区的跨越式发展提供了新的动力，特别是对构建社会主义和谐社会，对我国少数民族地区经济繁荣发展给予了新的思路，很有借鉴价值。

---

① 杨东平：《影响接受高等教育机会不均的制度性因素探析》，载《中国高等教育》2001 年第 6 期。

第三章　海南省保亭自治县教育移民的具体实施现状

一、保亭自治县教育移民的基本概况

（一）保亭自治县的基本情况

保亭黎族苗族自治县位于海南省南部内陆，五指山南麓，北纬18°23′~18°53′，东经109°21′~109°48′。东接陵水，南邻三亚，西联三亚、乐东，北依五指山、琼中。县境东西宽49千米，南北长54千米，总面积1 160.6平方千米，占海南省陆地总面积的3.42%。全县森林覆盖率达70.1%，年平均气温24.5℃，是一个天然的度假避寒胜地①。保亭县是海南省5个国家贫困县之一，2007年全县生产总值是79 083万元，人均生产总值7 137元，全县地方财政收入5 211万元，在全省属中等偏低水平，全年城镇居民人均可支配收入7 378元②；2010年农民人均纯收入2 190元，贫困人口有21 760人③；在全省

---

① 保亭县教育局网站，见 http：//baoting. hainan. edu. cn/HTML/jygk/120. html.

② 中国统计信息网：《保亭县2007年国民经济与社会发展统计公报》，见 http：//www. tjcn. org/plus/view. php? aid=9238，2010年3月15日访问。

③ 资料来源于《保亭黎族苗族自治县2001—2010年扶贫开发工作总结与2011—2020年工作思路》，由保亭县扶贫办公室整理提供。

的国家贫困县中具有代表性。2010年全县总人口170 398人，少数
民族人口113 506人，占总人口的66.61%；其中黎族人口102 074
人，占 59.9%；苗族6 985人，占 4.09%；壮族3 632人，占
2.13%；回族87人，占0.05%；其他民族728人，占0.713%①。
近年来，随着国际旅游岛的建立，该县第三产业得到突飞猛进的发
展，目前，该县已形成了以第三产业为主导、第一产业为根本、第
二产业为辅的发展格局，地方财政一般预算收入1.56亿元，比
2010年增长93.1%，经济水平在全省属中下水平②；农民人均纯
收入3 453元，是2000年1 311元的2.6倍，但比全省农民人均纯收
入5 172元低1 719元，贫困人口从2000年的5.58万人减少到2010
年的2.176万人，贫困村委会43个，315个村小组，属国家级扶
贫开发重点县③。

　　保亭县世居民族为黎族，苗族大约在明代万历年间才迁入，汉
族等民族则是20世纪后才陆续迁移过来，还有壮族、瑶族、回族、
满族等17个少数民族，并分布在全县各乡镇。黎族所用语言为黎
语，在语言学谱系分类上属汉藏语系壮侗语族黎语支，但不同居住
区存在方言的差别，保亭黎语有杞、赛(加茂)和侾三种方言，没
有自己的文字。经过多年的文化教育，并且长期与汉族接触，大多
数黎族人兼通汉语、汉文、普通话和海南话。保亭县操杞方言的最
多，杞方言分通什、堑对和保城三种土语，保亭县主要由通什、保
城两种土语，主要分布在什玲、保城、八村、响水、新政等乡镇。

---

　　①　保亭黎族苗族自治县政府网，见 http：//baoting. hainan. gov. cn/
vioter/show. php？ sysmenuID＝84.
　　②　资料来源于《保亭县国民经济与社会发展第十二个五年规划纲要》，
2011年5月，由保亭县人民政府办公室提供。
　　③　资料来源于《保亭黎族苗族自治县2001—2010年扶贫开发工作总结
与2011—2020年工作思路》，2011年12月9日，由保亭县扶贫办公室提供整
理。

侾方言是整个黎语支系中使用人数最多的一支方言，使用人口约占黎族总人口的58%，分罗话、侾炎和抱显三种土语，主要分布在保亭县响水、大本、什龙、合口、新政、毛朋以及南林乡的罗葵、南林等。操赛这种方言的仅占黎族总人口的7%，主要分布在加茂镇、六弓乡及什玲的介村、什胜等地。自1935年保亭建县以来，当地黎族一直保持着"刀耕火种"的生活方式，新中国成立初期的"合亩制"在保亭不少地方沿用，当地的生产生活方式相对全省东部发达地区比较落后。据县志记载，新中国成立前，男子的传统服装是下装为前一块后一块的遮羞布，称为赡，上衣是粗麻织成的对胸开襟，无领无扣的衣服，现都已改成了汉族服装；女子上衣是开襟、有领有扣，长袖有祺夹，下装是长至小腿的筒裙，民族服饰颜色艳丽，且黎族的织锦多是几何图形和花草鸟兽图案，这些传统服饰只在重要的节日庆典和婚丧时才穿，平常生活中着装与汉族无异。黎族传统的节日有春节、过年仔（元宵）、清明节、端午节、鬼节、三月三①等，每逢节日期间，热闹非凡。

黎族的原始宗教信仰以祖先崇拜为主，其次为自然崇拜和图腾崇拜，黎族人把凡能作祟的精灵称为鬼，其中以祖先鬼最大。在黎族的宗教信仰中，认为自然界中的动植物、山川河流以及雷鸣电闪、日食月食等皆有灵魂，并加以崇拜，对雷公的崇拜仅次于祖先鬼。在保亭县部分杂居区，也有道教、佛教和基督教信徒，其中以信奉道教居多，信教者普遍相信科仪、斋、符象科仪驱灾求福，役使鬼神，黎族有能施行巫术的"道公"和"娘母"②，由于旧时期科学文化知识落后，人们对生老病死及一些自然现象无法解释，都

---

① 原是东方、昌江、乐东等县黎族喜庆新生、歌颂爱情的传统节日。改革开放后这个传统节日被赋予了更新的内涵和活力，如今的三月三，既是"情人节"，又是"文艺汇演"和"物资交流会"，热闹非凡。

② 施行巫术的男性被称为"道公""禁公"，女性被称为"娘母""禁母"。

认为是鬼神在作祟，要请"道公"和"娘母"出来跳神驱鬼。每逢元宵节或重大喜庆节日，黎族还组织"过火城"活动，"过火城"是黎族的所传特技，并被认为可以消灾解难，保佑人们来年平安吉祥。

黎族人好客，对待陌生客人非常热情，经常把最好的酒菜拿来招待客人，相互敬酒对歌，结交朋友。黎族成年的男女都喜欢嚼槟榔，也有吸水烟的习惯，每逢走亲戚、串门，各家都会自备甜酒，黎语称为"biang"①，招待亲朋，特别是婚宴或喜庆节日，槟榔必不可少。黎族人恋爱自由，在新中国成立前，青年男女 13～14 岁便可结交异性朋友，但婚姻由父母做主，通婚多在一方言区里，受一定程度宗族关系的限制，如同村同姓、不同村但同一祖宗者不能通婚。家有女孩的，一般自家盘搭一间小茅屋，黎语称为"隆闺"，供成年女孩与青年男子谈恋爱。随着时代变化、人们观念改变和信息沟通的方便，已经不再有"隆闺"了，青年男女的恋爱也更加自由，不再受宗族或父母的限制。

(二)海南省保亭自治县教育移民前的教育基本情况

保亭黎族苗族自治县辖 6 个镇、3 个乡、62 个村委会、1 个居民委员会。2003 年全县共有各类学校 80 所(不含幼儿园)，有完全中学 1 所，初级中学 9 所，小学 66 所，设 18 个教学点；中等职业技术学校 1 所，教师进修学校 1 所，幼儿园 4 所。全县小学在校生14 824人，其中少数民族学生12 659人；初中在校生5 653人，其中少数民族学生4 965人；高中在校生 475 人，其中少数民族学生 309人。全县教职工1 794人(含教辅人员)，专任教师1 510人，其中小

① 黎族的一种特产酒，用山兰糯米蒸熟后加自制的酒曲(酒饼)拌匀，然后装进竹篮，盖上新鲜的芭蕉叶或山里的甜酒叶，经过三四天发酵，闻到酒香后将之取出装进坛子密封起来，约半个月后便可饮用。类似于一种甜酒。

学专任教师1 058人，初中专任教师419人，高中专任教师33人。2001—2003年全县适龄儿童入学率保持在99.7%，小学年巩固率保持在99.8%以上，小学升学率保持在93.5%以上，适龄少年入学率保持在95.5%以上，初中年巩固率保持在97.8%以上，初中升学率保持在30%以上①。

全县中小学教师1 510人，其中少数民族教师1 140人，占总人数的75.5%。小学专任教师1 058人，其中本科1人，专科174人，中专823人，高中60人，小学专任教师学历达标率94.3%；小学少数民族专任教师842人，其中专科117人，中专672人，高中53人，小学少数民族专任教师学历达标率93.7%。初中专任教师419人，其中本科以上31人，专科以上348人，中师40人，初中专任教师学历达标率90.5%；初中少数民族专任教师286人，本科以上18人，专科234人，中师34人，初中少数民族专任教师学历达标率88.1%。高中专任教师33人，其中本科以上16人，大专17人，高中专任教师学历达标率48.5%；高中少数民族专任教师12人，其中本科以上6人，专科6人，少数民族专任教师学历达标率50%。2001—2003年教育经费投入分别是2 321万元、2 444万元、2 512万元。农村中小学危房面积46 432平方米，其中D级危房面积6 472平方米，危房改造压力大②。

小学民族寄宿班从1982年开始创办，截至2003年，共招收了42个班，1 680名黎苗族学生，毕业率达100%；初中民族寄宿班从1982年起至今，共招收了21个班，共1 050名黎苗族学生；高中民族寄宿班从1998年开始创办，共招收了200人。

---

① 资料来源于《海南省保亭县教育局2004年民族教育调研工作的汇报材料》，由保亭县教育局整理提供。

② 资料来源于《海南省保亭县教育局2004年民族教育调研工作的汇报材料》，由保亭县教育局整理提供。

基础教育存在的主要问题表现为：

第一，财政投入不足，农村教育附加费征收困难，教育经费紧张。2000—2002年全县农村教育费附加征收才20万元左右，加上财政投入资金不足、社会集资捐资不多以及学生欠款数额较大，农村中小学公用经费十分紧缺，全县教职工的平均工资才705元，正常运转面临困境。

第二，教室、教辅用房、教室宿舍缺乏，危房面积大。据县教育局统计，全县教室、教辅用房和教师宿舍缺乏面积15 000平方米，部分学校没有一间教师宿舍，危房面积大；中学有50%没有食堂，中小学有70%没有厕所，村级完小48%没有水井①。

第三，在校初中生辍学严重。保亭县属国家级贫困县，农民经济收入来源有限，有些家庭经济困难，教育成本不能负担。2003年，全县初中生辍学率2.5%，基本属于"普九"达标范畴，但各个中学之间发展不平衡，如毛感中学的辍学率达到3.5%。

第四，中小学教学设施落后，不能满足教学的要求。全县80所学校，除保亭中学和保亭小学有电脑室、语音室和多媒体信息技术教学设备，其他农村中小学基本没有电脑室，即使有电脑室的，数量也很少，而且都是过时产品，基本不能满足教学；同时图书资料缺乏，实验设备跟不上教学要求。

第五，教师队伍总体素质不高，分布结构失衡。保亭县小学、初中和高中专任教师中，分别有5.7%、9.5%、51.5%的学历未达标，学历已经达标的教师中，相当部分的文凭是通过成人高校或函授学习获得，教师的教学能力还有待进一步加强，大部分教师都面临着转变教育观念、继续接受培养和提高学历层次的问题。教师的

---

① 资源来源于《海南省保亭县教育局2004年民族教育调研工作的汇报材料》，由保亭县教育局整理提供。

分布也不合理，县城或乡镇中心小学教师饱和或超编，偏远的乡村小学教师严重不足。

第六，中小学民族寄宿班学生的生活补贴偏低，2003年小学每人每月35元，初中生每人每月45元，高中生每人每月50元。根据目前的物价水平，寄宿生的生活补贴还是不足，加上部分贫困学生家庭经济困难，无法负担目前的教育成本，造成一部分民族学生即使被学校录取，也因为经济问题选择辍学。

第七，教育质量参差不齐，教育发展不均衡。保亭县的教育水平与全省发达地区的教育水平相比还存在相当大的差距，表现在县城中学与农村中小学的差距、教育投入的差距等方面。另外，学校管理及教师教学水平的问题都严重制约着学校的均衡发展。

(三)海南省保亭自治县教育移民前的基础教育情况

海南省于2002年通过教育部"两基"的验收，是全国第12个通过验收的省份。虽然通过了"两基"验收，但是保基的任务还是很艰巨。保亭县的基础教育情况也是如此，2001—2002年，全县适龄儿童10 788人，入学10 767人，适龄儿童入学率99.8%；初中在校生6 935人，入学率为96.1%；小学年辍学率为0.2%，初中年辍学率为2.5%；小学毕业率为98.8%，初中毕业率为99.1%。2002年全县青壮年人口57 296人，文盲42人，非文盲率99.9%。全县高中学校1所，2002年在校生总数只有371人，其中少数民族学生259人，教师35人，有高级职称者7人，有中级职称者16人，校舍面积6 505平方米，图书馆一间，藏书24 494册，高考上线人数2001年只有37人。中等职业技术学校1所，在校生380人，有5个专业，教师总数36人，校舍面积6 970平方米，学校藏书8 000册①。

---

① 《保亭县民族教育调研工作的汇报材料》，2002年9月12日，由保亭县教育局整理提供。

2004 年，全县共有完全小学 66 所，教学点 14 个，小学教学班 508 个，小学生有 13 598 人；完全中学只有 1 所，初级中学有 9 所，小学中附设初中班的有 2 所，初中教学班共有 116 个，初中生 5 759 人；高中教学班有 14 个，高中生人数 650 人。中小学教师 1 510 人，其中少数民族教师 1 140 人，少数民族教师占总人数的 75.1%，学区主任 90% 是少数民族干部，中小学校长 85% 以上是少数民族；小学专任教师学历达标率 100%，初中专任教师学历达标率 86.7%，高中专任教师学历达标率 45.7%，其中少数民族专任教师学历达标率只有 50%①。

教育移民前存在的主要问题是：①农村中小学数量多、规模小，存在着许多微型学校、班级，教育资源浪费严重，布局不合理。②城镇中小学大班额的问题比较严重，教育投入严重不足。③师资队伍整体水平还有待提高，专任教师不足现象比较突出。为了整合教育资源，切实减轻农村家庭的教育负担，保亭县结合自身的具体情况，从 2004 年起开始有步骤地实行中小学布局调整和教育移民，并与农村税费改革相适应。规划用 5 年的时间，调整中小学数量，扩大学校规模，实现教育资源的合理配置，提高教育投资效益和教育质量。

二、保亭自治县教育移民学校的撤并和布局调整

为了做好教育移民，保亭县首先在中小学布局调整中进行了部署，撤并规模小的教学点，做好资源的整合，保障农村小学服务于农村小孩，不增加农村孩子的家庭负担，使他们能方便入学。在布局调整过程中，他们定了几个原则：①农村小学重点调整村办小学

---

① 《2004—2008 年保亭县中小学布局调整规划》，2004 年 7 月 25 日，由保亭县教育局提供。

和教学点，农村完全小学的服务半径定在 2.5~3 千米。调整后，农村完小在校生规模要达到 200 人以上，个别偏远的学校在校生可以少一点。②城镇小学重点解决大班额问题，使城镇小学每班控制在 45 人以内。③在布局调整中，打破村办小学的格局，积极推行村与村联办小学，尽可能地扩大小学的办学规模，有步骤地进行撤并。④在交通不便、贫困偏远的地区，撤并完全小学的四、五、六年级，还要保留适当的低年级教学点，保留下来的教学点不再独立建制，隶属于中心小学或邻近完全小学，教学点积极推广复式班教学。

2004—2008 年，保亭县小学布局调整共撤并教学点 14 所，撤掉完全小学 5 所。具体如表 3-1 所示：

表 3-1 　　　　　　　保亭县小学布局调整撤并情况表

乡镇	学校名称	撤掉完小	撤并数量	学生、教师去向
什玲镇	什玲中小学		合并	什玲九年一贯制学校
	什玲初级中学			
	什胜教学点		1	界村小学
	界村小学			
	毛定小学 4~6 年级	改为教学点	合并	巡亲小学
	巡亲小学			
	水显教学点		3	八村小学
	什败教学点			
	加答教学点			
	八村学校			

续表

乡镇	学校名称	撤掉完小	撤并数量	学生、教师去向
响水镇	金灶教学点		3	徒水河中业希望学校
	毛瑞教学点			
	徒水河中业希望学校			
	毛真教学点		合并	合口小学
	什邱小学 4~6 年级	改为教学点		
	合口小学			
	新林教学点		1	石艾小学
	石艾小学			
南林乡	南林中心小学		合并	南林九年一贯制学校
	南林初级中学			
保城镇	打南教学点		1	什票小学
	什票小学			
	毛介小学 4~6 年级	改为教学点	合并	什那小学
	什那小学			
加茂镇	共村小学 4~6 年级	改为教学点	合并	加茂中心小学
	加茂中心小学			
新政镇	新村教学点		1	七仙一小
	七仙一小			
	番雅教学点		1	毛文小学
	毛文小学			
	什问教学点		1	新政小学
	新政小学			

续表

乡镇	学校名称	撤掉完小	撤并数量	学生、教师去向
六弓乡	大户小学4~6年级	改为大户教学点	合并	六弓小学
	六弓小学			
	祖响教学点		1	石艾小学
	石艾小学			
三道镇	甘什教学点		1	长生希望小学
	长生希望小学			

注：根据《2004—2008年保亭县中小学布局调整规划》整理，资料由保亭县教育局提供。

初中的布局调整原则上每个乡镇办一所初中，规模较小的乡镇，提倡办九年一贯制学校，或与临乡联合办初中，有计划、分步骤撤并一些规模小、质量低、教学效益差的初中。调整后，每个年级要有2个班，学校规模不少于200人，城镇初中每班控制在50人以内。具体如表3-2所示：

表3-2　　　　　保亭县中学布局调整情况表

乡镇	学校名称	撤并	撤并数量	教师、学生去向
什玲镇	什玲镇什玲小学	合并	1	什玲九年一贯制学校
	什玲中学			
	八村学校初中班	合并		
	什玲学校			
	徒水河中业希望学校初中部	合并		响水中学
	响水中学			
	南林中心小学	合并	1	南林九年一贯制学校
	南林初级中学			

注：根据《2004—2008年保亭县中小学布局调整规划》整理，资料由保亭县教育局提供。

从 2004 年到 2008 年，保亭县中小学布局调整情况如表 3-3 所示：

表 3-3　　　　**2004—2008 年中小学布局调整规划表**

项目	2003 年基本情况							2008 年基本情况					
	学校数	教学点	学生数	班级数	教职工数	校均覆盖人口数	服务半径（千米）	学校数	教学点	学生数	教职工数	校均覆盖人口数	服务半径（千米）
小学	66	14	13 598	508	1 189	1 598	30	61	5	11 500	1 086	2 534	30
中学	12		5 759	116	552	8 788	30	7		7 900	535	15 208	30

注：根据《2004—2008 年保亭县中小学布局调整规划》整理，资料由保亭县教育局提供。

通过以上数据可知，2004—2008 年，保亭县中小学布局调整一直围绕着教育资源的整合，目的是想通过撤并规模小、教学效益差的学校来实现用仅有的教育资源更好地提高当地的中小学教育质量。可以说，成效还是很大的，但是也出现了很多问题：第一，当地群众不理解，很多学校是当地村民一砖一瓦盖起来服务村民子女的学校，现在却被撤并，在感情上接受不了，群众办学的积极性受到打击。第二，很多小孩要去更远的地方上学，山区路途不好走，孩子年龄又小，孩子的安全问题尤为突出，入学率前几年刚刚升起来，近几年辍学率又有上升的趋势，出现入学率和辍学率"一低一上"的现象。第三，如何处理布局调整与学校财产的关系，很多被撤并的学校资产出现流失，如何管理成为亟待解决的问题。第四，城镇学校办学规模亟待提高，满足从撤并学校转来的学生，县里的教育经费又很紧张，教学条件亟待改善，特别是宿舍、教学楼等，都需要政府教育的投资。第五，学生家长对县教育布局调整不理解，认为读书无用，不能安排工作，没有出路，同时，上学没有以前方便，不愿送孩子入学，教育思想工作推动很困难。

2008 年，海南省教育移民工程在全省开始实施，保亭县教育迎来新的历史机遇期，省委、省政府加大了对教育移民的力度，特别是加大了对基础教育的投入力度，并吸引了更多社会捐助资金。香港言爱基金会资助保亭一小和原保亭二中合并整合成保亭思源实验中学，总投资 1 000 万元，建设寄宿制学校，接受教育移民的学生来城镇上学。2009 年，争取国家拨款 1 054 万元，社会捐助资金 1 350 万元，共计投入校舍建设资金达到 2 404 万元，开始在全县有计划、有步骤开展教育移民工程，继续整合教育资源，目标是到 2010 年，在乡镇建立 2~3 所寄宿制乡镇中心学校，除偏远的南林乡和毛感乡外，每乡镇建 1 所初中，高中整体向城镇高中集中。其中小学的布局调整如表 3-4 所示：

表 3-4 　　　　　2009—2010 年保亭县小学布局调整表

乡镇	学校名称	撤并学校用途	在校生数	教职工数	教师、学生去向
保城镇	番文小学	改为教学点	65	9	保亭小学
	什聘小学	改为教学点	88	17	
	什罗小学	改为教学点	73	9	
	什那小学	改为教学点	88	13	
	六桥小学	改为教学点	40	8	春天小学
什玲镇	坚固小学	改为教学点	57	10	什玲镇中心小学
	板寮小学	改为教学点	78	14	
什玲镇	毛天教学点	撤并	18	2	什玲镇红卫小学
	毛定教学点		11	2	
加茂镇	石建小学	改为教学点	38	10	加茂镇中心小学
六弓乡	大户小学	改为教学点	65	10	六弓乡中心小学

续表

乡镇	学校名称	撤并学校用途	在校生数	教职工数	教师、学生去向
新政镇	报什中心小学	改为教学点	61	9	新政镇中心小学
	志妈小学	改为教学点	35	7	
	福和小学	改为教学点	85	9	
南林乡	什龙小学	改为教学点	89	12	南林乡中心小学
响水镇	合口小学	改为教学点	77	11	响水镇中心小学
毛感乡	南春小学	改为教学点	18	2	毛感乡中心小学
合计			986	154	

注：根据《2009—2010年保亭县中小学布局调整实施方案》整理，资料由保亭县教育局整理提供。

小学布局调整中，撤并的小学大多改为教学点，主要接收1~4年级学生，5~6年级学生整体移民到合并的新学校进行寄宿学习，其中毛天、毛定教学点统一合并到什玲红卫小学，其他完小改制成教学点。统计数据可见，教育移民学生数量达到1 025人，并把17所规模小的小学和教学点整体合并到10所学校中，使小学的教育资源相对集中，整体提高了学校的办学水平和质量。初中的调整如表3-5所示：

表3-5　　　2009—2010年保亭县初中布局调整表

乡镇	学校名称	在校生人数	教职工人数	教师、学生去向
南林乡	南林初级中学	224	18	保亭第二中学
毛感乡	毛感初级中学	288	19	
什玲镇	八村学校	102	10	
响水镇	毛岸学校	125	9	
合计		739	56	

注：根据《2009—2010年保亭县中小学布局调整实施方案》整理，资料由保亭县教育局整理提供。

保亭县集中整合了 4 所乡镇中学合并到保亭县第二中学，使各乡镇的农村孩子集中在县城受教育，设定每个班级人数控制在 50 人以内，严格控制师生比例。完全小学规模要求达到 200 人以上，个别偏远的学校在校生可以少些，主要考虑学生上学的路途不能太远，教学点规模要达到 30 人左右。撤并后的村小校舍要有效利用，可作为村级幼儿教育或者用来作村委会文化活动中心。县教育局计划到 2012 年将全县小学整合成 35 所左右，教学点增加到 26 个，主要倾向对年龄尚小的低年级学生，让他们就近入学，到 5~6 年级再集中到乡镇寄宿学校就读。

2010 年，保亭县的学生人数已达到 26 614 人，其中中等职业技术学校学生 542 人，普通高中学生 2 628 人，初中学生 7 729 人，小学 12 495 人，幼儿园在校生 3 220 人。原有的教育规模已越来越不能满足教育的需求，通过教育移民的资金投入，保亭县各层级的教育已初具规模，目前有进修学校 1 所，中职院校 1 所，普通高中增加到 3 所，初级中学 6 所，小学 63 所（含民办 1 所），教学点 27 个，幼儿园 15 所，到 2011 年，在下面乡镇再建 3~5 所寄宿制乡镇中心校。为了做好教育移民的整体迁入，2010 年加大了对中学的建设和布局调整①。主要如表 3-6 所示：

表 3-6　　　　　2010 年保亭县初级中学布局调整情况表

乡镇	学校	在校学生人数	合并人数	合并去处
保城镇	昌盛学校初中部	103		
三道镇	新民学校初中部	207	930	新星中学
响水镇	瑞华学校初中部	62		
县城	新星中学	598		

---

①　根据《保亭县 2010 年学校布局调整实施方案》整理，资料由保亭县教育局整理提供。

乡镇	学校	在校学生人数	合并人数	合并去处
三道镇	三道初级中学	482		保亭县实验中学
什玲镇	什玲初级中学	439	1 392	
响水镇	响水初级中学	471		
合计		2 362	2 322	

注：根据《保亭县学校布局调整实施方案》整理，资料由保亭县教育局整理提供。

2011 年初级中学的布局调整如表 3-7 所示：

表 3-7 **2011 年保亭县初级中学布局调整情况表**

乡镇	学校	在校学生人数	合并人数	合并去处
六弓乡	六弓乡初级中学	281		保亭思源实验学校
加茂镇	加茂镇初级中学	277	1 879	
县城	思源学校初中部	1 321		
新政镇	新政初级中学	549		保亭县实验中学
县城	保亭中学初中部	1 090	2 784	
县城	保亭县实验中学	1 145		
南茂农场	南茂中学初中部	554		新星中学
响水镇	金江中心学校	376	1 689	
县城	新星中学初中部	759		
县城	新星中学高中部	635		保亭中学
县城	保亭中学高中部	1 803	2 546	
南茂农场	南茂中学高中部	138		
合计		8 928	8 898	

注：根据《保亭县学校布局调整实施方案》整理，资料由保亭县教育局整理提供。

可以说，保亭县教育局依托教育移民工程的资金投入，撤并了一批办学规模小、校舍条件差的教学点，整合了优质教育资源，建设了一批标准化的中小学，在教育基础设施条件上得到了跨越式的发展。但是，软环境的建设还有待人才的积累和观念的转变，现实操作的困难还不少，特别是移民学生很多年龄尚小，过早离开家庭，寄宿在学校，学生的管理和关爱以及家庭教育的成本上升，势必影响教育移民长久的发展。如何让移民学生迁进来、留得住、学得好，还有待出台更多的现实举措。

三、保亭自治县教育移民的经费投入情况

教育移民前，保亭县基础教育设施的条件相对全省其他地区还是相对较差的。据统计，2004 年全县教室、教辅用房、教室宿舍缺乏面积达15 000平方米，危房面积有24 125平方米，其中 D 级危房 6 125平方米；中学有 50%的学校没有食堂，中小学有 70%的学校没有厕所，村级完小有 48%的学校没有水井。部分偏远的学校竟然没有一间教师宿舍，如大本小学，全校 446 人，教师 23 人，没有一间教师宿舍，借住在部队营房。可以想象，在这样的教育基础设施条件下，能保障教育的基本教学秩序已属不易，更谈不上教学质量的提高。保亭县因属贫困县，县财政的教育经费本身有限，2000 年、2001 年、2003 年，县教育经费投入分别只有2 321万元、2 444万元、2 512万元；加上农村教育费附加经常不能足额征收，学生欠费率高，使学校基本的教学运转出现了很大的困境。如 2000—2002 年农村教育费附加征收分别只有 20 万元、17 万元、19 万元，这对于全县教育发展仅仅是杯水车薪，基础教育举步维艰。2004—2008 年，全县中小学布局调整以来，教育经费的紧张一直持续着①。到 2008 年，随

①　根据《2004 年保亭县民族教育调研工作的汇报材料》整理，资料由保亭县教育局提供。

117

着全省教育移民项目的启动，保亭县教育注入了新的动力，可以说，这几年是保亭县教育跨越式发展时期。

（一）基础设施建设

2008年，保亭县为了做好教育移民的安置，省政府、县财政以及言爱集团共投资了1 730万元，建设了保亭小学教学楼、学生宿舍和食堂，以及保亭思源实验学校初中部1栋教学楼、2栋宿舍楼，并顺利将乡镇16所小学的435名移民学生进行搬迁安置，其中县财政配套出资只有500余万元。这对于本身教育经费紧张的县教育局犹如甘霖雨露。

2009年，保亭县教育移民学生达到1 160名，整合了南林、八村、毛感、毛岸等中学，并顺利完成思源学校初中部的教育移民安置工作，整合微型学校3所，初步实现了优质教育资源的共享。同时，随着省农垦系统的改制，保亭县教育局接管省农垦系统在保亭县的学校18所，教职员693人，使教育移民学生基本已经覆盖全境。本年度，地方政府共投入校舍建设资金2 404万元，争取到国家拨款1 054万元、社会捐助资金1 350万元（其中，言爱集团500万元、中海油400万元、海航集团350万元、省烟草公司100万元）。基础设施建设有：①保亭思源学校教学楼、学生宿舍、教师工作间、学生食堂及校园绿化；②新建保亭新星慈航小学；③新政中学、三道中学、什玲学校和毛感学校等学生宿舍综合楼和食堂；④职业技术学校教学综合楼；⑤六弓中学教学楼；⑥界水和什玲小学教师工作间；⑦加茂中心小学教师厨房；⑧保亭中学塑胶跑道和学校大门；⑨什玲中心校、加茂中学、新政中心校、六弓中学校园改造等。投入教学设备资金182万元，主要配置有：保亭中学24间多媒体教室、99台教师办公电脑；保亭中学和思源学校校园电子监控设备；新政中学、响水中学、三道中学物理、生物、化学实验室等。这些配套设施的建设，使学校的基础设施条件有了质的飞跃①。

2010年，教育基础设施建设投入资金达1 176.61万元，其中国家拨款788.55万元，县政府拨款214.37万元，社会捐助资金173.74万元(其中言爱集团80万元、北京亚通公司93.74万元)，主要建设项目有：①思源实验学校初中部运动场设施；②三道中学电教楼；③什玲中学等8所学校的学生食堂、宿舍、公厕等；④响水中心校等5所学校的校舍维修加固；⑤毛感初级中学教师工作间和毛感中心校学生宿舍与食堂综合楼；⑥思源实验学校初中部运动场；⑦思源实验学校初中部舞台和升旗台；⑧加茂中心小学教师工作间；⑨思源实验学校初中部教工宿舍；⑩思源实验学校小学部挡土墙维修等。并且，保亭中学运动场、什玲中学电教楼、新星慈航小学教学楼、综合楼、宿舍楼等项目、保亭职业技术学校教学楼项目已完工，并投入使用。2010年，配套教学设备投入了412万元，其中国家拨款292万元，社会捐助资金120万元，主要用于什玲和三道中学电教馆的配套设备、各中学电教设备、各类教学仪器设备以及教室课桌椅、铁架床和图书等，使教学设施条件更加完备②。

2011—2012年，教育基础设施建设的资金投入达到94 342 658.15万元，是历年来投入最多的一次，其中(银地集团一次捐资达3 025余万元、财政拨款555余万元)，这些资金主要用于接受移民学生的四所县城中学，建筑面积达到48 605.13平方米。主要项目有：①保亭中学教辅楼、综合楼、学生食堂和宿舍楼等，资金投入达1 314余万元；②保亭实现中学教辅楼、学生食堂和宿

---

① 根据《夯实基础，稳步推进——2009年保亭县教育工作总结》整理，资料由保亭县教育局提供。

② 根据《夯实基础稳步推进，注重实效促进发展——保亭黎族苗族自治县教育局2010年工作总结》整理，2011年1月10日，资料由保亭县教育局提供。

舍楼、教师工作间和教学楼等，资金投入达1 318余万元；③保亭思源实验学校初中部教辅楼、学生宿舍楼和教师工作间，资金投入达454余万元；④新星中学教辅楼、教学楼、食堂和宿舍楼等，资金投入达510余万元①。这些资金的投入，使学校的教学条件得到了很大的改善，与以往的教育条件相比，现在的学校更加现代化。

通过几年的教育基础设施建设，保亭县的教育条件得到了跨越式的发展，彻底摆脱了以前贫困的教育现状，一栋栋崭新的教学楼拔地而起，先进的教学设备充斥着现代化教学楼。这些改变使我们震惊，以往连厕所和食堂都没有的校园在短短几年发生了翻天覆地的变化，也由衷地感叹民族教育的发展与国家对教育的重视和不遗余力的支持是分不开的。

(二) 预算内教育经费与生均教育经费

据统计（见表3-8），2007—2010 年，保亭县财政对教育经费的总支出分别为6 056万元、9 329 万元、11 815万元、16 854 万元；教育经费逐年的增长率分别达到53%、54%、26.6%和42.6%；其中，2008—2010 年期间，财政拨款占教育总支出的比例依次达到11.6%、12.3%、8.7%。在这期间，农村税费改革专项转移支付资金共790 万元，全部按省政府定的30%比例拨款用于农村义务教育，农村义务教育与城镇义务教育比例为7：3。2008 年城市教育费附加共 111 万元，其中投入教育 109 万元，用于农村学校 76.3万元，用于县城学校 32.7 万元；2009 年城市教育费附加共 188万元，其中用于农村学校 131.6 万元，用于县城学校 56.4 万元；

---

① 根据《保亭黎族苗族自治县教育局关于学校布局调整县城四所中学建设项目进展和资金支出情况的报告》整理，2012 年 3 月 5 日，资料由保亭县教育局提供。

表3-8　　教育经费情况表之一

项目类别 / 年度	教育经费总支出(万元)	人均教育经费支出(元)	财政对教育的拨款情况				本级财政的投入		财政经常性收入				教育总支出中财政拨款所占比例(%)	财政总支出(万元)	财政对教育的拨款占财政支出的比例(%)
			中央财政(万元)	省级财政(万元)	县级财政(万元)	县级财政拨款比上年增长(%)	总投入(万元)	比上年增长(%)	中央财政(万元)	省级财政(万元)	县级财政(万元)	县级财政经常性收入比上年增长(%)			
2007	6 056		546	497	5 388	29	5 749	27			8 120	39		32 308	21
2008	9 329	5 174.4	803	1 361	7 059	32	7 265	26			13 707	68	11.6	41 105	22
2009	1 815	6 553.3	1 106	1 081	10 429	47	10 679	46			18 772	36	12.3	66 801	19
2010	16 854	8 144.3	1 133	2 493	14 272	36	14 573	52			26 367	40	8.7	92 259	19

注：此表根据保亭县(市、区)财政局、教育局等部门提供的数据进行统计。

2010年城市教育费附加339万元，其中投入教育257万元，用于农村学校179万元，县城学校78万元。政府教育财政拨款在这几年逐年增长，保障了教育移民工程的实施和教育基础设施建设的顺利进行①。

生均教育事业费在2008—2010年期间也得到了逐年增长。2008年小学生生均经费为2 456元，初中生生均3 700元；2009年小学生生均3 833.8元，同比增长56.1%，初中生生均6 197.8元，同比增长67.5%；2010年小学生生均5 853元，同比增长52.7%，初中生生均9 997.3元，同比增长61.3%②。

财政拨款生均公共经费也得到了快速增长。其中，小学生在2008年和2009年生均公共经费为300元/年，2010年增长为400元/年，同比增长了33.3%；初中生在2008年和2009年生均公共经费为500元/年，2010年增长为600元/年，同比增长了20%(见表3-9)。

为了改善办学条件，保亭县教育局在2009年还制定出台了《2009—2011年保亭县中小学校舍安全工程重建和加固规划》，规划投入建设资金4 379万元，其中省级资金2 190万元，县配套资金2 189万元；规划加固校舍92栋，建筑面积达44 847平方米，投资1 284.2万元；规划重建校舍25栋，建筑面积21 877平方米，投资3 094.8万元。截至2010年，保亭县小学校园面积1 220 251平方米，生均109平方米；校舍总面积125 161平方米，生均11.2平方米。初中校园总面积438 989平方米，生均67.05平方米；初中校舍总面积74 734平方米，生均11.4平方米。同时，不断为全县中小学添置教学仪器和图书资料。2008—2010年，用于仪器购置共

---

① 根据《保亭黎族苗族自治县教育工作督导评估自查情况汇报材料》整理，2011年10月30日，资料由保亭县教育局提供。

② 根据《保亭黎族苗族自治县教育工作督导评估自查情况汇报材料》整理，2011年10月30日，资料由保亭县教育局提供。

三、保亭自治县教育移民的经费投入情况

表 3-9　　　　教育经费情况表之一

项目类别 / 年度	教育事业费总支出（万元）	公用经费支出		学生人均公用经费（元）		教育费附加征收情况（万元）		
		金额（万元）	占教育事业费支出比例(%)	小学	初中	应征	实征	按规定用于教育
2008	9 329	194.3	18	300	500	109	109	109
2009	11 815	620.9	43	300	500	187	187	143
2010	16 854	835	57	400	600	397	397	339

注：此表根据保亭县教育局提供的数据进行统计。

计 52 万元，实验设施购置共计 70 万元，电教设备购置共计 399 万元，图书购置共计 60 万元。到 2010 年，全县中学有图书175 676册，生均 27 册；小学图书240 184册，生均 22 册。全县每所中学基本都配置了计算机网络教室、教师电子备课室和电子阅览室①。

在农村中小学还实施了现代远程教育工程，除了省级专项拨款272 万元，还自筹资金 96.3 万元，为 90 所中小学校配备了电脑室、多媒体教室、卫星数据接收机、打印机、电视机和 DVD 等远程教育设备设施②。

(三) 其他经费

2009 年，保亭县出台了《保亭县教育局学生资助实施管理暂行办法》，实行生源地信用助学贷款的惠民政策。当年度发放贷款110.78 万元，受助学生达 190 人，4 616名贫困寄宿学生得到资助，资助金额达到 98 万余元；为了推进农村税费改革，切实落实学生的助学政策，减轻学生的家庭教育成本，保亭县从 2008 年起推行"两免一补"惠民政策，2008 年县里配套投入资金达 123.93 万元，使15 973名中小学生免杂费和教科书费，共计 200 余万元，还免除了19 384名学生的作业本费，4 386名贫困寄宿学生得到资助，其中初中生3 720人，小学生 666 人，资助金额达到 182 万余元③。到2010 年，"两免一补"县里的配套资金提高到 135 万元。这些措施的实施，为农村义务教育的发展奠定了坚实的基础，也切实为贫困家庭的教育减轻了负担。从县教育局近几年教育经费的投入来看（见表 3-8、表 3-9、表 3-10），2008—2010 年教育事业费总支出由

---

① 根据《保亭黎族苗族自治县教育工作督导评估自查情况汇报材料》整理，2011 年 10 月 30 日，资料由保亭县教育局提供。

② 根据《保亭黎族苗族自治县教育工作督导评估自查情况汇报材料》整理，2011 年 10 月 30 日，资料由保亭县教育局提供。

③ 根据《夯实基础，稳步推进——2009 年保亭县教育工作总结》整理，资料由保亭县教育局提供。

表 3-10　　　　家庭困难学生受助情况表

年度	救助学生数（人）						救助金额（万元）							救助资金来源（万元）	
	合计	小学	初中	普通高中	职业教育	大学阶段	合计	小学	初中	普通高中	职业教育	大学阶段	地方政府	社会力量
2008	4 958	1 290	1 705	974	919	70	507.19	109.03	163.86	20.19	182.11	32	361.34	32
2009	5 588	1 553	2 065	981	720	269	636.7	139.22	203.97	27.50	126.42	139.59	494.95	28.81
2010	5 853	1 727	2 273	837	511	505	768.71	142.56	209.13	53.32	89.71	273.99	645.6	39.2

注：此表根据保亭县扶贫办、财政、教育局等部门提供的数据进行统计。

9 329万元增长到16 854万元，增长80.7%，学生人均公用经费也提高到小学400元/年，初中600元/年；家庭贫困学生的受助人数也从2008年的4 958人增长到5 853人，地方政府救助资金从2008年的361.34万元增长到645.6万元，增长1.79倍。

四、"教育移民"的学校管理

(一)教学管理

为了做好教学的内涵发展，保亭县教育局研制了《保亭县黎族苗族自治县教育局促进教育内涵发展、提升教育质量"九项工程"实施方案》，主要针对保亭县基础教育薄弱的现状，通过优化中小学管理，激活办学机制，抓教学质量，以期整体提升移民学校的教育水平，实现保亭教育的跨越式发展。笔者节选部分方案如下：

工程一　网络教研及校本研修工程实施方案

校本研修目标

1. 更新教育理念，着力提高教师业务素养，促进教师专业发展。

2. 结合教学实情，直面教育教学中的问题，关注提高教师解决问题的能力，构建高效课堂，突出教育教学问题解决与专业发展的有机统一。

3. 构建学习型教师队伍。

网络研修目标

1. 充分发挥网络研修的引领作用，开展在线研讨活动，通过网络研讨促进研修，提升教学教研能力。

2. 实现数字化教学资源的网络共享。

校本研修主要内容

1. 教师个人自主研修。

2. 集体备课。

3. 主题教研。

4. 师带徒、徒促师。

5. 小课题研究。

网络教研内容：课程理论、教材研究、教法研究、考试评价、德育管理、学校其他工作等；具体形式有：教研信息发布、学科主页建设、教师个人博客建设、博客群组建设、课程资源建设、网络资源管理、课例网上打磨、在线研讨等。

项目实施

学校为校本研修及网络教研工作创设平台，按"校长——教务处、教研室——教研组——科任教师"等层级层层落实，学校每月召开一次工作例会，对校本研修及网络教研工作中出现的各种情况和问题进行交流和研讨，及时反馈，及时做好过程性评价。

考核办法

第一章　听取学校网络教研与校本研修情况汇报。

第二章　查阅学校关于网络教研与校本研修的有关制度，以及自我评价记录、活动记录等档案材料。

第三章　召开教师座谈会了解网络教研与校本研修实施情况。

第四章　上网查看学校网络教研平台建设与应用。

第五章　由县教育研训中心统计学校网络教育教学平台的登录、资料上传等情况。

第六章　对校本研修和网络教研管理进行评价量表打分，并作为学校年度等级评估的依据。

保亭县教育局实施教育移民前，各个学校几乎是没有校园网的。从教育局收集到的办学条件资料来看，全县共计 93 所学校，其中城区 5 所，乡镇中心校 26 所，农村 62 所，截至 2011 年 10 月，建校园网学校数有 3 所，所占比例为 4%，其中 2 所是在城区；农村小学和教学点没有一所建立校园网，并且接入互联网的学校也只有 4 所，所占比例为 6%；乡镇中心校 26 所都接入了互联网，但建校园网学校有 2 所初中。县教育局把校本研修和网络教研作为学校教学管理的一个方面进行建设，是针对目前移民学校对信息网络教学的弱项进行引导建设，希望通过提升学校校园网的建设，来形成共享的教育资源，为全县的教育提供智力支持。目前，这项工作还在进行中，效果还有待继续观察。

工程二　教师专业能力测试工程实施方案

项目目标

1. 通过教师专业能力测试，评估全县中小学教师现有专业素质和业务能力，为教育行政部门决策和业务部门开展中小学教师继续教育工作提供依据。

2. 营造学校人人讲学习的良好氛围，加强学习型组织的建设。

3. 调动广大教师的学习积极性，提高教师驾驭教材的能力和组织课堂教学的能力，培养专业基础扎实的教师队伍。

测试对象

全县具有中小学教师职称的高中、初中、小学任课老师、各级教研员均为专业能力测试对象。

测试内容和科目

原则上教什么科目测试什么科目；兼任多学科的可从所教科目中自选一门学科。

高中、初中、小学音乐、美术、体育、信息技术、综合实践等
学科教师，以现行教材为主，命题写一篇教学设计，由评卷人员量
化评分。

项目实施

每年度进行一次专业能力测试。

教师专业能力测试成绩不与教师个人年度绩效评定、职称评审
挂钩。

学校测试人均分作为学校年度等级评估的依据。

该项工程主要是针对保亭县教育师资的能力测试，按照目前
保亭县师生比来看，教育师资编制数应该是足够的，但是又存在
严重的缺编现象，主要的原因是，教育移民把学校整合后，很多
教师也被合并到各个学校，主科的老师多了，很多副科的老师却
很缺乏；同时，教师的整体素质不高，高、中级职称所占比例还
是很少，要想提高教育教学的能力，急需引进一批高素质的师资
队伍，这也是保亭县教育跨越式发展的一个软肋。一方面，师资
的编制数已经满员，同时又缺乏专业的、高职称的任课老师，要
想打破这个现状，需要对现有的师资进行教学培养，以提升他们
的教学水平。根据表 3-11、表 3-12、表 3-13 所示，保亭县的小
学师资队伍中没有高级职称，中级职称人数 546 人，占专任教师
比例 42.6%，本科以上学历占专任教师比例只有 7.25%，专科比
例达到 60.7%，中专毕业所占比例达 32%；初中教师中，本科及
以上学历占初中教师总数的比例仅为 54.1%；高中教师中高级职
称占比只有 20.7%。这些数据反映了保亭县目前的总体师资还是
偏弱的。要想提高教学质量，加强中小学教师学科专业能力是保
障教学质量的重要条件。

表3-11 小学教师队伍建设情况表之一

项目类别 城乡学校	专任教师(人)	在校学生数(人)	生师比	专任教师学历结构(人)			专任教师专业技术职称结构(人)			
				本科及以上	专科	中专	高级	中级	初级	未评级
合计	1 282	11 152	9:1	93	778	411		546	713	23
城区小学	156	2 613	17:1	50	83	23		112	44	
乡镇中心校	548	3 947	7:1	20	317	211		185	349	14
农村小学	578	4 592	8:1	23	378	177		249	320	9

注：此表根据保亭县教育局提供的数据进行统计。

表 3-12

初中教师队伍建设情况表之一

项目类别 城乡学校	教职工总数（人）	专任教师（人）	在校学生数（人）	生师比	专任教师学历结构				专任教师专业技术职称结构（人）			
					本科及以上（人）	专科（人）	中专毕业（人）	本科及以上占总师资比（%）	高级	中级	初级	未评级
合计	617	536	6 547	12：1	290	230	16	54.1	34	208	254	40
城区中学	176	149	2 353	16：1	95	52	2	63.76	17	72	55	5
乡镇初中	441	387	4 194	11：1	195	178	14	50.4	17	136	199	35

注：1. "城区初中"统计市县区所在地的所有初中学校（含九年制初中部和完全中学初中部教师）；

2. "乡镇初中"统计市县区所在地外的乡镇初中（含九年制学校的初中部和完全中学初中部教师）；

3. 此表根据保亭县教育局提供的数据进行统计。

表3-13　　高中教师队伍建设情况表之一

项目 类别 城乡学校	教职工总数（人）	专任教师（人）	在校学生数（人）	生师比	专任教师学历结构				专任教师专业技术职称结构（人）			
					本科及以上（人）	专科（人）	中专毕业（人）	本科及以上占总师资比（%）	高级	中级	初级	未评级
合计	202	169	2 374	14∶1	143	24	2	84.6	35	52	74	8
城区高中	130	110	1 589	14∶1	99	11		90	26	32	48	4
乡镇高中	72	59	785	13∶1	44	13	2	74.6	9	20	26	4

注：1. "城区初中"统计市县区所在地的所有高中学校（不含完全中学初中部教师）；
2. "乡镇初中"统计市县区所在地外的乡镇高中（不含完全中学初中部教师）；
3. 此表根据保亭县教育局提供的数据进行统计。

工程三 "高效课堂基本范式"推广工程实施方案

项目背景

我县中小学教学质量上升缓慢，没有形成符合本地区学生实际而又效果突出的课堂教学模式，导致多数课堂教学低效甚至无效。原因有教师备课不充分或不备课；教学目标不明，课堂随意性大；讲多练少，重结果轻过程；重教法评价，轻学法评价等。说明"学生为主体，教师为主导"的教学理念得不到有效落实，影响了我县教学质量的提高。

项目目标

改变教师教学观念，转变教师的教学行为方式，还学生自主学习的空间，激发学生自主学习的积极性，提高学生自主学习的能力，有效提升学生的学习品质，切实提高课堂教学效果。

项目内容

构建以自主学习为主的高效课堂，包括优化课堂教学结构、提高课堂效率。转变教师的教学方式和学生的学习方式，养成自主学习的习惯。

项目实施

课堂教学原则按四大环节进行操作：激趣定标(3分钟)、自主互动(20分钟)、适时点拨(8分钟)、测评训练(10分钟)。

项目保障

聘请专家或教师进行讲座或示范。

骨干教师示范，组织省级、县级骨干教师、教坛新秀等进行示范、推广。

建立课堂教学评价量表，包括教师基本行为规范15分，学生行为规范15分，课堂四大环节的组织与管理70分，对课堂教学环节进行评价。

高效示范课堂的推广目前已经在各个学校进行推广，并得到了师生的积极参与，具体的教学效果还有待后续的观察。从教学的方式方法来推动教学的质量，笔者认为是抓住了教学质量的根本。但是示范课程不是一个标尺，也不能作为唯一的标准，在实践中需要检验，也需要兼顾教师创新性和学生的主动性。

工程四　中小学办学特点、亮点建设工程实施方案

项目背景

保亭教育目前缺乏特色，学校缺乏个性化追求。办有特色的学校是促进教育均衡发展、全面提高保亭教育质量的迫切需求。建设一批办学有特色、亮点鲜明的学校，可以发挥示范、引领作用，真正实施素质教育。

项目目标

逐步打造一批具有鲜明发展个性的学校，提炼一套特色办学经验，真正践行"以人为本"的教育追求，走"质量求发展，特色铸品牌"的办学之路。

项目内容

各中小学要在全面分析自己办学实际、充分讨论和论证的基础上，探索自身的特色办学之路。特色范畴有以下几类：侧重课程教学改革；突出艺术教育；加强思想品德教育；侧重考试评估制度改革；侧重劳动、职业、生活技能特色；注重家、校、社会三位一体合力建设等。

各校必须为创建学校特色搭建两个平台。一是组建培育特色的教研团队，研究、指导各种校本活动；二是组建实施核心骨干，制定具体工作策略，建立规划，分步实施。

保亭县中小学学校办学特色、亮点项目规划表

序号	单 位	项 目 内 容
1	保亭中学	黎苗族舞蹈乐器校本课程的开发
2	保亭思源实验学校中学部	少数民族学生英语情趣教育
3	保亭思源实验学校小学部	小学生文明礼仪教育
4	保亭二小	后进生的教育转化
5	毛感中心校	舞蹈校本课程的开发
6	八村学校	学农基地的建设与劳动技能培养
7	六弓中心校	课堂教学的有效性探索
8	瑞华学校	五指山茶文化校本课程的开发
9	保城中心校(昌盛学校)	舞蹈校本课程开发
10	慈航小学	小学生礼仪教育
11	南林学校	学生阅读能力的培养
12	什玲学校	小学生礼仪教育
13	金江学校	教职工分层式管理
14	响水中心校	小学生礼仪教育
15	新民学校	羽毛球校本课程的开发
16	毛岸学校	竹竿舞校本课程的开发
17	新政中心校	校园文化环境建设
18	加茂中心校	感恩教育
19	三道中心校	校园文化环境建设
20	南茂中心学校	朗读教学改革
21	新政中学	学生行为习惯养成教育
22	新星中学	黎族织锦校本课程的开发
23	保亭实验中学	营造"和""爱"的校园文化

续表

序号	单 位	项 目 内 容
24	三道中学	黎族原生态声乐教育进课堂
25	南茂中学	快乐教学的尝试
26	加茂中学	作文教学改革
27	六弓中学	篮球校本课程的开发
28	海之南学校	活动课的构建

注：根据《保亭黎族苗族自治县教育局促进教育内涵发展、提升教育质量"九项工程"实施方案》整理，资料由保亭县教育局提供。

校本特色课程的开发是学校特色发展的重要内容。在少数民族地区，双语教学和校本课程的开发应该是学校的特色发展之路。保亭县教育局为促进教育内涵发展，提升教育质量，设计了"九项工程"实施方案，涵盖了校园文化、师生行为规范、中小学高效管理、中小学教职工绩效考核、高效示范课堂等多方面。笔者遴选了几个有特色的方案作为他们教学管理过程中的一个缩影，主要是想了解他们对待教育是怎样规划的，又是如何做的，通过方案的介绍使我们能深入地体会保亭基础教育是在什么样的环境和状态下进行转化并快速发展的。

(二) 师资的引进和管理

为了确保移民学生享受优质师资资源，省政府印发了《关于思源实验学校教职工配备工作指导意见》，详细规定了学校教职工的岗位设置、核编定编、配备办法和待遇保障。2009 年海南省面向全国招聘 10 名校长和 114 名学科带头人。校长的岗位薪金由香港言爱基金资助，按 12 万元标准发放，在聘期不再享受其他工资待遇和绩效工资，3 年后根据工作业绩再重新核定。学科带头人按同等条件教师工资和绩效标准发放,前3年多享受5 000元/年的绩效工资,招聘的学科带头人属退休人员,按4万元标准发放年薪,但不再享受其他工资待遇。省编制部门解决好校长和学科带头人的入编问题,并预留足够编制用于接收聘期满3年、考核合格并愿意继续留下任教的老师。特岗教师招聘716人,每人年工资收入18 960元,同时享受中小学教师绩效工资待遇和必要的交通补助,并按规定纳入社会保险,享受相应的社会保障待遇,其中434名主要安排在少数民族地区。

思源学校实行校长负责制、全员聘任制和考核奖惩制管理。聘任合同明确双方的权利和义务,在聘任期,教育局对其进行跟踪评估,成绩突出的给予表彰,对履行义务不合格的,及时批评教育,督促纠正,不适合继续任职的,及时解聘并取消相关政策优惠。为了解决大多教师的后顾之忧,省政府对招聘人员的户口也给予政策照顾,可根据教师本人的意愿迁入户口,档案关系统一由所在县教育局统一管理(退休人员除外)①。

保亭县教育师资队伍在教育移民政策的推动下,近几年得到了不断的充实和发展,但还是存在着诸多问题。首先,师资队伍学科结构不合理,教师队伍老龄化比较严重。从表3-14、表3-15、表3-16可见,截至2011年,保亭县小学教师队伍中40~60岁的教师占小学教师比例达到52.65%,初中教师队伍中40~60岁的教师占初中教师比例达到44.78%,高中教师队伍中40~60岁的教师所占高中教师总数的比例达到33.2%。其次,专任教师除主课外,音乐、体育、信息技术和小学英语等学科教师存在严重不足。从表3-14可见,小学科目中自然、社会、信息技术、体育、音乐、美术、劳动7门科目师资总和只占小学师资总数的12.48%,在城区

---

① 谢君君:《海南少数民族地区教育移民研究》,载《广西民族研究》2012年第2期。

表 3-14 小学教师队伍建设情况表之二

项目 类别 学校 区域	专任 教师 (人)	专任教师年龄结构(人)					专任教师学科结构(人)									
		25岁 及以下	26~30 岁	31~40 岁	41~50 岁	51~60 岁	思想 品德	语文	数学	外语	自然	社会	信息 技术	体育	音乐	美术	劳动	其他
合计	1 282	16	179	412	550	125	33	567	450	41	7	13	16	46	43	29	6	31
城区小学	156	4	13	79	49	11	2	68	49	7		2	10	9	5		4
乡镇中心校	548	5	96	152	243	52	13	238	191	17	2	7	7	20	20	15	4	14
农村小学	578	7	70	181	258	62	18	261	210	17	5	6	7	14	14	9	2	15
师资比例(%)		1.25	13.96	32.14	42.9	9.75	2.57	44.23	35.1	3.2	0.55	1.01	1.25	3.59	3.35	2.26	0.47	2.42

注：此表根据保亭县教育局提供的数据进行统计。

表 3-15

初中教师队伍建设情况表之二

项目类别 学校区域	专任教师(人)	专任教师年龄结构(人)					专任教师学科结构(人)														
		25岁及以下	26~30岁	31~40岁	41~50岁	51~60岁	政治	语文	数学	物理	化学	生物	地理	历史	外语	信息技术	体育	音乐	美术	劳动	其他
合计	535	3	90	203	201	39	43	100	79	32	26	23	16	30	82	22	34	23	12	1	13
城区初中	149		17	60	63	9	11	29	24	8	6	7	5	8	24	4	8	7	3		5
乡镇初中	387	3	73	143	138	30	32	71	55	24	20	16	11	22	58	18	26	16	9	1	8
师资占比(%)		0.56	16.79	37.87	37.5	7.28	8.02	18.66	14.74	5.97	4.85	4.29	2.99	5.6	15.3	4.1	6.34	4.29	2.23	0.19	2.43

注：此表根据保亭县教育局提供的数据行统计。

表 3-16

高中教师队伍建设情况表之二

项目类别 学校区域	专任教师(人)	专任教师年龄结构(人)					专任教师学科结构(人)												
		25岁及以下	26~30岁	31~40岁	41~50岁	51~60岁	政治	语文	数学	物理	化学	生物	地理	历史	外语	信息技术	体育	音乐	美术
合计	169	1	39	73	50	6	13	27	23	11	11	14	10	14	25	5	9	3	4
城区高中	110	1	26	48	31	4	9	19	19	7	7	9	7	10	14	3	6	2	3
乡镇高中	59		13	25	19	2	4	8	9	4	4	5	3	4	11	2	3	1	1
师资比例(%)		0.6	23.1	43.2	29.6	3.6	7.7	16.0	13.6	6.5	6.5	8.3	5.9	8.3	14.8	3.0	5.3	1.8	2.4

注：此表根据保亭县教育局提供的数据进行统计。

小学中，自然、社会和劳动三门科目中没有专任的教师；初中和高中教师中，体育、信息技术、音乐、美术等专任教师也存在严重不足。最后，教师的学历层次还有待提高。从表3-11、表3-12可见，小学教师队伍中，中专毕业的教师占比达到32%，竟然没有一个高级职称；初中教师中本科以下学历占比达到45.9%。这些数据反映出保亭县基础教育的师资力量还是很薄弱的，有待进一步加强师资的培训和学历的提升。

　　保亭县委和县教育局近几年为了提升教育质量，强化教师队伍素质，从多个方面加强了师资队伍的建设(见表3-17)。第一，加大了师资引进的力度。从2009年开始，先后引进校长和学科带头人4名，师范类教师174名，硕士及硕士以上学历教师2名；并出台了《保亭黎族苗族自治县关于加强农村中小学教师队伍建设的意见》，完善中小学新任教师的公开招聘制度，积极引进"学科带头人、骨干校长、骨干教师"等人才充实教师队伍。第二，加强了教师队伍的培训力度。将2008年教师岗位培训经费的52万元提高到2011年的300万元，并先后出台了《中小学教师继续教育制度》、《保亭县中小学人事制度改革工作方案》和《保亭县2011年中小学教师全员培训方案》等一系列教师培训计划、方案和制度。2009年参加师资队伍培训的教师达到1 456人，并选派校长和骨干教师到上海、海口等城市进行跟班学习。第三，招聘特岗教师充实师资队伍。2008—2010年共招聘特岗教师120名和大中专毕业生39名到边远缺岗的乡镇中小学校任教。同时为了提高教学质量，海口市政府也选派教师对保亭县进行教育师资的对口支援。在笔者调研期间，海口市教育局选派了25名中小学教师在保亭进行对口支教一年，并被分配到各级学校担任常务副校长，充分利用其教学经验对基础学校的教学进行教研和管理，以提升学校的教学水平，并受到支援学校的一致好评。第四，开展送教下乡活动。为了解决农校教研资源匮乏的现状，促进乡村学校教学的发展，县教育局选

表 3-17

教师队伍建设情况表

2009—2011 年教师准入情况（人）					校长培训			校长挂职		学历进修情况（人次）		继续教育情况（人次）				教科研情况		
师范类	非师范类	硕士和硕士研究生以上	本科	专科	中专以下	国家级培训	省级培训	县级培训	省外	省内	县市区内	研究生	本科	专科	国外培训或访问学者	省外培训	省内培训	在岗培训	发表论文（篇）	著作（部）	发明创造（件）	省级
174	0	2	22	37	113	4	34	52		4			167	90		40	665	4 594	143		8	47

注：1. 发表论文指在省级以上刊物发表论文；
  2. 此表根据保亭县人民政府提供的数据整理。

派各学科骨干教师到农村中小学任教，利用课堂教学平台为基层教师展示优质课和示范课。2009—2010 年共组织各学科骨干教师 79 人送教下乡，参加示范课和参与研讨互动的教师累计达到963 人次。第五，完善制度建设，进一步理顺教师管理体制。先后出台了《保亭县中小学教师绩效考核实施细则》《保亭县校长岗位目标管理责任制》和《保亭县创建规范化学校实施细则》等文件，研究和制定了中小学校长任职条件和选拔任用办法，组织开展教师系列专业技术资格评审工作，发挥职称评审的导向作用，并加强了中小学编制管理和绩效工资的考核办法，规范教师的从教行为，开展师德师风教育。把年度的培训学风和教师个人职称评聘、考核评优相挂钩，建立教师职业发展的长效激励机制。第六，成立县教育局研训中心，选调 21 名学科带头人担任学科教研员，对教学进行指导，并提供教学共享平台，鼓励教师以课题研究的形式对教学进行改革和探索。2009—2010 年，教师发表论文数达 143 篇，其中小学教研网被省教育研究培训院评为三等奖。这些措施的实施还是卓有成效的，但要想教学质量有大的提升，还需要制度的进一步贯彻和落实，特别是师资培训和教师学历提升。只有教师的教学水平得到提升，才有可能促进教学质量的提高。

(三)学生管理

截至 2012 年，保亭县共完成教育移民学生2 821人，如此规模的教育移民，对学生的管理提出了更高的要求。为了使教育移民的学生迁得出、留得住、推得出，保亭县委和县教育局对教育移民的学生进行了一系列的安顿措施。第一，加快寄宿生宿舍的建设，由于移民的学生大多居住在偏远的少数民族地区，家庭经济条件相对困难，移民之后的学生上学的路途比之前更远，上学的便利程度较之前更为不便。为了接收好这些移民学生，过去的五年，保亭县委投入了1 500万元完成了思源学校的建设,并投入1.7亿元新建60栋新校舍,主要用来接收移民学生安置。据统计,全县义务教育阶段学校可供寄宿生床位达到9 449个,其中中学3 996个,寄宿的学生总数达8 350人,家庭经济困难的寄宿生达6 202人,占寄宿生总数的74.3%。第二,对移民学生实行"两免一补"政策。硬件设施的建设只能保障移民学生的暂时安置,为了使移民学生留得住,保亭县委计划在2012年支出2.35亿元重点落实"两免一补"政策(免学杂费、公用经费和补学生生活费),并率先在全省将"两免一补"政策扩大到学龄前1年幼儿教育和高中教育,从2008年至今累计减免学杂费达2 116.8万元。除此之外,还相继出台了《保亭黎族苗族自治县教育局关于做好2009年秋季免除杂费、公用经费使用和寄宿生生活补助发放工作的通知》和《关于2010—2011学年度农村义务教育经费保障机制改革补助资金使用和管理的通知》等政策,文件规定:

义务教育阶段寄宿生生活补助资金来自中央、省、县财政,都是配套资金,不得分开发放。高中寄宿生生活补助资金来自县财政。寄宿生生活补助要按标准足额逐月发放,不得一次性发完。补助标准为(一学期按5个月计):

1. 民族寄宿班寄宿学生:小学生85元/月·生,初中生95元/月·生;

2. 贫困寄宿制学生和教育移民学生:小学生60元/月·生,初中生75元/月·生;

3. 高中民族生奖学金:50元/月·生;

4. 高中贫困寄宿学生:75元/月·生;

5. 高中中央彩票公益助学金:100元/月·生。

各学校要认真组织寄宿生生活补助的申请和审查,教育移民学生全部享受,其他寄宿生应优先资助:孤残学生、烈士子女、父母

143

丧失劳动能力学生、重病户(指家庭成员有重大疾病)学生、低保家庭学生、双下岗户(指父母均下岗)学生、因突发事件导致家庭经济困难学生、单亲家庭经济困难学生、少数民族农村家庭经济困难学生、其他低收入家庭学生。

到 2011 年,县教育局考虑到物价上涨等因素,将教育移民学生的伙食补助标准提升到每人每年 1 200 元。除以上补助外,同时还为移民学生每人补助 160/年的交通补助。到 2011 年,将在县城区域就读的教育移民和民族寄宿生的交通补贴从每人每年 160 元提升到300 元,并将各项惠民措施覆盖到县内各级各类学校全部学生。这些政策的实施为教育移民的学生提供了资金的保障,也切实减轻了移民学生的家庭教育成本的负担。第三,对少数民族的移民学生给予招生政策的倾斜。少数民族市县重点中学都设立民族班,对少数民族学生进行特优招生,移民学校的招生主要针对民族地区的移民学生,原迁入学校只保留 1~3 年级(主要考虑学生年龄太少不宜寄宿),4 年级以上统一迁入新建的思源实验学校。小学和初中毕业生可根据成绩报考重点中学和县市思源中学。海南省两所重点中学海口中学和国兴中学都设立了"少数民族特招班",招录对象为世居海南的黎、苗、回族等少数民族的应届毕业生,招生计划进行单列,符合条件的学生继续享受"两免一补"政策,招录比例按少数民族聚居市县招生总数的 80%进行计算,其他市县按 20%比例安排指标,保障有条件少数民族学生的升学①。第四,移民学生的出路政策。为了保障移民学生的就业问题,海南省把基础教育与职业教育衔接起来,对不能继续升学的同学推荐进入职业教育进行培养。先后出台了《海南省中等职业学校家庭经济困难学生资

① 谢君君:《海南少数民族地区教育移民研究》,载《广西民族研究》2012 年第 2 期。

助实施方案》等一系列政策,对接受中等职业教育的学生实行"四免一补"政策(免学费、课本费、信息费、住宿费,补助生活费),按每人每年发放1 400元的学费和住宿费补助,鼓励和引导学生走职业发展的道路,通过专业职业技能的培训以实现地区的"智力扶贫",改变贫困地区人们的就业观念和生存状态。2007—2008年,省和市县政府对职业教育的投入达到10亿元,新扩建校舍面积16.7万平方米,新增学位1.3万个,16个市县职业教育办学条件得到根本改善。为了使职业教育办出特色,促进就业,海南省的职业教育实行"三段式"学习,即一年级在市县职教中心学习基础知识,二年级在省属中职学校学习技能技术,三年级到企业顶岗实行,并结合企业需求办特色专业;全省组建了工业、农业、机电、旅游、商贸、财经、卫生、信息、华侨九大职教集团,进行优势互补,实施以城带乡的方式发展职业教育,近几年职教的就业率达到93%,实现了基础教育、职业教育和充分就业的有效衔接。

(四)后勤管理

为了搞好农村中小学布局调整,保障教育移民的顺利进行,保亭县以"中学向县城区域整合,小学向乡镇原中学校址整合,原有的乡镇中心校校址改为乡镇中心幼儿园"为整合原则进行工作部署。根据海南省政府办公厅《关于进一步调整中小学布局精简优化教职工队伍的意见》和《关于进一步推进义务教育阶段规范化学校创建工作的通知》等文件,高标准建设学校设施,有序扩大农村中小学教育规模,以实现教育资源的整合和优化。为了保障实施,各级政府建立了政府一把手为总负责、有关部门(教育、财政、建设、国土、计划、人事)齐抓共管的责任制,县政府按年度目标与各乡政府签订《保亭县农村中小学布局调整年度目标责任书》,并建立督导验收制度,由教育局组织协调布局调整的规模和实施，在行政领导组织上形成合力，保障教育移民的顺利进行。

　　为了解决学生上学路途远、移民学生上学安全的问题，县教育局与县交通运输局正在研究《关于校车运输的实施方案》。笔者在调研期间，对学生安全上学问题心存顾虑，并多次询问教育局相关同志，有幸了解到相关实施方案的进展。虽然方案还没有正式实施，但已得到县委、县政府的大力支持。方案提出以社会化解决学生上下学交通方式，由县综合能力较强的交通运输公司负责校车的管理和营运。校车主管部门为教育局，并负责与交通运输公司签订运输协议。据初步统计，教育移民实施后，全县各校需接送往返学生上、下学人数为11 786人，全县将规划设置8条县城直达乡镇线路和6条乡镇直达各村委会村庄、农场连队线路，共19条线路。节选的具体方案如下：

一、县城直达乡镇各村及连队8条线路(学生人数8 775人)

1. 县城至南林各村(经响水、新政、三道等乡镇)

2. 县城至报什各村(经响水、新政等乡镇)

3. 县城至毛感各村(经大本一带)

4. 县城至毛岸各村(经大本一带)

5. 县城至六弓各村(经加茂镇)

6. 县城至"五一"(经什玲镇)

7. 县城至八村各村(经什玲镇)

8. 县城至保城各村(经国营农场各队)

二、乡镇直达各村及连队6条线路(学生人数3 011人)

1. 响水至各村、队

2. 新政至各村、队

3. 三道至各村、队

4. 加茂至各村、队

5. 南茂至各村、队

6. 什玲至各村、队

校车按学校授课时间安排和国家规定的节假日放假情况，合理安排上、下学往返接送时间，周六、周日不滞留学生在校。除重大节日外，一般情况下，安排每周接送一次，每周五12点开始接送，规定保证在18点前校车接送到位。

根据需要接送学生人数统计和规划设置，全县需配置校车420辆，共需资金1 064万元，由承运公司出资购置，政府财政按《保亭黎族苗族自治县优先发展公共交通实施的意见》规定补贴购车费总额的50%。县财政给学生的交通补贴费全额拨付给客运公司，企业所亏损部分，实行参照公共交通的补贴补偿办法进行补贴补偿，即按照《保亭黎族苗族自治县优先发展公共交通实施的意见》规定的保证企业年成本的10%利润，由县财政给予补偿，并及时兑现和落实校车的经济补贴补偿。

要求每所有校车的学校都要指定一名教职工负责监督校车每次往返的运载学生人数，做好造册登记，坚决制止超载现象；校车只专用于接送学生上、下学，不准用于其他用途，要做到"学生到点，校车归校"，沿途一律不许拾客和拢客。校车的安全运输管理，由县交通运输局和县交警大队按各自的职能和管理权限履行监督、检查和处罚等职责。

校车的后勤保障将为教育移民学生提供上学的安全和便利，也解除了学生家长的后顾之忧。教育移民工程不仅仅是简单的学生搬迁，而是一个系统的工程，牵涉到政府的各个部门，关切到学校、学生及学生家长等利益主体，可以说是牵一发而动全身。如果在细节上考虑得不周全，就有可能影响到整个项目的进展，既不能盲目冒进，也不能缩手缩脚，要适时地进行考核评估，总结经验；要做到因地制宜，合理推进。

五、教育质量的提升与发展

教育移民政策实施 5 年来，可以说投入了大量的人力、物力和财力，但是政策实施前后教育有没有大的变化是检验教育移民政策的最好标准，特别是入学率和升学率是否较移民前有了较大的提高。在调研过程中，通过查阅保亭县教育局近几年的入学数据，笔者发现幼儿教育、九年义务教育和高中阶段教育还是得到了很大的改观。全县学前幼儿毛入园率从 2006 年的 47.7% 提高到 2010 年的85.2%；小学巩固率从 2001 年的 87.09% 提升到 2010 年 95.5%；初中毛入学率从 2001 年的 96.1% 提升到 2010 年的 99%。高中教育从 2001 年到 2010 年有了更大的发展，首先高中在校生从 2001 年的 438 人增加到 2010 年的 2 374 人，高中阶段毛入学率从 2001 年的 18.69% 提升到 2010 年的 73.3%。高考的升学率也得到逐年提升，2008—2010 年分别为 70.6%、77.8% 和 83.7%。2011 年春季学期全县小学、初中、高中回校率分别为 99.9%、95.7% 和 99%；秋季学期全县小学、初中、高中入学率分别达到了 100%、97.2%和 75.84%。同年，报名参加普通高校招生考试的考生共 927 人，被各类高校录取的人数是 830 人，占报考人数的 89.5%，比去年提高了 5.8%①。这些数据反映了近几年保亭县教育的发展水平较移民前有了大的提升。

根据表 3-18、表 3-19、表 3-20 可见，2008—2010 年，保亭县小学教育在校人数从 9 581 人增加到 11 555 人，入学率保持在99.9%，毕业率 100%，辍学率控制在 1% 以内，基本保证了适龄儿童的入学，没有因为教育移民政策出现辍学、退学等现象；但是毕

---

① 根据《保亭黎族苗族自治县教育工作督导评估自查情况汇报材料》整理，2011 年 10 月 30 日，资料由保亭县教育局提供。

业生全科合格率只有 70%左右，说明教学质量还有待加强和提升。保亭县初中教育平均毛入学率在 98%以上，毕业率在 99%以上，但是辍学率接近 2%，这说明初中教育阶段的教育水平和教育质量还有待提高，辍学的原因还得深究其背后的意义。2008—2010 年，高中教育的毛入学率分别是 75.5%、76.1%和 73.3%，会考合格率出现比较大的下滑，分别是 82.7%、65.1%和 58.7%；高考上二本率也出现了下滑，分别是 15.2%、9.1%和 8.9%，高中教育质量的提升还有待进一步加强。根据《保亭黎族苗族自治县教育局关于2011 年提升教育教学质量行动计划》，从中笔者节选了部分关于提升教育教学质量的内容，如表 3-21 可见，2011 年小学毕业班的目标指数中，平均分最高的是 85 分，最低只有 45 分，思源学校与乡、村级完小的教育差距还是很大，低分的控制率最高达到 25%，除了思源实验学校小学部民族班，其他学校都存在着低分比率的学生，并且份额还比较大；从良好率来看，70~84 分的学生在村级完小、农场连队完小所占比率达到 20%，这还仅仅是目标指标，实际指标估计会更大。初中毕业班以省重点中学上线率和县重点中学上线率为评价中考质量的主要依据。从表 3-22 可见，最高的保亭中学省重点中学上线率为 10%，其他学校的仅为 5%；乡镇级中学的县重点中学上线率只有 30%，加上省重点中学的上线率 5%，也就是说将近有 65%的学生只能上一般的中学或是上职业中学。高中毕业班力争在 2011 年一本上线率达到 3%，二本上线率达到20%，从表 3-23 可见，各科优秀率的比率在 25%~50%之间，物理科目的平均分在 60 分。从这些数据我们可以发现，教育移民政策的实施保障了学生的入学，并提供了很好的教学条件，但是教学质量却出现了一定程度的下滑，具体原因可能有很多，但这些结果与教育移民的真正目的背道而驰，也许政策的实施还有待时间的检验，发现问题可能是完善政策的重要依据。

表 3-18 小学教育发展水平情况表

小 学

项目类别 \ 年度	适龄儿童数（人）	在校学生数（人）	六年级（人）	毕业生数（人）	小学辍学人数（人）	毕业生全科成绩合格人数	毕业生思想品德合格人数	毕业生体育合格人数	入学率（%）	毕业率（%）	辍学率（%）	毕业生全科成绩合格率（%）	毕业生思想品德合格率（%）	毕业生体育合格率（%）
2008	7 292	9 581	1 975	2 133	1	1 535	2 133	1 990	99.9	100	0.01	72	100	93.3
2009	9 474	12 495	2 165	1 975	4	1 345	1 975	1 856	99.9	100	0.03	68	100	94.0
2010	9 718	11 555	1 893	2 165	1	1 623	2 165	2 039	99.9	100	0.01	75	100	94.2

注：此表根据保亭县教育局提供的数据进行统计。

表 3-19 初中教育发展水平情况表

普 通 初 中

项目类别 \ 年度	适龄少年人数（人）	在校学生数（人）		毕业生数（人）		辍学数（人）		毛入学率（%）		毕业率（%）		辍学率（%）	
		男	女	男	女	男	女	男	女	男	女	男	女
2008	5 254	6 359	3 250	2 109	1 096	95	52	98.6	98.7	99	99.2	1.4	1.49
2009	6 090	7 729	3 818	2 513	1 338	150	62	98.9	98.5	99.3	99.1	1.74	1.8
2010	5 715	6 765	3 313	2 324	1 185	126	69	99	98.8	99.8	99.5	1.7	1.81

注：此表根据保亭县教育局提供的数据进行统计。

表 3-20

高中教育发展水平情况表

年度\项目类别		普通高中												
	适龄人数（人）	在校生数（人）	一年级（人）	二年级（人）	三年级（人）	毕业生数（人）	会考合格人数（人）	体育合格人数（人）	高考上二本线人数（人）	毛入学率（%）	毕业率（%）	会考合格率（%）	体育合格率（%）	高考上二本率（%）
2008	5 879	1 535	499	520	516	434	359	1 435	66	75.5	100	82.7	93.5	15.2
2009	7 707	2 628	878	851	899	883	575	2 465	80	76.1	100	65.1	93.8	9.1
2010	6 770	2 374	742	807	825	899	528	2 241	80	73.3	100	58.7	94.4	8.9

注：此表根据保享县教育局提供的数据进行统计。

表3-21　　　　　　　　　　保亭县小学毕业班目标指数表

目标指数 学校	科目	及格率 60 分 （含 60） 以上（%）	优秀率 85 分 （含 85） 以上（%）	良好率 70 分 （含 70） ~84 分（%）	低分控制率 30 分 （含 30）以下	平均分
思源实验学校小学 部民族班	语文	100	50	75		85
	数学	100	50	70		80
	英语	80	40	60		75
思源实验学校小学 部平行班、县二小、 农场中心校	语文	75	35	65	≤10%	70
	数学	70	30	60	≤10%	65
	英语	60	20	45	≤10%	60
思源实验学校小学 部移民班、乡镇中 心校	语文	65	30	60	≤15%	65
	数学	60	25	55	≤18%	60
	英语	50	20	50	≤20%	50
村级完小、农场连 队完小	语文	60	10	20	≤20%	60
	数学	60	10	20	≤18%	60
	英语	30	10	20	≤25%	45

注：此表根据《保亭黎族苗族自治县 2011 年提升基础教育教学质量行动计划》整理，资料由保亭县教育局提供。

表 3-22 　　　　　　　　**保亭县初中毕业班目标指数表**

目标指数　　　　　　　　项目 学校	省重点中学 上线率(%)	县重点中学 上线率(%)
保亭中学	10	80
实验中学、思源学校中学部、新星中学	5	40
农场中学、乡镇中学	5	30

注：此表根据《保亭黎族苗族自治县 2011 年提升基础教育教学质量行动计划》整理，资料由保亭县教育局提供。

表 3-23 　　　　　　　　**保亭县高中毕业班目标指数表**

目标指数　　　　　项目 类别		科目	及格率 60 分 （含 60） 以上（%）	优秀率 80 分 （含 80） 以上（%）	平均分
文科		物理	60	25	60
		化学	80	50	78
		生物	75	35	75
		技术	75	35	70
理科		政治	70	25	70
		历史	80	30	75
		地理	65	25	70
		技术	80	30	75

注：1. 保亭县教育局计划 2011 年力争一本上线率达 3%，二本上线率达 20%；

2. 此表根据《保亭黎族苗族自治县 2011 年提升基础教育教学质量行动计划》整理，资料由保亭县教育局提供。

六、校园文化建设

校园文化建设是学校教育的软环境，教学理念的不同，教学的侧重点也会不同。原本以为所有的移民学校统称为"思源学校"，教学的理念应该也差不多，但调研之后，笔者发现各个学校的校园文化都有所不同，因为校长理念不同，思源学校都变成了学校校长教育理念的试验田。比较突出的有，陵水思源学校以"为和谐海南培养合格的城市公民，为每个孩子创造美好未来"为办学理念，他们认为思源学校培养的学生，要具备在城市生活和生存的技能，也要具备城市公民应有的文明素质、社会公德和竞争合作意识，学生要成为具有城市文明和城市综合素质的合格公民。该校实施"自主、多元五过程课堂教学模式"（强调自主学习，五过程是指设立目标——学生团队自主学习——师生互动解决问题——课堂训练巩固成果——检查、总结、反馈），主要目的是减少海南少数民族学生厌学、逃学以及辍学的现象，树立学生良好的学习态度、学习能力以及良好的思想品德。

昌江思源学校以"让每一位学生得到最大的发展，让每一位教师取得最大的成功"为办学理念，秉承"让人民满意、让家长放心、让学生成人"的办学宗旨，注重学生的思想品德和行为习惯，培养创新精神，让社会和家长放心。海南保亭思源中学的办学理念是"以人为本、修德启智、和谐育人"，校训是"饮水思源、团结勤奋、实验创新"，突出"感恩、自强、生命、成功"的德育理念，强调制度管理和师生的和谐关系，强化管理制度建设，培养具有良好心理品质、责任意识的现代文明合格公民。学校坚持优先发展师资队伍，重视信息化教学手段，注重提高教师的课堂教学能力，突出校本研训，紧抓落实"五项"工程：一是强化师德教育的"双馨工程"；二是以教学骨干为主体的"名师工程"；三是实现校本培训与学科骨干指导相结合的"青蓝工程";四是青年教师的培训工程;五是做一位好老师的"五个一工程",即每天坚持上好一堂课,每周至少找一位学生谈心或书面交流,每周写一篇教育日记,每月思考一个教育问题或社会问题,每学期读一本教育专著。教学质量上注重目标管理,根据学生入学考试的成绩和学校学科教学的基本水平和学校目标管理的基本要求制定管理标准,以及格率、平均分率和优秀率及学科在全县的排名等作为目标管理。对学校课程进行特色改革,注重内涵式发展,在基础教育培养的基础上,逐步建立技艺特长类、生活技艺类、基础培养类、实用技术类等校本课程体系,关注学生的创新精神和实践能力发展,培养综合素质,促进学生的全方面发展。学校强调他们的目的不是升学率,而是要培养学生具有正确的社会信念、竞争和合作意识,懂得自尊、自重、自律、自强,能够关心他人、家庭、社会和国家,并具备良好的生活习惯和思想品德。

可以说各个学校的教学理念各有侧重,不分伯仲,但在民族文化的传承和教育方面则少有涉及,在校本课程的开发上也没有太多的亮点。很多偏远民族地区的学生在进入新环境后,生活上存在诸多的不适应,很多老师认为其厌学、逃课、不遵守纪律是其过于懒散的表现,而没有从民族文化冲突和适应的角度上去思考教学的内容和方式。

七、教育移民取得的社会成效

(一)教育移民取得的客观效果

目前,海南省教育移民工程还在投资建设过程中,移民的学生到今年才有一届毕业,但是取得的社会效益已经在逐步显现,首先是海南的文盲数得到了剧减(见表3-24)。

表 3-24　　　海南省地区按性别分 15 岁及 15 岁以上文盲人口 单位：人

年度	15 岁及 15 岁以上人口数	男性	女性	15 岁及 15 岁以上文盲人口数	男性	女性
2005	83 637	43 036	40 601	8 161	1 794	6 367
2006	5 987	3 079	2 908	568	135	433
2007	6 052	3 111	2 941	517	116	401
2008	6 014	3 092	2 922	520	113	407
2009	6 053	3 182	2 871	472	105	367

注：根据国家统计局中国统计年鉴 2005—2009 年数据整理。

根据国家统计局 2005—2009 年的统计数据可见，2006—2008 年，海南省 15 岁及 15 岁以上文盲人口一直比较稳定，但女性文盲率达到男性的近 4 倍；从 2008 年实行教育扶贫到 2009 年开始招生，海南省的文盲数下降达 10%，女性文盲率下降到男性的 3 倍。可以预计，在教育扶贫项目全部实行后，海南文盲的比例会急剧下降。其次，中小学校招生数的增长，同时也带动了中等职业教育学校的发展。为了解决学生的就业问题，提高学生的职业技能，海南省政府也加大了对职业教育学校的投入力度，2007 年把职业教育纳入到教育移民体系中，从全省五指山市、琼中等 5 个国家贫困开发县招收 300 名贫困学生进行两年免费学习，学生的在校学习生活费由扶贫资金承担，个人生活用品及人身保险费由学校承担，基本实现"全免"。到 2009 年，海南省在实行中职学校农村家庭特困生和涉农专业免费教育的基础上，逐步推行中职学校农村生源学生免费教育①（见表 3-25）。

_____

① 《给钱不如给本事、给教育 海南扶贫资金首次用于发展职教》，载《中国教育报》2007 年 12 月 4 日。

表 3-25　　　　　海南省中等职业学校(机构)学生情况　　　　单位：人

年度	毕业生数	招生数	在校学生数	预计毕业生数
2003	9 637	13 180	36 427	
2004	12 367	21 133	51 191	
2005	12 598	24 235	58 424	14 856
2006	14 087	26 285	64 135	17 018
2007	16 642	42 228	85 828	20 149
2008	20 270	42 460	96 672	22 980
2009	22 003	57 364	121 591	33 417

注：根据国家统计局中国统计年鉴 2003—2009 年数据整理。

从表 3-25 的数据可见，从 2007 年开始中等职业学校的招生人数开始急剧增长，2007 年在 2006 年的基础上增长了 60%，2009 年比 2008 年增长了 35%。这些数据表明，教育移民的实施，不仅反映了贫困地区学生对学习的需求，更反映了教育对当地产生的社会效益。

保亭县地处海南南部内陆，五指山南麓，主要是山地丘陵地貌，总面积 1 160.6 平方千米，全县 6 个镇、3 个乡，辖 62 个村委会、463 个自然村，少数民族人口占到全县人口的 62%，属国家重点扶贫县市。全县教育基础条件相对薄弱，在建省前，保亭县的儿童净入学率为 92.5%，初中毛入学为 90.2%，小学和初中辍学率分别为 1.2% 和 3.6%，初等教育和初级中等教育的完成率分别为 90.6% 和 73.5%，在全省属落后水平。1998 年，保亭县通过全国"两基"工作评估验收，2003 年"两基"巩固工作顺利通过省政府的年检复查，2006 年保亭县适龄儿童和适龄少年入学率分别达到 98.7% 和 97%，青壮年文盲率在 5% 左右。2008 年，保亭县实施教育移民政策以来，教育得到了大力发展，可以说改变了以往学校硬件基础设施和配套教学设备落后的状况，并整合了"麻雀"学校及教学点分布，教育成效不明显的局面得到改善，基础教育得到了较大的发展。

（二）教育移民取得的实际成效

1. 基础教育得到快速发展

保亭县自2008年实施教育移民以来，加大了教育基础设施的建设，把以前的危房学校改造成一栋栋崭新的现代化教学楼，配套的教学设施如多媒体、计算机、英语教室、实验室等一应俱全，使地处偏远山区的孩子逐渐享受到与县城孩子同等的教育资源，可以说缩小了城乡之间教育条件的差距，也促进了教育资源的整合和均衡发展。保亭县"十一五"期间教育事业相关数据一览表可以证明这一点（如表3-26）。

表3-26　　保亭县"十一五"期间教育事业相关数据一览表

项目	2006年	2007年	2008年	2009年	2010年
学前三年儿童受教育人数（人）	1 798	1 826	2 314	3 220	4 806
其中：城区人数（人）	845	835	931	856	1 089
农村人数（人）	953	991	1 383	2 364	3 717
学前三年儿童受教育率（%）	47.7	47.8	56.4	53.4	56.7
其中：城区幼儿入园率（%）	100	100	100	100	100
农村幼儿受教育率（%）		30.8	39.2		49.7
小学在校生数量（人）	11 410	10 352	9 581	12 495	11 555
小学入学率（%）	99.8	99.9	99.9	99.9	99.9

项　　目	2006 年	2007 年	2008 年	2009 年	2010 年
初中在校生数量(人)	6 866	6 720	6 359	7 729	6 765
初中毛入学率(%)	98.0	98.1	98.6	98.9	98.2
高中在校生数量(人)	1 202	1 457	1 535	2 628	2 374
高中阶段毛入学率(%)	74.7	75.4	75.7	76.7	71.5

注：根据《保亭黎族苗族自治县教育局关于 2010—2011 年上半年教育事业发展情况报告》整理，资料由保亭县教育局提供。

学前三年儿童的受教育人数从 2006—2010 年期间得到了飞速发展，其中农村幼儿受教育人数从 2006 年的 953 人增长到 2010 年的 3 717 人，农村幼儿的受教育率从 2007 年的 30.8% 增加到 2010 年的 49.7%。小学入学率在 2006—2010 年一直保持在 99.8% 以上。初中在校生数量从 2008 年的 6 359 人增长到 2009 年的 7 729 人，这期间正是教育移民的实施期间，初中毛入学率也一直保持在 98% 以上。高中在校生数量从 2008 年的 1 535 人增长到 2009 年的 2 628 人，一年增加了 1 093 人；高中的毛入学率从 2006 年的 21.5% 增长到 2010 年的 43.1%，特别是 2008 年教育移民实施期间，单年度增加了 8 个百分点；高中阶段毛入学率在 2006—2009 年期间一直保持稳定增长，2010 年度出现了部分下滑，也反映了教育移民过程还存在部分问题，有待继续探讨和解决。

2. 教育资源得以整合，教学条件有所改善

保亭县把教育移民工程与中小学布局调整结合起来，充分考虑了当地教育发展的现状，在教育移民实施前，保亭县共有完全中学 3 所，初级中学 5 所，九年一贯制学校 6 所，完全小学 44 所，教学点 33 个，幼儿园 1 所，职业学校 1 所。其中学生人数 100 人以

下的微型学校有53所，均分布在乡村和偏远的山区。为了整合教育资源，保亭县实行分阶段完成布局调整目标，以"中学向县城区域整合，小学向乡镇原中学校址整合，原有的乡镇中心校校址改办为乡镇中心幼儿园"为目标，合理配置教育资源，不断提升基础教育教学质量。2011年全县布局如表3-27、表3-28所示：

表3-27　　　　　　2011年保亭县高中布局调整情况表

整合后的学校	被整合学校	高一学生人数	高二学生人数	高三学生人数	合计
保亭中学	新星中学高中部	225	225	185	635
	保亭中学高中部	624	624	555	1 803
	南茂中学高中部			138	138
合计		849	849	878	2 576

注：根据《保亭县学校布局调整实施方案》整理，资料由保亭县教育局提供。

高中学校：由原来的3所完全中学的高中部整合为1所高中学校，即新星中学高中部、保亭中学高中部、南茂中学高中部整合成保亭中学，办学规模定位为2 500人。

初中学校：由原来的5所合并为2所，即保亭实验中学，办学规模为3 000人；新星中学，办学规模为2 000人。

九年一贯制学校：由原来的6所合并为1所，即保亭思源实验学校，初中部办学规模为2 000人，小学部办学规模为2 280人。

小学学校：由原来的77所整合为18所，即在各乡镇和国营农场办好一所寄宿制学校。进行布局调整的乡镇中学校址，整合后改办为乡镇寄宿制小学，乡镇小学布局调整与中学布局调整同步进行。

表 3-28

保亭县 2011 年上半年中小学布局调整情况表

项目 学校 人数 类别	整合后的学校	被整合的学校	整合教师数	现有教职工数	整合学生数	现有学生数	寄宿生数
初中（2所）	保亭实验中学	响水中学、什玲中学	93	115	698	698	698
	新星中学	瑞华学校（初中部）、昌盛学校（初中部）	15	91	116	1 132	760
	小计		108	206	814	1 830	1 458
小学（7所）	新星慈航小学	丰产小学、东风小学、什那小学、什聘小学、春天小学、六桥小学、番文小学（4~6年级）、什罗小学（4~6年级）	81	115	626	965	510
	什玲中心学校	板赛小学、巡亲小学、水尾小学、大田小学、坚固小学、界村小学、红卫小学	70	113	412	815	551
	响水中心学校	大本小学、什龙小学、什月小学、合口小学、什邱小学、新村教学点	52	73	365	508	430
	六弓中心学校	田记小学（3~6年级）、田岸小学（3~6年级）	10	39	137	529	230
	毛感中心学校	南春小学、毛位小学、南好小学	21	42	121	312	154
	南林中心学校	什龙小学、罗葵小学	5	33	146	290	172
	金江学校	畬发小学	16	100	180	1 680	530
	小计		255	515	1 987	5 099	2 477
总合计			263	721	2 801	6 929	4 035

注：此表根据《保亭黎族苗族自治县教育局关于我县 2010—2011 年上半年教育事业发展情况报告》整理，由保亭县教育局提供。

161

幼儿园：全县有 11 所，即每个乡镇办好一所幼儿园。所用校址为布局调整后的乡镇中心小学校址，幼儿园的建设与乡镇中心小学的布局调整同步进行。

根据表 3-28 所示，保亭县中小学布局调整规模是空前的，仅小学和初中整合学校需安置的教师人数达 263 人，移民教育的学生达 2 801 人；整合后涉及的教师总数达 984 人，整合后小学和初中总人数达 6 929 人，其中寄宿生就达 4 035 人。教育移民工程基本涵盖了不同的教育层次，从幼儿园到高中，统一同步进行整合，并涵盖了保亭县全境，做到了学生的全覆盖。

为了做好移民学生的安置，保亭县政府与中国银地公司联手投资 1 亿元启动助教整合，县财政配套出资 3 000 万元，对全县的学校基础设施进行改造，分别在保亭中学、保亭思源实验学校、实验中学和新星中学等学校新建 14 栋现代化多媒体教学楼，并配套学生宿舍、教师工作间、实验室等校舍，总建筑面积达到 48 605.13 平方米，并于 2011 年年底全部竣工交付学校投入使用。

保亭县教育移民工程分两批进行，第一批以小学为对象的学生集中安置在由省政府、县政府和言爱基金会投资的保亭思源实验小学部，第二批以中学为对象安置在保亭思源实验学校高中部，该所学校总投资 3 200 万元，接收了边远乡镇的 4 所初级中学和教育资源比较薄弱的 16 所小学的 1 614 名中小学生，使这些学生与县城孩子初步实现了教育资源的共享。为了实现教育资源的有效整合，解决以往学校师资不足的问题，保亭县教育局制定教师绩效考核制度，把整合后的师资根据能力重新配置，基本实现了按学科配备师资，真正实现了一线教师专职化和专业化；把教学能力强的教师推到教学第一线，充分发挥优秀教师的示范、表率作用，把教学能力较弱的教师调整为寄宿学校的生活教师，并保持待遇不变，既加强了对移民学生和寄宿学生的生活管理，也让教师各尽其长、能上能下；制定了一系列的学校管理制度，规范寄宿生的管理，学校实行半封闭式管理模式，增配了校园巡逻和安保人员，确保了学校秩序的稳定和安全，改变了以往"放羊"式的教学管理模式。

为了使移民的孩子能走出大山，改变命运，保亭县政府把教育移民与职业教育进行有效衔接。海南省政府和教育厅出台免试入读职教的教育政策，免除就读职业学校学生的所有学费，实行"1+1+1"的办学模式，即第一年在保亭县职校就读，学习相关专业理论知识，第二年到省相关联合办学的中专学校就读，学习专业技能，第三年到用人单位进行顶岗实习。目前，保亭县职校与海南省农业学校、海南省机电工程学校、海口旅游职业学校和海南华侨商业学校进行了联合办学，按照市场需求设置专业，根据企业要求进行订单培养，从 2008 年以来，保亭县职业学校的毕业生就业率达 95%以上。据调研了解，2009 年，保亭县共有初中毕业生 2 067 人，其中升高中 627 人，免试报读职校学生 628 人，使上高中学生比例与上职校学生比例达到了 1：1。

3. 教育资源得到合理配置

教育移民工程实行以来，初步解决了保亭县中小学教育存在的"数量多、规模小、质量低"的问题，教育资源得到了合理配置。为了更全面地了解教育移民各利益主体对教育移民的看法和建议，笔者在调研过程中，针对教育局行政工作人员、学校教师和管理人员、学生以及学生家长进行了全方位的问卷调查①(见附录)，由统计问卷各方面的数据可知，教育移民在多方面都取得了大家都认可的成效。

为了了解教育移民取得了哪些实效，本研究对保亭县 100 名教

---

① 问卷分为四个类别，教育行政部门工作人员问卷、学校问卷、学生家长问卷、学生问卷，前面三类人群都是 100 份问卷，学生问卷 300 份；教育行政部门问卷有效回收 89%，学校问卷有效回收 91%，学生家长问卷有效回收 98%，学生问卷有效回收 253 份，回收率为 84.3%。

育行政部门工作人员和100名学校教师进行了问卷调查,以期了解不同利益主体是如何从不同的视角去看待教育移民的成效的。结果显示(见表3-29),接受调查的县教育行政部门工作人员中,选择占比高的依次是:60.6%认为实现了教育资源的合理配置,48.48%认为提高了学校的规模效应和有助于教育的均衡发展,40.48%认为加快了本地教育的发展。在学校校长、教师及教辅人员的问卷调查中,81.48%认为实现了教育资源的合理配置,70.37%认为有助于教育的均衡发展,66.67%认为加快了本地教育的发展。由此可见,教育行政部门工作人员与学校教师对教育移民的成效基本是一致的,大多数人认为教育移民实现了教育资源的合理配置,有助于教育的均衡发展以及提高了学校的规模效应。

表3-29 不同群体对教育扶贫移民成效的问卷调查统计表

人员类别	有效样本(份)	提高了学校的规模效应(%)	实现了教育资源的合理配置(%)	提高了教育质量(%)	减轻了教师的负担(%)	减轻了学生家庭教育成本的负担(%)	有助于教育的均衡发展(%)	加快了本地教育的发展(%)
教育行政部门工作人员	89	48.48	60.6	39.39	30.3	21.2	48.48	40.48
学校校长、教师及教辅人员	91	66.67	81.48	62.96	18.52	22.2	70.37	33.3

在对学校校长、教师及教辅人员进行的问卷调查中可知(见表3-30),有60.6%的人认为教育移民给农村学生提供了优质的教育资源,57.58%的人认为教育移民建立的思源学校有利于学校的集

中管理。可见，大多数学校教师对教育移民政策是支持的，认为它不仅整合了优质的教育资源，也为农村的学生提供了与城里孩子同等的教育资源。

表 3-30　学校校长、教师及教辅人员对建立思源学校的
好处的看法统计表

人员类别	有效样本（份）	农村孩子可以享受优质教育资源（%）	有利于学校集中管理(%)	有利于农民工子女的学习和生活（%）	有利于提高学校的教育质量（%）
学校校长、教师及教辅人员	91	60.6	57.58	39.39	33.3

4. 基础教育质量得到明显提高

从教育移民收集的数据来看，保亭县幼儿入园率从 2002 年的 33.2%提高到 2009 年的 53.4%，学前一年儿童受教育率从 2002 年的 38.7%提高到 2009 年的 73.7%；初中毕业生升学率从 2002 年的 31.4%提高到 2009 年的 98.1%；职校学生从 2002 年的 43 人发展到 2010 年的 1 140 人；各类层次教育都得到了发展和巩固；同时，保学控辍工作也卓有成效，2011 年，全县适龄儿童入学 11 546 人，入学率达到 99.9%，学年内辍学 5 人，小学辍学率为 0.04%，初中生 6 765 人，学年内辍学 164 人，初中辍学率为 2.4%；15~50 周岁的文盲人数 871 人，文盲率 0.8%；这些数据都反映了农村中小学教育质量得到了大幅提高①。

---

① 根据保亭县教育局提供的数据整理。

　　为了全面了解在学生和学生家长看来，教育移民实施后对他们的影响，笔者分别针对 100 名移民学生和 100 名移民学生家长进行了问卷调查，问卷如下：

　　当地在实行教育扶贫移民后，对孩子教育起到什么帮助：（可多选）

　　①教育水平得到了提高；②孩子的成绩得到提高；③政府对孩子教育的补助比以前提高了，减少了家庭的教育负担；④学校的教学设施比以前好了；⑤使孩子享受到跟城里孩子同等的教育条件；⑥孩子上学的兴趣提高了。

　　据问卷调查统计，42.86%的家长认为教育移民实施后，政府对孩子教育的补助比以前提高了，减少了家庭的教育负担；40%的家长认为学校的教学设施比以前好了；35.28%的家长认为孩子上学的兴趣提高了；31.43%的家长认为教育水平得到了提高。可见，教育移民确实对当地教育质量的提高起到了一定的促进作用。

　　学生问卷的题目是："你现在的学习成绩与教育移民之前相比：①提高了；②下降了；③说不清楚。"有 47.9%的学生选择学习成绩较教育移民之前有所提高，22%的学生表示成绩有所下降，29.5%的学生认为说不太清楚，也就是大多数学生还是认为学习成绩较教育移民之前有了提高。同时，在调查中显示，有 62%的学生认为现在上学比以前方便了，45%的学生认为现在自己居住的村里，上学的学生较教育移民之前相比人数多。51%的学生家长认为现在的学校老师比教育移民前更加负责任。63.6%的学校老师和66.7%的教育行政部门工作人员认为教育移民政策是惠及民生的；77.14%的学生家长明确表示支持教育移民政策的实施。在对待保亭县职业教育实行"四免一补"政策对当地教育扶贫政策的看法上，有 74.1%的教育行政部门工作人员与 45.5%的学校老师认为职业

教育的"四免一补"政策有利于减轻贫困学生家庭的负担，55.6%
的教育行政部门工作人员与30.3%的学校教师认为职业教育的"四
免一补"政策有利于学生的升学。具体情况见表3-31。

表3-31　　　　不同群体对职业教育"四免一补"政策
对教育扶贫帮助的看法统计表

人员类别	有效样本（份）	有利于农村学生的升学(%)	有利于当地学生掌握一门技能(%)	有利于学生就业(%)	有利于减轻贫困学生家庭的负担(%)	有利于减少贫困地区人口，使其向城镇流动(%)
教育行政部门工作人员	89	55.6	29.6	33.3	74.1	48.15
学校校长、教师及教辅人员	91	30.3	39.4	9.1	45.5	21.2

　　由此可见，教育移民政策的实施对保亭县的教育发展起到了非
常大的作用，对当地学生和家长而言，教育移民政策也真正关切到
他们的教育需求，并促进了当地教育水平的提高。

第四章　海南省保亭自治县教育移民存在的问题及原因分析

　　海南省教育移民工程是在扶贫开发的背景下实施的，截至2009年，海南省政府根据国家贫困人口年人均收入1 393元进行统计，全省有49.52万贫困人口，占农村人口的9.9%①。尽管贫困人口占海南省人口总数的比例不高，但却分布在全省5个国家级贫困县和6个省级扶贫开发重点县，这些贫困县占到全省18个市县的61%。这充分反映了海南省贫困人口分布面很广，以农村人口为主的县市整体发展水平不高，农民在整体环境上还未摆脱贫困的威胁，很多贫困地区大多是少数民族聚居区和生态保护区，因此在贫困地区进行扶贫的过程中要特别注意经济发展与生态保护的协调。但由于贫困人口居住分散、自然生态环境恶劣、农民知识技能水平低等现实状况，扶贫的效果一直不是很好。2008年，海南省省委书记卫留成在充分调研地区扶贫项目时提出，要改变扶贫观念和方式，扶贫得先扶智，即使短时间没有成效，也要从根本上改变贫困人口的知识技能素质，并实施城市化移民，使生活在偏远地区的贫困人口走出大山，享受县城人口同等的教育条件，通过现代教育的学习，改变以往的生活观念，免费去读职业中专，学习现代的专业技能，实现在城市就业与生活。这样既缓解了生态保护区人口

---

　　① 海南省重新确定贫困人口数量为49.52万人。见 http：//news.163.com/09/0928/14/5KAA5J700001124J.html.

的生存压力，同时也使贫困地区人口实现了外向型的输出移民，改变了以往少数民族贫困人口靠山吃山、靠海吃海的生存状态。海南省自1988年建省以来，各方面的发展相对于全国其他省份偏慢，但是其独特的地域优势和热带海洋气候却在全国独具特色。自从国家实施国际旅游岛战略以来，海南省迸发出蓬勃的发展动力，也吸引了全国的关注。在教育基础薄弱的状态下，海南省的教育移民工程得到了国务委员的多次调研，可以说产生了积极的社会影响。这不仅给全国的扶贫工作提供了新的参考方式，也给贫困地区教育跨越式发展提供了很好的经验。

教育移民的实施促使海南省教育的跨越式发展，特别是教育基础设施得到了大力发展。在教育移民实施前，海南省在校生规模不足100人的小学占全省小学数量的40%，不足300人的初中占全省初中数量的三分之一。为了整合教育资源，海南省政府做好全省的整体布局，决定分阶段实施。首先把教育移民工程纳入到《海南省2008—2012年重点民生项目发展规划》，实施范围定在陵水、保亭、五指山、琼中、白沙5个国家扶贫开发工作重点县市和昌江、定安、乐东、东方4个省扶贫开发工作重点县。实施过程分三个阶段：

第一，计划在5个国家扶贫开发县市和4个省级扶贫开发县改、扩建10所九年一贯制学校，一次性建设投资1.944亿元，其中，省财政6 150万元、香港言爱基金会资助10 600万元，校舍改造款711万元；市县配套1 979万元；经常性资金按照7∶3的比例由省财政和市县财政共同分担。总建筑面积13.77万平方米，新增优质学位18 000个。同时，为了提高学校的管理水平，计划在全国公开招聘10名优秀校长，预计2009年9月开始招生①。

第二，计划在儋州市、万宁市、澄迈县建3所思源实验学校和

---

①　海南省人民政府办公厅关于转发省教育厅财政厅2008年省教育扶贫（移民）工程实施方案的通知，琼府办〔2008〕75号。

1 所思源高中，学校选址定于市县城区，预计于 2011 年秋季招生。

第三，计划 2011 年再建 8 所思源学校，其中 3 所思源高中，计划投资 4.5 亿元，主要由省政府、县政府和香港言爱基金按 1∶1∶1 投资，预计 2012 年秋季开始招生。三阶段实施总计建设 24 所思源学校，移民学生41 200名(含7 000名高中生)。

截至 2009 年，教育移民第一阶段实施完成，共计移民学生 18 630人，其中移民住宿学生14 059人，占 75.5%，共撤并边远、贫困山区小学 82 所，初中 22 所。计划三期总计建设 24 所思源学校，移民学生41 200名①。可以说教育移民的范围已基本涵盖海南少数民族落后地区，规模全国罕见，产生了积极的社会影响。但在取得一定社会成效的同时，也凸显出一些问题，本章试图对存在的问题进行梳理，并针对问题进行原因分析。

一、教育移民过程中存在的问题

教育移民政策在促进教育资源合理配置、改善基础教育条件、促进教育均衡发展和提高教育质量等方面取得了显著的成效，但在实施过程中也存在着管理体制跟不上、人才储备不足、政策执行"一刀切"、教育质量存在部分下滑等问题，这些问题在教育移民政策执行的过程中总是制约着教育移民的顺利进行，并且影响到基础教育的持续健康发展。深究这些问题背后的原因，有利于我们有的放矢地改善我们的政策措施。在调研的过程中，通过走访和问卷调查②

---

① 该数据由香港言爱基金会提供。

② 问卷数据来源于教育行政部门工作人员问卷、学校问卷、学生家长问卷、学生问卷，前面三类人群都是 100 份问卷，学生问卷 300 份；教育行政部门问卷有效回收 89%，学校问卷有效回收 91%，学生家长问卷有效回收 98%，学生问卷有效回收 253 份，回收率为 84.3%。

（见附录），笔者认为还存在着以下一些问题。

（一）学校建设资金不足，配套保障设施有待完善

在调研走访过程中，针对教育移民工程存在的问题进行了问卷调查，教育行政部门工作人员中有85.2%的人认为学校配套建设资金存在不足，主要表现在校车、后勤保障、学生伙食和住宿等方面；有66.7%的学校校长、教师及教辅人员也认为学校配套资金存在不足，在所有问题中居首位，说明这个问题还是比较突出的。深入走访发现，教育移民学校的基础设施建设还在持续开工，一栋栋崭新的教学楼拔地而起，很多移民的孩子步入了新的学堂，在短暂的新鲜感和好奇心之后，还得面对每天上、下学回家的路途。有些移民孩子从学校到家里有5千米以上，每天回家已不现实，但是孩子年龄还小，家长又不是很放心，只得每天接送，原本家庭有两个劳动力，必须得让一个每天准点来学校接送孩子。有些甚至在学校的周边租个房子，全身心陪读，这无形中增加了移民孩子家庭的教育成本。虽然移民学生在学校的费用是免费的，并且还有交通补助，但由于原来学校的撤并，对有些路途远的孩子来说，无形中还是增加了家庭教育的负担。同时，对于低年龄的孩子而言，个人自理能力还有待加强，这个年龄段就寄宿学校，对学校的老师和管理人员而言也增加了管理难度，家长也不是很放心。在学生家长的问卷调查中，很多家长提出希望能在学生的宿舍安装值班的电话，方便与孩子沟通与交流。过早缺失家庭教育环节，对孩子的成长也是不利的。保亭县正在策划由政府出资，采取校企合作的方式配备校车，希望相关措施能尽快出台，把惠及民生工程做细、做实。

在移民学校也存在着一些移民学生因为转学到新学校而出现辍学的现象，主要原因有两点：一是大多数移民学生来自保亭县地处偏远的农村地区，家庭的经济状况不佳，到新学校后面临要交伙食费的问题，以现在每月100元/生的生活补助标准，按照现在的物

价水平，这个标准还是不够的。特别是很多移民学生年龄尚小，缺乏控制能力，不善于管理自己的生活费，乱花钱导致生活费超出家庭承受能力的现象比较突出。二是移民学生回家的路途太远，每周放假回家的乘车费用比较高。以保亭县城到南林乡的乘车费用为例，一次往返车费在24元左右，如果移民学生每个周末都回家，交通费用将近百元，这对移民学生家庭而言又增加了一定的经济压力。同时，有些学生年龄尚小，在选择交通工具时很少考虑安全问题，这也给地处偏远农村的移民孩子增加了安全隐患。此外，教育移民的实施还有很多细节需要加强，如学生住宿的问题，因为移民学生数量急剧增加，部分学校面临着住宿床位不足和住宿条件欠佳的问题以及校医人员和安保人员需要配置等问题。学校的后勤管理和配套资金不足是目前存在的亟待解决的问题，这些问题如果处理不好，会影响教育移民家庭的教育意愿和教育的效果。虽然教育条件好了，但是却无形中增加了家庭的教育负担，这或许并不是教育移民政策的初衷，有待我们思考和完善。

在保亭县，我特意走访了地处边远山区的移民学校毛感中心小学，在学校里，很多1~6年级的小孩已经开始寄宿学校，最远的孩子离家有2.5千米，大部分孩子需要家长接送。但是有些家庭由于父母外出打工，由老人照看的孩子基本只能自己回家或由学校老师送回家，对于这些年龄尚小的孩子而言，上学的艰辛之路或许才刚刚开始。对此，学校老师也很无奈，学校的条件是比以前好了，但是也存在着安全隐患，宿舍孩子的管理问题也令人相当苦恼，特别是孩子如果生病了，得第一时间送到乡镇卫生院，校园没有资金和医护人员配备，无形中增加了学生管理的难度。我看到一个六七岁的孩子在宿舍中居住的情况，换洗的衣服已经堆满了床铺，流着鼻涕，看到陌生人十分羞怯，幼稚的脸庞上还带着童真和期许的目光，也许让他们自己来打理自己的生活确实有点强人所难。在宿舍管理中，宿管人员大部分由教师家属兼任，这样或许是最好的管理方式，因为学校在人员配备上还缺少自主权和资金，后勤保障还存在很大的安全隐患。

(二) 教师引进、住房待遇资金存在缺口

保亭县近几年加大了教师引进的力度，也提高了教师的待遇水平。笔者调研期间，看到很多县城的老师分到了集资住房，这切实解决了教师的后顾之忧，也让很多教师感到欣慰。但是很多乡镇小学的年轻老师还存在住房紧张的问题。从问卷调查的结果看（见表4-1），教育移民政策存在的排名第二的问题就是教师引进、住房等待遇资金存在缺口；其中教育行政部门工作人员中有 62.96% 的人选择，学校校长、教师及教辅人员中有 57.6% 的人选择。在毛感中心小学，有位老师家住在什玲，离毛感中心小学大概有 2 个小时车程，因为在毛感中心小学他属于年轻老师，还没有资格分到房子，他只能每周回去一次，有时碰到学校值夜班，两周才能回家一次。这种情况在学校的年轻教师中很普遍，对于移民学校而言，学校的撤并也代表着教师的撤并，而年轻教师的住房安置问题也一直是教师最关心也是谈论最多的话题。对教师引进而言，近几年加大了力度，但还是存在满编与缺编并存的现象。首先是教育移民后，边远学校撤并，教师也跟着撤并，而按照师生比，总体的教师人数与学生之比已经能满足需求，但是在学科上师资却不成比例，语文、数学老师多，而外语、计算机等科目的老师却严重不足。在教师的引进上，很多外地老师主观上觉得少数民族地区教学条件差，语言不通，不愿来少数民族地区教书，认为缺少发展的平台。近几年，保亭县主要向外招聘学科带头人和思源学校校长，同时通过借调海口市学校的年轻教师在保亭县蹲点一年执教交流，有些直接挂职副校长，以期带动教师队伍的建设。可以说，这些措施取得了很好的成效。但是部分学科缺编的现象还是很严重，因为有些科目教

表 4-1　不同群体对教育移民政策存在的问题看法统计表

人员类别	有效样本数（份）	学校配套建设资金不足（如校车、后勤保障、学生伙食、住宿等）（%）	学生上学路途太远（%）	学生家长教育成本负担加重（%）	班级规模过大（%）	少数民族学生学习生活压力大，从家里到学校学习存在不适应（产生叛逆、逃学等心理问题）（%）	教师工作负担加重（%）	教育质量有所下降（%）	长效助学机制存在不足（%）	学校教育管理制度不健全（%）	政府建设资金不到位、管理缺乏监督，学校运营成本高（%）	教师引进、住房等待遇资金存在缺口（%）
教育行政部门工作人员	89	85.2	44.4	48.15	7.4	18.5		33.3	18.5	40.7	51.85	62.96
学校校长、教师及教辅人员	91	66.7	36.4	15.2	21.2	12.1	15.1	3.03	15.1	33.3	24.2	57.6
学生家长	98	54.3	48.57	31.43	2.9	31.4		0	14.28	11.43		

师过多，占满了教师编制，有些科目教师又明显不足，所以，还有待建立更加灵活的人才引进机制，完善师资的合理配置。

教育移民学生的急剧增加，使移民学生和教师向县城集中，但是宿舍、教师工作间以及教职工宿舍还存在很大的缺口，学校建设的滞后以及配套资金的不到位都亟待改善。保亭县的经济发展水平在全省属中下水平，财政收入并不高，加上税费体制的改革，县财政教育经费需自筹，小财政办大教育，负担可想而知。教育要先行，教师队伍的稳定与发展是各级政府和社会都需要深思的问题；给教师一个好的发展平台，也是教育得以发展的根本条件。

(三) 学校管理有待加强

从问卷调查的结果来看(见表4-1)，对教育移民政策存在的问题，教育行政部门工作人员有51.85%的人认为学校配套建设资金不足，管理有待规范，学校运营成本高，40.7%的人认为管理制度不健全；学校校长、教师及教辅人员中，有24.2%的人认为学校配套资金不足，学校运营成本高，有33.3%的人认为学校管理制度不健全。移民学校的管理基本上是校长制，校长具有人事权和30%绩效工资的调控权，校长负责学校内的正常运营和核算。在调研走访的过程中，学校校长从不同方面反映了教育运营成本高、配套资金存在不足的问题。保亭思源学校叶校长表示：思源学校的建设，政府投入了很多资金做基础设施的建设，学校是建成了，学生也招生了，但是配套的宿管人员、食堂、安保、水电、锅炉等人员的工资和设备维护是一笔不小的费用，学校既要保证教学的质量、学生的安全，还要保障教职工的收入水平，涉及学生问题无小事，但是巧妇难为无米之炊。以保亭县思源学校为例，学校校舍总投资达1 018.08万元，包括教辅楼、学生宿舍和教师工作间共3栋校舍，建筑面积达6 296.37平方米，配套投资140万元建设运动场及围墙改造和校园绿化建设。办公配套电脑31台、复印机1台、打印机 4 台、书架 19 组、阅览桌 12 台以及价值 30 万左右的图书,用于补充教学设备。县编制委核定保亭思源学校教职工共 266 人,初中 131 名,小学教职工编制 135 名,还招聘了学科骨干教师 8 人,学校校长是由省教育厅面向全国招聘的,年薪 12 万元。学校建设交付使用后,学校的正常维护和水电费的缺口还是很大,如管道堵塞、积水排水、配电系统、锅炉维护等,仅 2011 年,县财政就安排 120 万元用于补助保亭思源学校的校舍维护经费和水电费缺口,学校的教育经费基本上都是靠县财政和教育局拨付,学校后勤管理的不足以及资金的缺乏,让学校的运营成本高。如学校计划申请按 500∶1 配备校医人员、配备安保人员 4~6 名以及宿管人员等,这些人员对于学校的正常运营也不可或缺,但缺乏配套资金,人员难以落实,给学校的安全问题带来隐患。还有伙食补助标准低,为了解决学生的早餐工程,有些学校开展了勤工俭学、自种蔬菜、饲养家畜等,并与企业签订蔬菜购销协议,但以现在的物价水平,补助标准还是明显不足。移民学校目前管理方面存在的问题,需要实践的磨炼和管理制度的更新以及资金的支持,要把教育移民学校管理好,不仅仅需要学校硬件条件的建设,还需要软环境的建设。

(四)学生上学存在安全隐患

学生上学安全问题是各方面关注比较多的,因为移民学生大多来自地处偏远的贫困地区,移民到城镇上学。增加了上学的路程,加上很多移民学生年龄尚小,这对学生上学埋下了安全隐患。针对学生上学安全问题,笔者有针对性地对不同群体设计了问卷,结果显示,有 57.14% 的学生家长认为现在孩子上学没有以前方便,有 34.28% 的家长认为比以前方便了;在孩子现在上学家长最担心的问题中,学生家长中有 57.2% 的人认为是孩子的安全问题,45.7% 的人担心家庭经济负担加重,40% 的人担心孩子学习成绩下降;学生家长中有 62.9% 的人认为农村中小学集中办学，还应当保留当地的教学点；48.5% 的家长认为当地教育移民政策存在的问题是学生上学路途太远；有 77.1% 的学生家长支持教育移民政策，认为现在的教育条件比以前好，学生的教育水平得到了提高，政府对学生教育补助也比以前提高了，减轻了家庭教育的负担；11.4% 的学生家长选择不支持，理由是学生上学路途太远，没有以前方便。在学生问卷中，有 61.97% 的人认为现在上学比以前上学方便，有 33.8% 的人认为现在上学没有以前方便；在孩子上学最担心的问题中，有 57.7% 的学生认为上学路远不安全，57% 的学生认为担心受别的同学欺负，52.1% 的学生担心加重家长的负担；有 43.6% 的学生支持集中到县城来上学，理由是县城教育条件好，学习氛围好，成绩有所提高，家长也支持；50.7% 的学生表示不支持集中到县城来上学，认为给家长增加了负担，教育成本增加，路太远没有校车接送，不安全；还有的学生表示城里的孩子成绩好，自己成绩不好不配到县城来上学。在对教育行政部门工作人员的调查中，认为学生上学路途太远的达到 44.4%，74% 的人员认为教育移民工程的困难是学生担心上学路途太远，存在安全隐患；48.1% 的人员认为实行教育移民后学生上学比以前方便，有 33.3% 的人员认为学生上学没有以前方便；66.7% 的人员支持教育移民政策，不支持的只有 7%；但却有 70.4% 的人员认为农村应当保留教学点，理由是低年级学生生活不能自理，边远山区学生上学难，路途远，不方便；认为学生年龄太小就进校寄宿，弱化了家庭教育；农村地区的教学点能减轻家庭教育的负担，就近入学，能方便学生的管理。在对学校校长、教师及教辅人员的调查中，39.4% 的人认为当地实行教育移民后，学生上学较以前方便了，30.3% 的人认为没有以前方便；63.6% 的人认为实行教育移民最大的困难就是学生担心上学路途太远，存在安全隐患；12.1% 的人认为应当保留农村的教学点，理由是学生上学路途太远，学前儿童生活无法自理，有 54.5% 的人认为不应当保留教学点，理由是教学点教师综合素质低，教育资源不能有效配置，对学生的教育弊大于利；对教育移民政策表示支持的学校校长、教师及教辅人员达到85%，无一人选择不支持。通过调查发现，关于教育移民政策，大家普遍都是比较支持的；对于移民政策中最担心的问题就是孩子年龄尚小，上学路途太远，存在安全隐患，几乎不同的群体都比较关切，这也确实成为教育移民政策能否真正执行下去的关键环节；认为还是要适当保留农村地区的教学点，不能"一刀切"，要考虑地区家庭和孩子上学远近的实际情况。

二、影响教育移民执行的原因分析

(一)学校不同文化的适应与冲突

文化是人类共同创造的社会性产物，是一个连续不断的动态过程，是人们在特定的环境和成长过程中所形成的具有共性的价值观和行为方式，它包括传统的思想观念、行为习惯和价值观。海南保亭的思源学校汇聚了不同少数民族的移民学生，本地的和外地引进的教师以及学生家长的教育观念不断发生冲突并适应，主流文化与少数民族文化发生着文化的适应和冲突。所谓的文化适应，罗伯特·雷德菲尔德认为：文化适应是指当具有不同文化的各群体进行持续的、直接的接触之后，双方或一方原有的文化模式因之而发生的变迁。从理论上讲，两种文化在接触过程中变化是双向度的，即相互发生变化，但就实际情况而言，文化的变化主要发生在弱势文化群体的一方①。福德认为文化本身有自身的建构规律和发展脉络，单一的外界自然因素不能决定某个民族文化的全部内容；文化

---

① 黄彩文、于爱华：《少数民族大学生的文化适应与民族认同——以云南民族大学为例》，载《楚雄师范学院学报》2009年第24卷第7期。

不是静止的，一种文化为了生存和发展的需要，可以能动地改变前代传承下来的内容，从而使该文化获得更大的生产能力和发展机遇；同时，他指出文化适应是以技术为基础的，每一种技术的发明都标志着文化获得更大的适应能力①。而教育是传承文化的和现代技术的主要手段，学校也就成为改变文化的重要场域。美国人类学家斯图尔德在福德研究的基础上提出了文化含有文化内核和次级特质的概念，文化内核是指与该民族所处生态环境直接相关联的那些文化要素的组合，生态环境对文化的影响直接表现在文化要素中，文化要素也表现出文化对环境的适应，如价值观念、民族风俗、生活方式等；次级特质的内涵包括两个层次：第一个层次是与文化内核关系密切的技术、技能和生活习惯等，这一层次的文化要素直接服务于文化内核；第二个层次是指伦理道德、宗教信仰和文学艺术等，按照文化是一个整体的观念，这一层次的文化要素也会受到环境的影响，但表现比较间接。也就是说，文化受生态环境的影响，生态环境的改变会迫使相应的民族采用不同的办法去加以利用，当有了新的技术发明，就会对生态环境的利用上升到一个新的层次；与此同时，文化的外围特征也会随之发生重构和整合，从而发展到一个更高的水平。在文化适应的过程中，人类的认识和理解、智慧和经验发挥着很大的作用，人具有主观能动性，能创造性地选择和保持文化，通过积累的技术和经验，改造或新增某些文化的要素，逐步进行文化要素及其结构的重构和整合，形成一种更具生存能力和稳定延续能力的新型文化②。

　　少数民族本身的文化印记一直在潜移默化的延续中。海南的黎

① 罗康隆：《论文化适应》，载《吉首大学学报（社会科学版）》2005 年第 26 卷第 2 期。

② 罗康隆：《论文化适应》，载《吉首大学学报（社会科学版）》2005 年第 26 卷第 2 期。

族、苗族自身的行为习惯、价值观念和生活方式与海南的生态环境是密切联系的，海南的气候条件清爽宜人，物产丰富，优越的自然环境使海南的少数民族的生存条件比艰苦的内地相对较好，但也导致其没有动力去改变现状，生存技能等技术没有改进；在新中国成立初期，海南省五指山腹地还存在着刀耕火种等原始的生存状态；一方面是交通闭塞，先进生产工具无法传递，另一方也反映了当地的人群对生存状况的满足，没有动力去改变。在保亭县思源学校中，文化的冲突和适应表现得也比较明显。首先是整合后的思源学校的教师观念的冲突。目前思源学校的教师有外地引进的，也有从乡下撤并过来的，随着教育质量要求的提高，管理的严格程度相对以前有了大的变化，部分民族教师开始感到有些不适应。有些教师在乡下基础知识比较薄弱，对多媒体和上网了解甚少，上课和升学的压力也没有现在大；到思源学校后，学校上课要求较高，要进行教学质量的考核与评比，对毕业班学生还有升学的要求，在超负荷的工作压力和精神压力下，教师职业倦怠情绪加重。思源学校实行校长制，采用内地的教学管理模式，任务分配与绩效考核挂钩，很多本地的教师对从以前的松散式管理一下转变为严格的考核要求感到有点力不从心。这些老师认为外地老师不了解实际情况，地区不同、民族学生的对象不同，管理方式不能照搬本地的教学管理方式，学校好的文化氛围是很重要的，只要师生能拧成一股绳，教育质量就会有提高，过于严格苛刻的考核只会让老师失去动力，教学的效果也得不到体现。外地教师也反映在学校管理上，很多政策执行不下去，推一下动一下、人浮于事的现象比较多，同时同事意见还很大，感觉不是很适应，这种状态令人很苦恼。其次是价值观念的冲突。海南自古与外界隔绝，自身的民族独立感很强，加上自然资源丰富，随遇而安、顺其自然的生活态度比较明显，少数民族竞争意识淡薄，讲情义、重团结，保持着独有的生活价值观念。历史上黎族同胞为了躲避社会压迫而退居崇山峻岭，由于生产技能落

后，面对灾祸，只能听天由命，无法与恶劣的环境抗争。在这样的
环境下，他们注重人与自然的和谐相处，往往以道德价值观代替经
济价值观，没有在竞争中追求和发展的动力。在对待小孩的教育
上，他们注重家庭教育，不给孩子更大的压力，希望孩子在宽松的
学习环境下自我发展。由于历史的原因，海南少数民族地区的教育
水平与沿海发达地区相比一直存在较大的差距，学校教育的平均及
格率、升学率一直以来都处于较低的水平。应该说，民族地区文化
对教育观念的影响还是很大的。有些民族教师认为外来的教师不了
解少数民族文化，片面追求教学质量，太过激进。外地教师想用一
些先进的教学模式和工作方式来提高教育质量，改善教育落后的现
状，但往往因工作方式过于严格而导致很多民族教师感觉没有面
子，受到打击，工作上不愿合作。可以说，不同的文化观念体现着
不同的思维方式和行为习惯，也蕴含着不同的价值观念，导致文化
冲突的不仅仅在于民族文化上的差异，还在于彼此对待事情的态度
上。最后，家长教育观念与教师的适应与冲突。在调研过程中，保
亭思源学校的叶校长给我讲的一个故事，让我印象深刻。在思源学
校有一位寄宿学生晚上生病，被班主任连夜带到医院去看病，校长
帮忙垫付了医药费，并于第二天早上通知了家长到医院来看孩子，
谁知家长到医院后质问为什么学校没有照顾好他的孩子，孩子生病
学校要负责，这让叶校长有苦难言，无法面对连夜送孩子去医院的
班主任老师。他认为少数民族学生家长的教育观念让他不能适应，
学生家长以为把孩子送到学校，对孩子的教育就已经全权托付给了
学校，学校应该对孩子负责。为此，叶校长在每学期期末都给每位
孩子的家长寄去一封家长信，信上写清楚双方的教育义务和责任，
让家长和学校共同来教育孩子。在思源学校，不同的文化价值的冲
突可能还会继续存在，因为一种传统的教育观念不会因为外来文化
的影响而直接发生变化，但却会发生融合和相互吸收，教育资源的
整合也意味着不同文化的重构与整合，文化的差异性既是不同民族

特征的显现，也是民族间优势互补、相互借鉴和融合的过程。思源学校或许会在不同文化的汇集交融中形成自己有特色的文化，将民族的核心价值观与外来文化有机地整合在一起。

(二)学校管理体制的缺陷

基础教育的发展除了基础设施的投入，还需要软环境的建设。在保亭县教育的快速发展过程中，软环境的建设力度还不能满足教育发展的需求。首先是灵活的人才机制建设不足，教师队伍的学科比例失调，老龄化情况比较严重，学科教师缺编和边缘老师占编现象并存，人才的激励机制还有待完善。在调研过程中发现，在教师的整合上只是满足了教师的合并，而没有有效地实现教师资源的整合，老龄教师的退出机制没有建立，同时引进教师的准入制度建设还不完善，教师还有些顾虑，特别对于教学科研、保险待遇等方面还存在一些制度上的缺陷。如何捋顺在人才在职业发展上的进出机制，还有待在实践中继续完善。其次，学校的教育管理水平较低。学校合并后，不管是学生还是教职工都较以前有较大规模的发展，但是在管理上还是像以前一样比较粗放，学校的教学理念、管理方法以及管理人员的整体素质还有待提高。特别是学前教育、职业教育管理还欠规范，学前教育由于资金投入的不足，幼儿园教师的缺编数还较大，基本采取公立与私立相结合的办学体系，但在规范化管理上，不仅缺乏制度的建设，更缺乏管理人员的配备。职业教育的发展也同样如此。教育局人员事务繁杂，工作量大，管理人员又配备不足，致使在很多情况下对学校的监管流于形式，缺乏长效管理机制的建设，管理效益低。在思源学校的管理上，校长的管理自主权和部门之间的协调能力还有待提高，特别是在思源学校的师资配备以及后勤人员的配备上，需要一定的自主权，学校的安全管理以及基本维护需要专项资金的支持和政策的引导。教师教学科研的平台搭建还有待完善，在教学的管理过程中，教师的整体素质关系到学校教学的生命力，而在突出教学质量的同时，更要关注教师的生存状态和职业诉求。教师整体素质的提高和敬业精神的树立需要一个价值体现和职业发展的良性发展平台，而这正是思源学校教师发展上的短板，如何开创性地完善教师职业发展的平台和学校管理人才的制度，需要进一步探讨和深化。再次，教学评价体系的建立。保亭县教育局精心打造的教育九项工程就是针对教学质量的提高，我个人认为具有很强的针对性和操作性。可以说，教育局领导关切到目前教育过程中存在教育质量下滑的可能性，精心提高教师的教学水平，引进竞争和奖罚措施，对促进教师的教学水平提高有重要的现实意义。但是教师队伍的建设还需要完善教师队伍职称制度和晋升制度，大力培育和扶持一批骨干教师力量，也要淘汰一批老龄化、不能满足教育发展需求的教师，让他们有准入和退出的机制，这样才能理顺职业发展和稳定教师队伍。脱离实际的教育现状，会让很多合并过来的教师水土不服，并进而影响教育发展的稳定全局。最后，长效助学机制还有待完善。移民学生的管理和教育需要引导，也需要政策切实地关注他们的现实困惑。学生和家长对上学安全问题的关注是影响教育移民政策能否持续进行下去的关键因素。一个好的政策要关注利益的主体，但也不能忽略个体，要结合实际的情况，不能搞"一刀切"，这不仅会损害民众对教育参与的热情，也会影响教育发展的长久稳定。长效助学机制的建立，不仅仅是免学费、免住宿费和给予交通补助，更关切到他们对教育成本的负担和对教育质量的期待。如果教学质量不能提高，教育成本又增长，我想这会违背教育移民的真正初衷。因此，长效助学机制要真正考虑学生和家长对教育的要求，切实考虑上学安全、教育成本的负担等问题。

（三）政府资金投入不足

保亭县 2008—2010 年教育经费总支出分别为 9 329 万元、

11 815万元、16 854万元，财政拨款占教育总支出的比例依次为11.6%、12.3%、8.7%，初中生生均教育事业费从2008年的3 700元增长到2010年的9 997.3元，初中生生均公用经费从2008年的500元增长到2010年的600元(见表3-8、表3-9)。而2010年保亭县财政一般预算收入为15 633万元，除了省政府对地区教育的投入外，还吸引了社会资金的募捐投入，2008—2010年，地方政府投入、国家拨款和社会捐助的学校基础设施建设资金分别为1 730万元、2 404万元和1 176.61万元。可以说，政府用小财政办了大教育。近几年教育的发展如果没有国家政府和社会力量的资助，保亭县的基础教育条件还停留在危房改造和"麻雀"校的阶段。

但是，由于历史原因，保亭县大多数的教育资源主要集中在县城学校，农村学校的教学条件差、规模小、分布散。以村完小和教学点为例，布局调整前，保亭县的村完小和教学点有68所，占全县小学总数的88.3%，而且教育资源的配置极不均衡。随着教育移民政策的实施，新建校舍的基础设施得到了资金的大力支持，但是乡村学校在校舍、实验室、教学设备、后勤人员配备等方面还是存在着较大的资金缺口，还无法满足和适应全面实施规范化学校创建工作的要求。截至目前，保亭县还没有一所省级规范化学校。同时，保亭县经济水平在全省属于中等偏下的水平，随着教育移民政策的深入，县政府对教育投入的负担会越来越大，持续地做好教育的投入，需要建立与公共财政体制相适应的教育财政制度，给予教育地方政府一定的财政资助，保障地方政府能持续地把教育政策落到实处，如为贫困生长效助学是否应设立专项基金，是否设立教师的在职培训项目资金和校舍的基本维护建设资金等。

在调研过程中，保亭县政府正在筹措资金购买校车，希望利用地方财政和社会资金的参与解决目前上学安全的问题。但在实际进展过程中，由于经费紧张，这项措施进展缓慢，因为仅校车一项的购置费用就要花费将近1 000余万元，单凭教育局和学校的努力是不够的，还需要政府和社会资金的资助。因此，随着教育移民政策的实施，一系列新问题也随之出现，需要转变思路，不断完善财政政策的支持力度来保障教育的可持续发展。

第五章 对海南省保亭自治县教育
移民问题的理论思考

海南省教育移民政策的实施不仅是针对落后民族地区教育跨越式发展的一种实践探索，也是中国特色社会发展条件下的教育如何适应区域经济、社会发展要求的理论延伸。从我国少数民族地区教育发展的情况来看，大多存在着教育资源分配不公的矛盾，而探索一条适合民族地区教育发展的成功范式也将是各地区教育主管部门责无旁贷的现实追求。通过对海南省教育移民政策的现实分析，对其进行必要的理论思考，能够让我们更加清晰地了解教育移民政策的逻辑路线，并延伸思考教育政策如何适应不同地区的发展变化，打破边远贫困地区教育的低水平均衡状态，实现公平和效率的双向兼顾；思考教育政策需要从哪些方面去兼顾考虑，是否有其共性的发展规律和可供借鉴的现实路径。

一、不同理论视角下的教育移民政策

(一) 从教育扶贫的角度看教育移民政策

教育扶贫，是指针对贫困地区的贫困人口进行教育投入和教育资助服务，使贫困人口掌握脱贫致富的知识和技能，通过提高当地人口的科学文化素质以促进当地的经济和文化发展，并最终摆脱贫困的一种扶贫方式①。从贫困的发生机制来看，它受地区自然条件、历史起点、经济发展的政策环境和文化素质等多方面因素的影响，贫困既是结果也是原因。正如康晓光所说：贫困的根源是由复合系统与其环境相互作用、协同进化的过程；各个因素构成一个错综复杂的因果关系网络，其中存在众多的反馈回路，区域性贫困陷阱就是各反馈回路相互耦合形成的网络系统，它们共同作用的结果就是使贫困成为区域的持久状态②。在这个贫困区域系统中，社会的能力机制、资源基础与求变能力之间未能参与外部区域经济全面增长与社会持久进步的过程，构成了一个低层次、低效率、无序的稳定型区域经济社会运转体系，这个体系规定着贫困的延续；在发展的内部关系上，三者之间需要构成一定的相互适应关系③。就扶贫理论而言，教育具有反贫困的社会功能，我国学者林乘东自1997 年提出教育扶贫论，认为教育能提高贫困地区人口的综合素质，能优化贫困人口的资源配置，提高贫困人口劳动力与生产要素的结合度和效率；虽然教育不能独善其功地反贫困，但却能切断贫困地区的恶性循环链条，建议把教育纳入到扶贫的资源配置中去④。目前，学界对教育的扶贫功能已达成共识，但对于如何发挥教育的扶贫功能，怎样检验教育的扶贫功能还没有一个很好的实践模式。

从扶贫的方式上看，目前对于贫困地区的扶贫主要有输血式扶贫、移民式扶贫、开发式扶贫等，更多倾向于从政府作为扶贫主体的角度去制定公共政策，而弱化了扶贫客体的需求，即从贫困地区

---

①　谢君君：《教育扶贫研究述评》，载《复旦教育论坛》2012 年第 3 期。

②　康晓光：《中国贫困与反贫困理论》，广西人民出版社 1995 年版，第110~119 页。

③　夏英编：《贫困与发展》，人民出版社 1995 年版，第 18~21 页。

④　林乘东：《教育扶贫论》，载《民族研究》1997 年第 3 期。

人口的角度去制定切合其实际发展的公共政策。主要原因是贫困人口的生存技能需求不一、生存环境迥异，人文环境也不同，使在制定公共政策上找不到合适的切入点。很多人认为贫困地区发展滞后的原因是制度不健全、资源环境匮乏、科学技术水平落后以及人文素质相对低下，以为只要加大贫困地区的资金投入、解决贫困人口的就业和生存问题，该地区就会改变落后的面貌；而在现实的实践中，效果却并不明显。以海南省教育移民为例，为了做好贫困地区的扶贫工作，文昌曾经尝试过通过开发式扶贫和移民扶贫的方式来帮助当地群众实现脱贫，而最后的效果并不明显，很多移民出来的群众住在政府提供的安置房中，脱离其原来的生存环境，改变了其生存方式，但因为各种不适应，又回到了以前的移民村庄，这不仅浪费了大量的人力、物力，而且群众也不满意。在充分调研之后，文昌试点教育移民，提出扶贫先扶智，认为只有改变贫困地区人口的生活观念，培养其基本的生存技能，才能使贫困地区人口实现观念的转变，他们才会愿意改变以往的生存状态；为其提供就业和享受平等教育的条件，通过教育使其实现向上流动，拓展其就业的岗位和方式，进而真正改变贫困地区的面貌。在海南教育移民政策的制定上，他们关注了贫困人口的生存需求，注重人文关怀，提供培养其生存技能的学校环境，为其搭建向上流动的正常渠道，摒弃单纯资助资金、上扶贫项目、建房等扶贫做法；同时充分地调动社会教育扶贫机构和社会组织参与到教育扶贫的项目中来，为贫困地区人口自主扶贫搭建一个适宜的外部政策环境；通过引进先进的文化教育水平，改变其生存观念，改善当地的经济条件，充分利用地域经济特色促使贫困地区人口自主实现创业和就业；通过文化的侵染改变当地沉垢的地区文化对人口素质的影响，发挥教育的扶贫功能，切断贫困地区恶性循环的链条；使年轻人在更好的教育条件下实现贫困人口的外向型输出就业，既减轻了当地生态环境保护的压力，同时也让当地的群众实现了自主式扶贫。如图 5-1 所示，政府、教育扶贫机构和非政府组织通过外部政策影响贫困地区的贫困人口，也作用于贫困地区文化、经济条件、人口素质、地域条件等因素，贫困人口在受到内部、外部因素的影响下而实现自我观念的转变。政府、教育扶贫机构和非政府组织作为扶贫主体，彼此之间是相互协调的关系，并共同作用于扶贫的客体，即贫困人口。

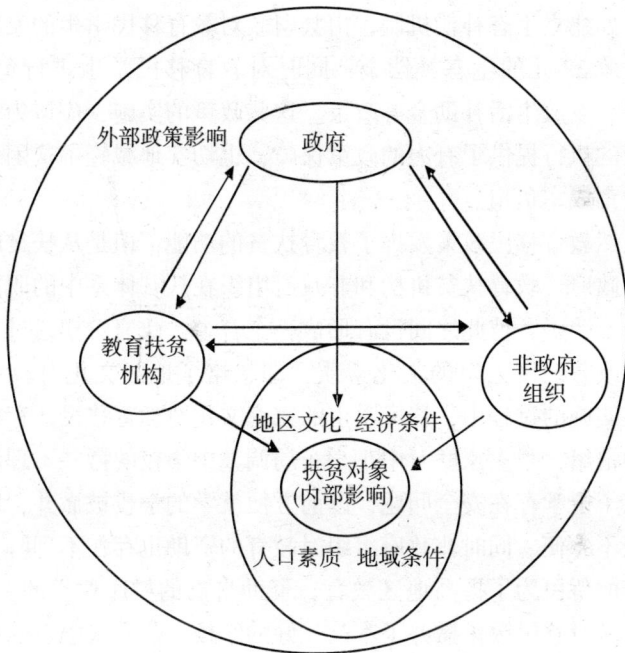

图 5-1 教育扶贫主体互动示意图

在教育扶贫的政策上，保亭县教育移民工程把基础教育与职业教育有效地衔接起来，把教育移民与生态保护结合起来，不仅拓宽了贫困地区人口向社会流动的渠道，也通过毕业生的外向型就业实现了生态贫困区人口的输出式移民，减轻了生态贫困地区的人口负担，改变了贫困地区的经济面貌。一般而言，农村义务教育能给贫困人口提供基本的启蒙教育，初中和高中阶段能实现人口的外向型分层流动，这样既阻止了贫困的代际传递，也通过职业教育、成人教育等提高了贫困人口的职业技能，增强了他们的就业能力，提高了教育扶贫的效率。在教育移民政策上，鼓励贫困地区的学生走出贫困地区到县城享受更高水平的教育，并给予他们生态补偿和助学补助，如建立生态补偿机制，由县财政对教育移民学生的家庭每人每月发放33元的生态补偿金；同时对教育移民学生进行免学费、免杂费、发放生活补助金等政策。这些政策的实施，应该为教育移民政策的执行提供了有力的政策保障，也切实地减轻了贫困地区人口的教育成本负担。

虽然教育移民政策发挥了教育扶贫的功能，但是从扶贫的角度上看，政府、教育扶贫机构和非政府组织在扶贫体系中的职能分配上还是不明确，彼此之间没有形成一个合力，政府希望通过教育的投入来改善地区人口的文化素质，却忽略了地区文化对教育的影响。在实施的过程中，移民学生的家庭文化对教育移民还存在一定的抵触情绪，很多家庭对中小学布局调整中学校的撤并不理解，觉得送孩子上学存在安全问题，以前方便就学的学校被撤并，现在上学反而不方便。同时非政府组织对教育的资助也存在不理解，在海南很多的侨民为了提高地区教育，资助自己的村庄建立的新学校，但因为教育移民政策撤并了本已建好的学校，使回报家乡的侨民投资教育的热情降低。同时，在保亭县扶贫资金和教育移民资金彼此没有联系，一个由县政府扶贫办管理，一个由县政府教育局管理，没有建立专项的教育扶贫经费。虽然保亭县采取了教育贷款、助学金和奖学金制度，但这些政策具有一定的随机性、应急性和局限性，没有建立起一种长效的扶贫助学资金来保障贫困学生的求学。

总地来说，保亭县教育移民政策把教育资源纳入到扶贫体系中去，通过教育结构的改革，扶贫在方式和方法上都开创性地为教育扶贫模式走出了一条新路；虽然还存在职能不明确、长效机制不完善等问题，但积极的实践效果已慢慢显现。据资料统计，保亭县作为国家级贫困县，农民人均纯收入从2000年的1 311元增长到2010年的3 453元，农村贫困人口从2000年的5.58万人减少到2010年的2.176万人①。实践证明，近几年保亭县的农村人均收入水平较之前有较大的提高，贫困人口数也大幅锐减。可以说，教育扶贫移民政策的实施是一个长期的发展过程，扶贫的效果或许还有待时间的检验，但却为教育扶贫的理论和实践提供了一个可供参考的实践模式。

(二) 从教育公平的角度看教育移民政策

教育学家胡森(Torsten Husen)认为，教育公平主要是指教育权利平等和教育机会均等，教育权利平等主要指每个公民都有享有同等受教育的权利；教育机会均等包括教育起点的平等、教育过程的平等和教育结果的平等，是指能力相同的儿童，不论性别、种族、地域，都有相等的接受教育的机会。而要实现教育机会均等，教育资源在各参与分配者之间就应以大体均等的占有量加以分配，即教育资源在各级各类教育之间、学校之间、地区之间以及不同受教育者个人之间，按照与其规模和需求相对应的数量加以分配②。也就是说，教育公平与否涵盖着教育资源的分配，教育资源的分配又关系到教育公平与效率的矛盾。在经济学领域内，公平主要是指如何处理经济活动中的各种经济利益关系，其实质是合理的分配原则，

---

① 资料来源于《保亭县国民经济和社会发展第十二个五年规划纲要》，由保亭县政府提供。2000年贫困人口数按2000年国家低收入865元的标准统计，2010年贫困人口数按国家2010年新的扶贫标准，即农民年人均纯收入2 300元计算统计得出。

② 王善迈：《教育经济学简明教程》，高等教育出版社2002年版，第172页。

公平和效率的矛盾主要表现在制定经济政策时是公平优先还是效率优先①。在教育学领域中，效率主要是指教育资源配置的效率最大化，即使教育资源配置形成一定的优势结构，用有限的教育资源获得教育规模和教育质量的较大发展。

　　保亭县教育移民政策的重要目的是要使学生平等地享受同等的教育条件，实现教育起点的公平；并通过中小学的布局调整实现教育资源的合理配置，以提高教育资源的利用效率。就教育移民政策总体而言，政策的出发点和执行落实方面都反映了对教育的公平和效率的兼顾。第一，保亭县把边远、落后地区的学校撤并到县城集中上学，通过教育资源的整合形成教育规模效益，以提高教育资源的利用效率。就实施的效果而言，通过加大对教育的投入，新建设的移民学校各方面的条件都较以前的移民地区学校有了很大的提高，并将移民学生集中安置到新学校，学校提供好的住宿条件，并且由学校进行集中管理，这无疑使移民学生与县城的孩子享受到同等的教育条件；同时给予这些移民地区的贫困孩子财力和物力上的积极支持，这对于促进农村教育的发展，缩小区域之间、城乡学校之间的差距无疑具有积极的意义。第二，撤并学校整合后，原有的教育资源保留成教学点，用于1~3年级的较小的学龄儿童进行学习，在课程管理和教学上隶属于中心校管理，这样使教育资源得到共享，原有的教育资源也没有被浪费和闲置。第三，目前保亭县学校的撤并实行分阶段实施，先撤并一些条件差的学校和高年级的学生，在整个撤并过程中，总体来说还是得到了当地群众和教师的支持。在撤并的过程中，实行集中寄宿办学和分散办学相结合，学校规划覆盖范围在3~5千米以内，既满足了大部分移民学生就近入学的要求，也整合了教育资源。第四，对于经济特别困难学生的补

---

　　① 余源培、荆忠：《寻找新的学苑——经济哲学成为新的学科生长点》，上海社会科学院出版社2001年版，第151页。

助力度加大，目前移民学生基本实现了免学费、免住宿费和发放生活补助，对一些家庭经济相对困难的孩子给予了一定经济上的补助，既让他们享受到优质的教育资源，又让他们上得起学，留得下来。目前来看，辍学率较以前有较大幅度的下降。

在看到成效的同时，也存在一些问题。第一，集中办学后，学校的管理还跟不上。由于在人员配置和后勤保障上考虑不足，一些年龄尚小的低年级学生生活不能自理，校医室和安保等人员在配置上存在着缺岗，如不能及时配备，会对学校的管理造成安全隐患。第二，学生上学路途太远，存在安全问题。在保亭县实行教育移民政策以来，由于前期考虑和经费预算不足，一些边远村庄的小孩到离家很远的中心校寄宿上学，无形中增加了家庭的教育成本负担，也使家长送孩子上学的积极性降低。目前来看，这种情况如果解决得不好，会造成一部分孩子辍学。第三，在新建的移民学校中，大部分孩子都需要寄宿，孩子离家远了，原来学校和家庭一体化的学习生活环境也改变了；由于孩子年龄尚小，过早地脱离了家庭教育环境，心灵上过早的情感缺失对孩子的成长有不利的影响，特别是开学期间，很多孩子都在不同程度上存在"亲情饥渴"，这是学校教学管理上没有考虑到的。同时，学校缺少孩子心理辅导的专业老师，很多学校老师开始抱怨学生的心理问题，这是以前没有发现的一个突出问题。并且，这些移民学生并入中小学校或者县城移民学校后，在与县城同年级的学生一起学习的过程中，由于基础太差，出现了成绩跟不上等现象，并由此产生了挫折感、自卑情绪。第四，保亭县的教育移民政策是在省政府的统一部署下进行的，以保亭县现有的经济条件，属于小财政办大教育。通过国家、省政府和社会组织的投入建立的新的学校集中在县城或中心城区，而一些偏远地区的教学点大多撤并或是只给予较小的投入，这加大了农村教学点与县城学校教育资源的差距。一些边远贫困地区的教育不是因为教育资源稀缺而导致教育不公平，而是因为绝对数量的不足，教育活动最基本的条件难以得到有力的保障，导致贫困地区儿童受教育机会的缺失。因此，教育移民政策的实施不仅需要整合教育资源，提高教育效率，也需要考虑兼顾同一区域经济发达地区与边远贫困地区学校的发展，在保障学生享受平等教育条件的同时，也要兼顾协调好区域整体教育的发展；实践过程存在的问题如果不处理好，势必也会影响到教育移民政策整体的实施，也会背离政策的初衷。

(三) 从少数民族地区教育的跨越式发展角度看教育移民政策

民族教育的跨越式发展，是指在异文化或异文化背景下，教育活动相互作用而造成的后进教育超出一般发展变化水平的一种运动状态①。民族教育的发展取决于国家对教育的政策和资金投入，还取决于民族地区自身的发展水平，主要是生产力的发展水平，以及与生产力发展相适应的政治制度、经济条件、社会文化及当地人们的科学文化素质水平等；跨越式发展是一种超常规的、跳跃式的发展。对于民族教育的跨越式发展理论已在第一章进行了详细解读，民族教育跨越式发展需要在民族地区政治条件、经济条件和地区文化条件适应的情况下，遵循教育发展的规律，并结合少数民族地区社会发展的实际情况，有针对性地考虑民族主体的接受程度，遵循地区实际运行的可行性和系统性，整体提升民族教育的发展水平，才可能实现地区教育的跨越式发展。

保亭县地处海南省南部内陆，属国家级贫困县。在清代同治年间(1864—1874 年)，清朝官员冯子才在保亭县道突村设立第一所小学校，开始了近代教育的历史，到目前为止，近代教育在保亭也仅有 100 多年的历史；1915—1927 年保亭县保城镇(今保亭县城)、

---

①　孟立军：《论民族教育的历史性》，载《民族教育研究》1996 年第 3 期。

加茂镇等地区先后办过义学、学堂和私塾，到 20 世纪 30 年代，保亭掀起了一股办学之风，在偏远的毛感、畅好等山区也设立小学校，教育开始覆盖到保亭全境；1940 年日军曾在保亭镇设立日语小学，推行奴化教育，对保亭县的教育进行了破坏性的冲击。在解放初期，在五指山南麓区域还存在着刀耕火种的栅栏式生产方式，经济社会发展还残留着"合亩制"的组织形式，家庭教育和族群教育占据着主导地位，封建私塾、义学教育形式在经济发达的地区开始兴办。1948 年，保亭解放，县政府开始在各区乡创办民校、夜校、识字班等，实行新民主主义的文化教育；新中国成立后，随着我国民族教育的投入和发展，对旧的教育体制和教育方法进行改革，加强了师资力量，保障当地民族子女享受教育的权利；到 20 世纪 50 年代中期，保亭开始创办初级中学、幼儿园和成人夜校。1958—1960 年，县政府根据民族地区特点进行了学制改革和教学改革的研究和实验，实行"两条腿走路"的办学方针，创办耕读小学和农业中学，增设初级中学，发展幼儿教育、小学教育和成人业余教育。1964 年后，施行全国统编的教学大纲，实行国家办学与集体办学、教育部门办学与其他部门办学并举。到 1965 年，保亭的普通教育、职业教育、成人业余教育、半农半读教育已粗具规模。1966 年"文化大革命"爆发，对保亭的教育事业造成了严重破坏，教师队伍和中小学秩序被打乱。直到 1977 年教育战线的拨乱反正，贯彻"调整、整顿、改革、提高"的方针，保亭县的教育事业才得到了缓慢恢复。1981 年后，实行教育改革，大抓普及教育、成人教育、学前教育和职业教育，教师队伍得到了稳定提高；并加大了电化教育及基础设施的建设，全县的教育得到了稳定发展。1984 年，全县普及了小学教育，并完成了扫除文盲的任务。至1990 年，全县形成比较合理的教育网点，县城有完全中学，乡镇有初级中学，管理区有完全小学，人口集中的村庄有初小，较偏僻的山村有教学点。截至 1990 年，全县有普通中学 9 所，其中完全中学 2 所；小学 79 所，其中完全小学 65 所；教学点 40 个。还有职业中学、农业技术学校、农机学校、卫生学校、教师进修学校和县幼儿园各 1 所。全县教职工 1 540 人（不含农机学校和卫生学校），其中专职教师 846 人，中学专职教师 287 人，小学专职教师 538 人，幼师 21 人。全县中小学在校学生 22 470 人，其中中学生 5 842 人，小学生 16 628 人，少数民族学生占 84%。全县儿童入学率 95.3%，小学生巩固率 96.3%，小学升学率 80.3%，初中升学率 44.8%，高中升学率 13.4%。自 1977 年恢复高考以来至 1990 年，全县考取大、中专生 2 024 人，其中考入大专院校 1 079 人①。

经过 60 多年的发展，保亭县的教育发展一直在曲折中不断地前行，在清代以前一直延续着原始家庭教育和族群的教育形式，直到清代同治年间才开始有私塾和小学堂，这反映了当地基础教育起点晚、基础弱；到 1990 年全县各区乡的教育网点才搭建完毕，各层次教育才得以建立。相对于海南省其他地区而言，保亭县的基础教育属于落后的水平，还存在着发展水平低、教育结构不合理、基础教育薄弱以及教育整体素质不高等问题。2008 年，全省教育移民政策实施以来，保亭县教育和经济事业都得到了国家、省政府和社会机构的大力支持；特别是实施国际旅游岛战略以后，保亭县经济得到了快速发展，不仅加大了对少数民族地区干部的培养力度，也加强了对民族地区教育经费投入和民族地区招生政策的倾斜，在新的历史机遇下，保亭县利用自身的优势，积极统筹，全面规划，对全县的基础教育设施进行了大范围的整修，并加强了教育结构调整的力度，优化整合教育资源，可以说近几年教育事业经费的投入是以往 5~10 年经费投入的总和，这离不开政府对教育事业的重视，也离不开经济发展的支撑，同时还有当地群众对教育的需求，

---

① 保亭黎族苗族自治县地方志编纂委员会：《保亭县志》，南海出版公司 1997 年版，第 371 页。

这些因素使保亭县的教育事业得到了跨越式的发展。

一方面，保亭县利用教育移民政策的投入，加大了教育资源的整合，大力引进师资力量，加快了危房改造的力度，使教育基础设施在短短几年改变了以往数十年教育现状落后的面貌；特别是边远贫困地区的中心校都焕然一新，基础教育条件得到了极大的改善，教育普及率得到了极大的提高，文盲率也得到了快速下降；教师的待遇条件也得到明显的改善。从教育经费的投入来看，1980—1990年，保亭县先后投放教育基金1 048.34万元，其中国家拨款807.62万元，县财政投资99.75万元，群众集资140.99万元①；而2007—2010年，保亭县财政对教育经费的总支出分别为6 056万元、9 329万元、11 815万元、16 854万元；2010年的教育经费投入是2007年的2.78倍。由此可见教育移民政策对保亭教育发展的影响。另一方面，教育普及程度加快，教育质量得到明显的提高。据统计，全县学前3年幼儿入园率从2006年的47.7%提高到2010年的56.7%，农村地区学前1年儿童毛入园率从2006年的52.2%提高到2010年的85.2%。2009年小学入学率为98.7%，初中入学率从2001年的96.1%提高到2010年的99%，高中入学率从2001年的18.69%提高到73.6%，1990年高中升学率从1990年的13.4%提高到2010年的83.7%。这些事实证明了保亭县教育的飞速发展，也证明了少数民族地区的教育在一定条件下是可以实现跨越式发展的。

少数民族地区教育发展程度落后，既有历史的原因，也受地区政治、经济条件的制约，具有明显的先天发展不足和相对后进的特点，教育发展不均衡的现象较为普遍。要实现少数民族地区教育的跨越式发展，不仅需要单纯的资金投入，更需要结合本地区民族教

---

① 保亭黎族苗族自治县地方志编纂委员会：《保亭县志》，南海出版公司1997年版，第388页。

育的特点和地区实际的发展情况，有针对性地提出切实可行的政策措施，同时还要遵循教育发展的规律和社会矛盾运动的发展轨迹，在实践中不断总结和反思。笔者认为，保亭县教育事业的发展，与政府的政策支持、思想的统一认识以及当地民众的对教育事业的理解和支持是分不开的。虽然实践中还存在着诸多问题，却不失为民族教育政策和理论发展提供更具参考价值的经验资料，也为解决民族教育的共性和个性问题提出了新的思考。

二、教育移民政策的实施条件

一个政策的实施离不开地区政治、经济和文化的制约，教育移民政策也不例外，也正是在这样的政治、经济和文化条件下，教育移民政策的实施才能产生积极的社会效益，我们把这些条件称为教育政策的外部条件。同时，教育政策的实施是否满足当地教育的现实需求以及民众对教育政策是否支持，这些条件决定了教育政策能否有效实施，并得到理想的效果。

（一）满足区域政治、经济和文化条件

1. 区域政治条件

区域政治条件主要是指一个相对稳定的政治环境，包括政治制度的确立、政治体制的完善和政治局势的稳定。政治条件的稳定是保障地区稳定和发展的前提，也是决定地区经济和文化发展的保障；教育政策的实施也离不开一个稳定的政治条件。新中国成立以来，在民族地区实施的民族区域自治政策是我国民族地区得以持续发展的基础。新中国成立初期，海南省保亭县的黎族、苗族在不同程度上还保持着原始公社制度的残余，政治体制的建立还处于初级阶段，地区之间发展也不平衡，教育发展水平较低，海南省保亭县

到 2002 年才基本扫除文盲。随着近半个世纪的发展，少数民族地区自治制度得到不断巩固和完善，各项事业的发展处于一个稳定的发展时期，可以说，稳定的政治环境是教育政策得以实施的必要保障。

2. 区域经济条件

区域经济发展水平反映一个地区的生产力水平，并与一定的社会政治制度相适应，经济发展的状态也决定了与之相适应的社会文化状态。同时，区域经济的发展状况也决定了教育政策的广度和深度，在经济条件好的地区，能为教育政策提供有力的经济支撑，教育政策的辐射也越广泛，考虑得也越周全；在经济条件差的地区，教育政策的执行受到地区经济水平的制约，政策执行的深度和广度也较经济发达地区窄。但也正是由于地区经济发展之间存在着不同程度的差异，教育政策的支撑基础也各不相同，教育才会有差距，才会有赶超和跨越。海南省的经济条件较内陆地区有较大差距，省内各地区之间也存在差异，保亭县的经济水平在海南省地区属中等偏下，教育水平与东部、南部沿海发达城市相比也有较大的差距。因此，教育移民政策的实施就是在现有经济发展条件的基础上，结合地区教育水平的差距，综合考虑"人"和"物"的因素，即民众受教育的意愿和教育成本承受的能力范围，对教育给予财力支持。

3. 区域文化条件

文化的内涵较为广泛，包括国家或地区的民族历史、地理、风土人情、文化习俗、生活方式、文字艺术、行为规范、思维方式和价值观等；教育政策的实施要充分考虑地区文化条件，良好的文化条件不仅可以促进政治制度的不断完善，也可以通过提高人的科学文化素质，提高地区的经济发展水平。一个地区文化的发展不仅与地区的经济发展水平相适应，也受政治条件的制约；因此教育政策的实施不仅要充分考虑地区民众对教育政策的接受程度，也要与地区政治和经济的发展相适应。

从海南省保亭县教育移民的政策实施来看，良好的政治条件为教育移民政策的实施提供了有效的保障，并得到了当地政府的大力支持；教育移民工程由县委直接领导组织实施，被作为县里的重大民生工程，不仅给予必要的财力支持，还从组织人事、部门协作等方面给予支持。虽然地区的经济发展水平尚显不足，财政的保障支付还明显不足，但从地区民众对教育移民政策的接受程度来看，受调查的 85%学校校长、教师及教辅人员和学生家长表示支持，这为教育移民政策的实施提供了必要的外部条件。

(二) 满足区域教育需求和教育意愿

1. 教育政策是否满足当地教育的实际需求

教育政策的实施不仅要满足当地教育的基本需求，也要遵循教育的基本规律，教育政策的制定者和执行者要充分考虑当地教育的现实情况，要以提高当地的教育水平为出发点，满足当地教育的实际需求，使教育政策更多地体现教育的公共属性。从教育移民政策来看，首先，教育移民政策要满足贫困地区移民学生的教育需求，使受教育者享受到与城镇学生同等的教育条件，同时，又不能导致教育资源的浪费；其次，教育移民政策要结合当地的实际情况，统筹规划，根据不同情况分阶段实施，既不能搞一刀切，也不能不顾实际情况盲目上马，导致更多问题产生，这些后续问题的产生不仅会影响教育移民政策的执行效果，也会影响教育政策的可持续性；最后，教育政策的实施要根据不同教育主体的教育诉求，仔细研究，不断修正；目前而言，国内没有对于教育移民政策的相关实践经验可供参考，在教育政策的执行过程中，难免会产生超出预料之外的事件，因此，在教育政策的执行过程中，要富有前瞻性，适时收集和整理不同教育主体的反馈意见，及时修正和完善。

2. 教育政策的实施要符合当地民众的教育意愿

教育政策的真正落脚点是满足当地民众对教育的需求，核心的目标是满足受教育者的意愿。在教育政策的实施过程中，不仅要考虑教育资源的利用效率，更要考虑民族对教育政策的接受程度。在教育移民政策的实施过程中，我们还是发现了在民众看来教育政策的实施存在的不足，比如学生上学路途过远、教育文化差异冲突、师资水平和学校管理等多方面的不足。这些不足不仅反映了教育政策实施过程中还存在着考虑不周的地方，也存在着教育政策制定者在教育政策的制定上没有充分从当地民族的教育意愿角度出发。教育政策的实施牵一发而动全身，它不仅是教育部门、教师、学生和学生家长多方面利益主体意愿的反映，更要充分结合当地的政治、经济和文化条件，考虑受教育者教育成本的接受程度。

总之，教育政策的实施要有必要的内在和外在条件，脱离了基本条件的教育政策，会成为无源之水、无本之木；教育政策要充分关切受教育者的核心利益，处理好主要主体和客体之间的矛盾关系，考虑矛盾主体之间对教育政策的适应度，并适时地进行修正和调整，才能有助于教育政策的实施。

三、教育移民政策的价值选择

任何教育政策的实施都带有一定的价值取向，教育移民政策的制定是根据本地区的政治、经济和文化发展情况进行取舍和加工的，主要是针对贫困地区的学生如何享有与城镇孩子同等的教育条件，保障不同区域的孩子享受教育的起点相对公平；同时兼顾教育资源的重新整合和分配，使区域教育资源得到有效的利用。因此，教育移民政策的价值取向充分体现了教育公平、教育资源效率，以及区域教育水平的均衡发展。

（一）教育公平

1966 年，科尔曼向美国国会提交了《教育机会均等的观念》报告，提出教育公平应该包括四个方面的内容：一是为民众提供达到一定水平的免费教育；二是为不同社会背景的儿童提供进入同等学校的机会；三是不论社会背景如何，为所有儿童提供普通课程；四是在特定地区为不同层次的孩子提供均等的学习机会①。瑞典教育学家胡森认为教育公平应该是每个人在不受歧视的环境下开始学习生涯，不管其种族和社会出身如何，应确保其入学机会和学业成就的机会平等；当前，学界认为，教育公平不仅包括教育起点的公平、教育机会的公平和教育结果的公平，真正的教育公平不是绝对的公平，而是有差异性的，由于每个人之间存在个体差异，其出身和生存环境的不同，各个地区的教育水平也存在一定程度的差异，因此，教育公平是相对的公平，是在兼顾不同差异的基础上相对公平。我国学者张兴华指出，教育公平是一个动态发展的过程，在实现"两基"之前，受教育或获得教育机会是衡量教育公平的重要指标，但实现"两基"后，教育公平的重要指标则是教育质量的公平②。我国教育发展的现状决定了教育公平的相对性，城乡之间经济发展的差距是导致教育发展不公平的主要因素，但尽可能地消除地区，特别是落后地区教育起点的公平是教育政策的核心的价值取向。

---

① 张人杰：《国外教育社会学基本文选》，华东师范大学出版社 2009 年版。

② 张兴华：《义务教育均衡发展误区及矫正》，载《教育发展研究》2003 年第 1 期。

(二) 教育资源效率

有学者把公平和效率二者对立起来，认为要公平就必然牺牲效率，要效率就不能考虑公平，公平和效率是矛盾的共同体，当公平和效率发生冲突时，就必须进行调和；在二者的主题之争上，提出了公平优先和效率优先两种观点。从经济学角度来看，教育效率主要指教育资源的产出效率，是指在社会资源和技术状况给定的条件下，让教育资源得到有效的配置，发挥最大的效果。从教育移民政策的角度来看，教育资源的整合就是发挥教育资源的最大效率，让有限的教育资源投入尽可能满足贫困地区学生享受与城镇学生同等的教育条件。也就是通过教育资源的效率提高来满足最大化的教育公平，其最终落脚点是教育公平的实现，而实现的途径是通过教育资源的有效整合。可以说，在一定的条件下，教育公平和效率是可以兼顾的。当一个地区教育水平与发达地区相比存在很大差距时，通过教育资源的投入或者在有限教育资源的整合效率下，是可以满足教育公平和效率的兼顾的。

海南省保亭县地处少数民族聚居区，经济发展水平相对滞后，以往教育的布局更多是根据乡镇的据点来发展教育，满足村民接受教育的机会。但随着经济发展的差距拉大，教育发展不平衡的差距加剧了教育的不公平。在偏远的乡村小学，一个老师带 1~5 年级的同学，并且同时教语文、数学等多门功课；而城镇学生在宽敞明亮的多媒体教室里接受每门课程一位老师的讲授，这种教育的差距加剧了教育的不公平。从保亭县全县的教育工作者数量来看，缺编与满编并存，师生比已经满足了要求，但是缺乏更多英语、美术、体育等学科的老师。以往那种教育资源平均分配的教育现状不仅不利于教育公平的实现，也导致了教育效率的低下；教育移民政策的实施，要从本地区教育差距的现实出发，找准教育差距的问题不在于公平和效率的矛盾，而是教育的条件满足不了民众接受教育的需求。教育资源效率的整合不仅可以有效地发挥教育资源的最大效率，也能兼顾教育公平，缩小城乡教育之间的差距。

(三)教育均衡发展

教育的均衡发展不是教育的平均发展，它包括三方面的含义，一是区域教育要实现均衡发展，主要指发达地区与贫困地区之间、城市与乡村之间的教育要统筹规划，实现均衡发展；二是学校层面的均衡发展，包括学校的基础设施条件、师资水平、教学水平以及学生学习水平等；三是各层次教育之间的均衡发展，它不仅包括基础教育的均衡发展，还包括高职高专、职业技能学校各层次教育的均衡发展。教育的均衡发展不仅仅是一个教育投入的问题，还包括教育制度的完善；从现有的条件看，教育均衡发展存在不少制约因素，一是区域经济发展的不平衡，导致各地区教育投入的差距；二是教育政策的不完善，教育经费的投入政策、收费政策、评估政策以及学校体制改革政策束缚了教育的均衡发展；三是教育均衡发展的法制化环境不完善。因此，教育的均衡发展需要统筹规划，整体布局，分阶段实施；它不可能一蹴而就，也不能没有章法，各行其是。教育均衡发展的难点和重点在于基础教育的发展，县级学校是教育发展的基本实施机构，重点部署和区域结合发展学校教育，不仅能整体推进各层级教育的发展，也能实现区域教育的整体提升。

教育移民政策由于着眼于贫困地区，基础教育的均衡发展正是其应有之义，缩小地区之间的教育差距，把职业教育和基础教育有效地衔接起来，以点带面，整体推动。教育的均衡发展不仅需要教育经费的投入，更需要政策的支撑，提升教师整体水平和教学水平、完善制度体系的建设更是一个系统的工程。海南省的教育移民政策从教育均衡发展的角度出发，缩小了城乡之间的教育差距，并在师资引进、教师培训以及教学基础设施建设等方面做了很多努力，为少数民族地区教育的发展提供了一个新的思路；虽然还存在很多的不足，但可以在实践过程中不断地完善和改进。

四、教育移民政策的主客体利益博弈

在教育移民政策的实施过程中，不同的利益主体带有不同的利益取向，包括政策制定者（政府）、学校（学校教师）、学生、学生家长。如何兼顾各自的利益并使教育移民政策得以有效实施，是一个复杂的课题。教育移民政策的成败不仅在于各方利益得到满足的程度，更在于教育政策能否适当关切不同利益之间的矛盾冲突。

（一）政策主体

就教育移民政策的实施而言，政府作为教育政策的制定者和执行者，具有绝对的主动权；政府不仅要实现贫困地区移民学生的教育公平问题，还要考虑教育资源的合理配置；教育移民必然牵涉到受教育成本的增加、上学的方便程度、学校的调整、师资的整合、教学质量的提高。能否达成这些目标，是教育移民政策成败的关键。从目前来看，教育移民政策大多由政府牵头，各地区教育主管部门组织实施，由省、市县、教育主管部门以及学校校长，以从上而下的执行模式推动着教育移民政策的实施；在这之中，各个市县又存在着各自的实际困难，比如教育移民的规模和学校整合数量、教育财政的支付能力和教育基础设施的投入和维护。可以说，在教育政策制定和执行过程中，各阶层组织承担着不同的职责和任务，而总体目标的实现，在不同的地区也会夹杂着各阶层主体的价值取向，不仅会使教育政策在执行中出现忽视、变通或者抵制，也会不同程度地影响到总体目标的实现。如何把教育政策制定者、执行者和教育政策受益者的价值需求关系捋顺，是在复杂社会环境中教育移民政策的重点和难点。

政府在教育移民政策中作为实施主体，各机构在政策的执行中实行自上而下的模式，这种模式主要考虑的是政策主体的利益取向，各级机构在政策执行中更多的考虑怎么满足上级目标的实现以及部门内部利益的协调。这种政策最大的问题是忽视了移民政策客体的利益诉求，缺乏民众的意愿反馈和监督。如图 5-2 所示：

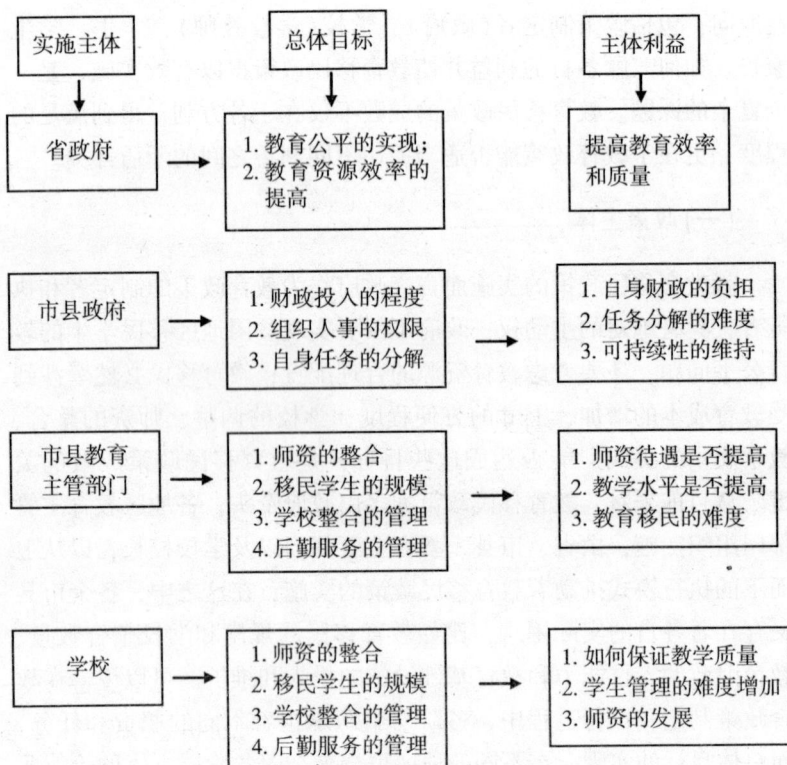

```
┌─────────┐      ┌─────────┐               ┌─────────┐
│ 实施主体 │      │ 总体目标 │               │ 主体利益 │
└────┬────┘      └─────────┘               └─────────┘
     ↓
┌─────────┐      ┌──────────────┐         ┌──────────────┐
│  省政府  │  →   │1.教育公平的实现；│        │ 提高教育效率  │
└─────────┘      │2.教育资源效率的 │         │ 和质量        │
                 │  提高         │         └──────────────┘
                 └──────────────┘

┌─────────┐      ┌──────────────┐         ┌──────────────┐
│ 市县政府 │  →   │1.财政投入的程度│    →    │1.自身财政的负担│
└─────────┘      │2.组织人事的权限│         │2.任务分解的难度│
                 │3.自身任务的分解│         │3.可持续性的维持│
                 └──────────────┘         └──────────────┘

┌─────────┐      ┌──────────────┐         ┌──────────────┐
│ 市县教育 │  →   │1.师资的整合   │    →    │1.师资待遇是否提高│
│ 主管部门 │      │2.移民学生的规模│        │2.教学水平是否提高│
└─────────┘      │3.学校整合的管理│        │3.教育移民的难度│
                 │4.后勤服务的管理│        └──────────────┘
                 └──────────────┘

┌─────────┐      ┌──────────────┐         ┌──────────────┐
│  学校    │  →   │1.师资的整合   │    →    │1.如何保证教学质量│
└─────────┘      │2.移民学生的规模│        │2.学生管理的难度增加│
                 │3.学校整合的管理│        │3.师资的发展    │
                 │4.后勤服务的管理│        └──────────────┘
                 └──────────────┘
```

图 5-2　教育移民主体目标及具体利益示意图

　　教育政策的制定者具有绝对的行政裁量权，可以直接部署和安排各级机构按照总体目标来执行任务，下级机构不需要更多的自主裁量权，只会根据自我的任务要求并结合本部门的实际情况，考量运用夹杂着一定自我利益取向的行为动机，尽可能满足自身利益的最大化诉求；当下级机构与上级机构两者利益发生一定的冲突时，势必会消极或者忽略总体目标的最大化实现。

因此，在教育移民政策的执行中，教育主管部门、学校内部、个人之间的利益矛盾是否与政策总体的目标相适应，是决定教育移民政策总体目标实现的关键。

(二) 政策客体

教育移民政策的客体主要是指政策的受众者，包括教育移民的学生、教育资源整合的教师队伍以及移民学生的家庭；在教育移民政策的实施过程中，客体的利益诉求是影响教育移民政策能否顺利执行的关键因素，在调研的过程中，不同的利益主体有着不同的利益考量。如教育移民的学生，希望教学的条件较以前更好、上学更为方便、生活费较以往更低；教师希望师资待遇更好、教师的发展更有保障、教学的条件更好；学生家长希望教育成本的负担能在承受的范围之内、孩子的上学安全有保障、孩子接受教育的条件更好。如图 5-3 所示，在教育移民政策下，各客体利益呈现出不同的表现。

可见，在教育移民过程中，移民学生对上学方便的程度和生活费的提高还不满意；教师在学校这个特定的场域里，异文化的冲突比以往有所提高；学生家长最为关心孩子上学的安全，较移民前更为担心，特别是小学孩子的寄宿，有些孩子还不具有基本的生活自理能力，学校的宿舍管理还存在很多安全隐患；孩子的教育成本较移民前有所提高，移民前孩子可以直接走路上学，现在得搭班车，有些还得接送或者是寄宿陪读，这无形中增加了教育成本；从调查的情况来看，孩子的学习成绩较以往有所提高。

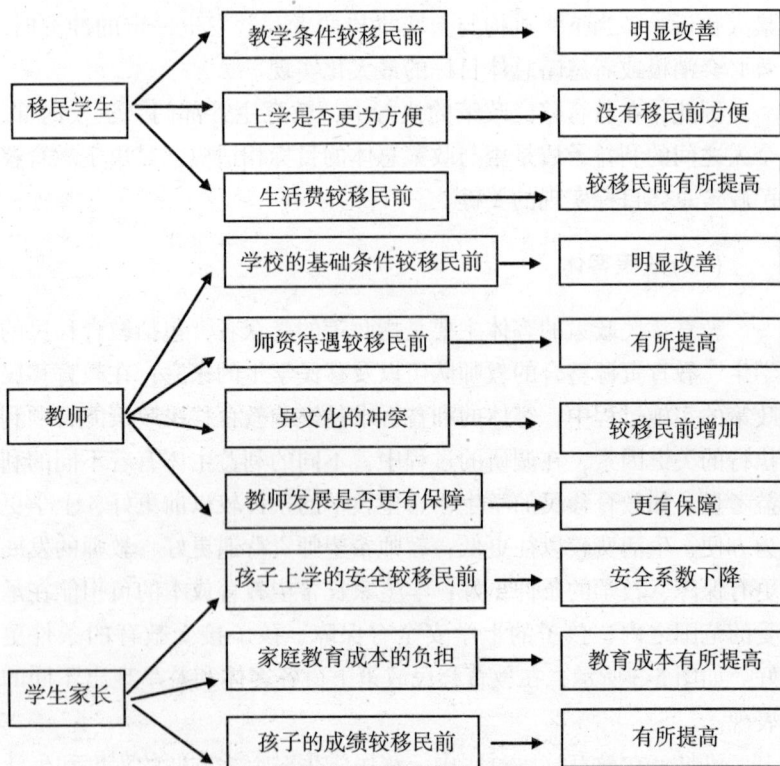

图 5-3　教育移民政策主体利益趋向图

(三) 主客体的利益博弈

任何一个政策的实施，都代表这一定社会阶层的主观意愿。教育移民政策不仅是一种利益的重新分配过程，也是各利益主体冲突和博弈后的产物。当主客体的利益相一致的时候，能促进教育移民政策的顺利实施；但当主客体利益发生冲突时，就会影响到教育移民政策的实施效果或者会出现一定的消极应对和抵抗。麦克拉夫林

（M. Mclaughlin）曾经指出，政策执行的过程是执行组织与受影响者之间就目标或手段作相互调适的互动过程，政策执行的有效与否取决于政策执行者与政策影响者之间行为调适的程度①。

在海南的教育移民政策中，政府作为教育政策的实施主体，代表着政府利益的表达，试图通过教育移民政策整合当地的教育资源，使贫困地区的学生享受与城镇孩子同等的教育条件，以求通过教育移民的方式改变贫困地区孩子的生活观念和方式，通过教育的分层渠道引导学生实现在城镇就业或者外向型移民，改变当地贫困地区的生活面貌。但是教育移民政策的主体应该是多元的，不仅包括政府的主观意愿，还应包括政策受益者的主观意愿，因为在政策的执行过程中需要他们的参与和配合，更需要他们对移民政策的意见和反馈。首先，保亭县教育移民政策实施以来，体现不出教育政策受众的主观意愿，或者是在主客体利益相冲突时，政策执行者适当地忽略了受众的意愿。在对教育行政部门和教辅人员进行调查时发现，他们觉得以往有些教学条件相对较差但教学质量很好的学校被撤并后，教学质量出现了明显的下滑，这不仅不利于教育水平的提高，还损害了教育工作者的教学热情。这说明在教育政策的执行过程中，学校教师的意见在执行中被"忽略"了。其次，学生家长对待教育移民政策存在不同程度的抵触和不满，因为在教育移民政策的实施过程中，没有充分考虑他们的实际情况，特别是离学校较远的地区，他们不仅面临着孩子上学的安全问题，还要面临家庭有一个劳动力住校陪读的成本，不仅给他们造成了教育成本的负担，并影响到他们的生活状态。最后，教师在教育移民的过程中，面临着教学环境的变化，有些被撤并学校的教师明显感觉到自己力不从心，跟不上学校教学的要求，这种变化或许是教育移民过程中没有考虑到的问题，但至少说明了在政策制定和实施的过程中，缺少其

---

① 刁田丁：《政策学》，中国统计出版社 1998 年版。

他主体的意见反馈和监督；政策执行缺乏一个正当的利益表达机制；主客体之间的利益协调和良性互动不是对等的，或者说客体服从了主体的利益。但现实存在的问题不仅会影响到主体利益的最终实现，也会导致教育移民政策的不可持续。

在教育移民过程中，主客体的利益矛盾主要集中于：①教育资源的整合和分配是否符合当地民众对教育需求的满足；②教育资源的投入是否与民众的教育成本负担相适应；③教育移民政策的一刀切与是否应该结合实际重点实施、分步进行。从主客体的利益博弈来看，政府与学校教师、政府与移民学生、政府与移民学生家庭之间都存在着不同程度的利益博弈，如图5-4所示：

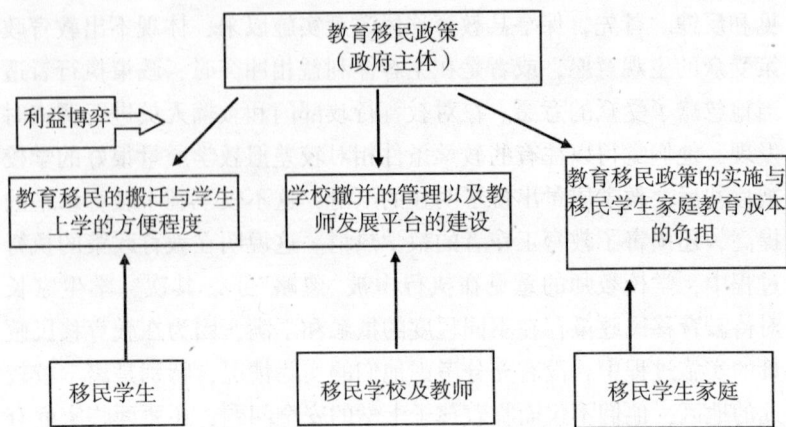

图5-4　教育移民政策主客体利益博弈示意图

利益博弈的冲突导致教育移民政策在实施的过程中出现一些不同程度的消极抵抗，政策执行过程中部分环节被忽略，或者缺失。这不仅会影响到教育移民政策总体目标的实现，也会使政策的导向在现实中存在一定程度的扭曲或者关切不到位。究其原因，利益主体的博弈缺乏一个正常信息反馈的交流机制，一个从上而下的执行模式可以使教育政策得到有序进行，但缺乏一个从下而上的反馈机制，就会使政策在执行过程中关切不到位，导致主客体之间矛盾加剧。同时，不同群体之间也存在着不同的现实状况，一刀切的做法过于绝对，应适当关切一些弱势群体，制定相关政策来弥补缺失。因此，建立合理的弱势群体补偿机制也显得尤为必要。通过教育移民政策的利益主体博弈及其实施过程的分析，有利于重新梳理主客体之间的价值观念和利益冲突焦点，才能更好地为教育移民政策的完善提供有益的参考。

五、从实践到抽象理论的提取

研究问题的目的是从现实调研的基础上总结经验，并上升到理论的高度，重新梳理事件的来龙去脉和现实困境，提炼出事物发展的一般规律和解决办法，再重新指导实践，这是研究的最终目的和追求。在教育移民政策的研究过程中，教育移民事件外部之间和内部之间都存在着无限可能或潜在的差异和关系，就像在一个大的场域中，不同事物之间偶然性地构筑成一个无序而动态的系统。从大的角度来看，世界是多重性的，在中国特定的社会主义发展条件下，少数民族地区的教育发展秩序由不同对象和事件之间以及外部环境的多重关系构建成一个耦合性的生态系统。在这种关系之中，从不同观察者的角度来看，都会得到不同的解释，但不同观点的解释，在于如何将主观对事物的反映现实地呈现出来，并将这种呈现以某种编码的方式勾勒出来。虽然差异是多重的，但事物真正的关系模式会随着编码的方式呈现出不同逻辑类型和层次之间在特定的场域中彼此联系的对应模式。

在一个特定的区域坏境下，不同对象和事物之间在一定的外部环境下构建成一个无序、偶然性的交互耦合而又相对静止和互相动态生存的生态系统，教育移民政策就像一种直接的外力作用介入，使不同对象和事物之间发生不同程度的相互反应并相互契合着发展的一种新的状态，这种状态打破了以往的生态体系，并将不同对象的利益重新排序，构建成一个区别于以往的新的生物链条，曲折而又磕磕碰碰地往前发展，直至新的生态系统重新构建。人类学家贝特森曾提出把我们人类放到整体的"生活系统"中进行理解对于我们的生存来说至关重要，要运用非专门化的"跨学科的学科"整体综合运用各种形态的信息才能抓住处于文化构建和社会互动中的世界的"巨大的复杂性"。他认为世界具有多重性，虽然不同的逻辑类型和层次之间、类别及其元素之间存在着不连续性，但在特定类型与层次的组成部分之间存在着彼此联系的对应模式；并提出在一定的逻辑类型之间的后设模式，即熵的理论，指"随机的可能性将最终吞噬掉世上所有的秩序和模式"，也就是说，虽然每个有目的的个体通过在可能事物之间选择一系列可能的关系来建立自己的秩序，但是世界依然趋于混沌状态，因为这些关系在将来依然可能发生无数的变化；秩序和模式的消解是由于有机体打乱并重组其身体和心灵中元素与回路的关系及回路构成的网络，也打乱并重组了外在世界中对象与事物之间的关系，使集合体内部各部分之间的关系被无序、随机、不可预知地混杂起来①。

生态系统是一个事物之间相互依存的体系，它总是处于辩证摇摆的状态中，具有多重层次，层次之间和层次内部都在进行摆动的循环，通常含有矛盾和必要的反思性的自平衡导向，有时会带来循环的扩大和临界值的上升，以及"逃逸"的开始和系统的瓦解。保持生态需要对生态系统有正确认识，即理解生态系统的运动不是一个线性的动态过程，而是一个基于固有循环和摆动以及动态临界的状态，它是循环往复和网状的，各对象之间是交互反馈的，系统的

---

① 奈德尔·拉波特、乔安娜·奥弗林：《社会文化人类学的关键概念》，华夏出版社2009年版，第98~103页。

部分和整体之间是相互关联并不断分裂和融合的互动模式。因此，从不同的角度解释教育移民政策，就是为了呈现出在一个动态交流的生态系统中，教育移民政策如何重新分裂以及融合整体和部分之间的交互状态，并梳理不同对象和事物之间在外力介入的状态下，彼此之间关系的重新厘定和相互契合的过程，直至新的生态有机系统重新构建。

(一)契合理论的提出

"契"在古文中，右边是一把刀，左边为一竖三横表示用刀在一块小木头上刻下三个记号，表示为契刻记事，契的本义为"刻"；后引申为符契，又引申为契约、文卷；作动词则有符合、投合之义。"契合"在词典中的释义为多义词，如宋叶适在《受玉宝贺笺》"慰满民望，契合天心"中指"符合"的意思；唐杜甫在《投赠哥舒开府翰》"策行宜战伐，契合动昭融"中为"投合，意气相投"之义；清李渔在《慎鸾交·久要》"我和你无心契合，竟成莫逆之交"中泛指"结好"之义。在现代，"契合"词义指相互符合、结合、投合之义。

契合理论的提出最早来源于美国生物科学家小丹尼尔·爱德华·科士兰(Daniel Edward Koshland Jr.)于1958年提出的酶的"诱导契合学说(induced fit theory)"。它的主要含义是为了说明生物底物与酶结合的特性，指底物与酶活性部位结合，会引发酶发生构象变化，使两者相互契合，从而发挥催化功能。具体而言：酶对于它所作用的底物有着严格的选择，它只能催化一定结构或者一些结构近似的化合物，使这些化合物发生生物化学反应；有的科学家指出，酶和底物结合时，底物的结构和酶的活动中心的结构十分吻合，就像一把钥匙配一把锁一样。酶的这种互补形状，使酶只能与对应的化合物契合，从而排斥了那些形状、大小不适合的化合物，这就是"锁和钥匙学说"。科士兰后来发现，当底物与酶结合时，酶分子的某些基团常常发生明显的变化；另外，酶常常能够催化同一生化反应中正逆两个方向的反应，因此，"锁和钥匙学说"把酶的机构看成是固定不变的，这是不符合实际的。科士兰指出，酶并不是事先就以一种与底物互补的形状存在的，而是在受到诱导之后才形成互补的形状，这种方式就如同一只手进入手套之后，才诱导出手套的形状发生变化一样，底物一旦结合上去，就能诱导酶蛋白的构象发生相应的变化，从而使酶和底物契合而形成酶—底物结合物。科学家通过对羧肽酶等进行 X 射线衍射研究，结果有力地支持了科士兰的学说，这就是"诱导契合学说"①。

诱导契合学说的提出有效地解释了酶的特异性机制，并改变了科学界对蛋白质结构的柔性认识，从而推动了 20 世纪下半叶蛋白质化学的发展，有力地解释了激素与受体识别的作用机制，并一直被生物化学界和心理学界进行理论的延伸和发展。

随着心理学的发展，契合理论得到了进一步的延伸，并在组织行为学研究中提出了人—环境契合理论。人—环境契合理论指个人和环境互相得到供需平衡，它的由来可追溯至情境学派与人格学派的辩论，个人特质与环境特质对个人行为解释能力何者较佳。契合理论提出了不同的解释，认为人格与情境因素都有其一致性与变化性，在描述行为时，应该两种因素皆采用；同时考虑个人与环境之间的互动，才能对行为有较合理的解释。一般而言，个人与环境契合是指个人和环境之间的一致性、匹配或者相似性等，它包括个人与组织契合、个人与工作契合、个人与职业契合、个人与群体契合几种类型。个人与环境的契合涉及个人的需要与环境提供的奖励、个人的能力与环境的需要以及个人与社会环境之间相似性的契合；强调个人在不同群体之间的角色定位，个人能力的异质性和互补性与社会环境的价值观等是否相互契合；如果个人在工作、团队、组

---

① 郭晓强、周强：《小丹尼尔·爱德华·科士兰：20 世纪的科学大师之一》，载《生物学通报》2008 年第 43 卷第 12 期。

织和职业等外部环境中，与环境的互动关系上，依靠自我的调整体现出与环境有较好的适应性，就会对组织的有效性作出一定的贡献；反之，个人与环境在任何一个方面的不相契合都可能使个人带来不同程度的负面反应，将会影响组织行为的有效性，从而限制社会组织行为或者政策的实施，以及个人的成长和发展①。

契合理论的提出为进一步认识事物的发展变化提供了科学的视角，目前主要针对生物化学、心理学以及组织行为等领域进行研究和延伸。笔者在前人研究的基础上，把契合理论延伸到教育政策的领域，因为事物发展变化的规律在一定的条件下具有共性的行为特征和外在表现。我所提出的契合理论，是指任何组织行为的实施都应该在一定的区域环境条件的基础上进行，并有针对性地对某个区域的一定社会群体或对象进行一种外力的组织行为介入；在特定区域中的不同对象和事物之间会存在不同程度的正逆两方面的反应，当组织行为与不同对象的利益相符合时，会产生积极的同质变化，反之，就会影响到组织行为的有效性；在组织行为的介入下，不同对象和事物之间的静态平衡状态被打破，并呈现相互分裂和融合的新过程，相互之间会呈现出不同利益的重新排序；随着组织行为的广度和深度，不同对象和事物之间呈现出与以往不同的事物变化，直至不同对象和事物之间利益的协调平衡以及组织行为与社会环境产生相互契合的新状态。教育政策契合理论是指在一定的社会外部、内部环境条件下，针对一定场域内的不同社会对象进行有关教育为主旨的组织行为介入，教育政策针对的不同对象之间会出现不同程度的正逆反应，当不同对象的利益与教育政策的价值相一致时，将会产生积极的社会效益，反之，不同对象之间的利益冲突将影响教育政策的有效性，并影响各利益主体在特定场域的重新排

---

① 刘祯：《个人——组织契合的理论基础：价值论和契合论》，载《管理学家(学术版)》2012 年第 10 期。

序，直至达到利益的相互平衡以及教育政策与社会环境条件互相契合的新状态。

(二) 契合理论的内涵

教育政策契合理论的内涵，是指在一定的社会条件下，教育政策的实施如何才能达到其最大化的效果，需要具备哪些因素才能使一定区域条件的不同对象和事物之间达到相互平衡的最佳状态，并与教育政策的总体目标相适应。根据教育移民政策的研究，我认为教育政策的内涵应包括四个方面：条件契合、价值契合、利益契合和反馈回路。

1. 条件契合

任何政策的实施都需要一定的外部和内部条件的支持，没有一定的基础条件的政策实施，就像无源之水、无本之木。教育政策的实施主要是针对一定区域环境下的不同对象进行的利益重新分配过程。首先，在这个区域条件下，政治要稳定，经济要能支撑，文化上要适应，教育政策只有符合当地政治、经济和文化发展的要求，才有条件实施；也就是说任何政策对一定社会环境的介入都得符合其基本的生态要求，没有外部条件的支持，教育政策就会没有根基，丧失功能。其次，教育政策的实施要符合当地教育发展的实际需求，教育行为有其自身的发展规律，教育政策的执行要契合当地教育发展的实际情况，既不能生搬硬套，也不能不尊重教育行为的内在特殊性，要结合实际，有的放矢。最后，教育政策要契合一定区域内不同群体的利益诉求，教育政策的最终落脚点还是人，而人对教育的需求和适应状况是衡量教育政策是否契合的关键因素。我们既不能把发达地区的教育政策生套给贫困地区，也不能为了贫困地区的人们受教育而违背了教育的基本规律。因此，教育政策的实施需要在一定的内、外部条件下才能发挥其应有的作用。

2. 价值契合

所谓价值契合，是指教育政策的主体价值要契合当地各利益群体的价值观念。教育政策的价值体系包括核心价值、主体价值、客体价值和边缘价值。核心价值理念要符合教育的基本规律，要与主客体的价值相一致，主、客体价值和边缘价值是核心价值观的有效体现。主体价值一般指教育政策的制定和执行者的价值观，政策执行的深度和广度取决于主体价值与核心价值相一致的程度；客体价值主要是指教育政策的针对者或者是直接受益者的价值观，客体价值一般属于弱势地位，但却直接影响到教育政策执行的效果，当客体价值与主体价值相冲突时，核心价值就会被弱化，并且影响到教育政策执行的广度和深度，使教育政策在执行过程中存在缺位、弱化或者是忽视；边缘价值主要是指对边缘特殊群体的价值观，它应该涵盖在核心价值理念之中，并在教育政策的执行中有所体现。总体而言，教育政策的价值契合是教育政策能否有效实施并在执行中彻底贯彻下去的根本保证。

3. 利益契合

教育政策的制定和执行是针对一定区域内不同群体利益重新分配的过程，因此，利益冲突是教育政策执行的难点和重点。利益冲突的程度决定了不同群体在社会环境中的逻辑类型、重新排列以及各层次之间彼此联系的对应模式；利益冲突主要表现在教育政策执行的不到位、存在不同程度的主客体的矛盾激化；当主客体利益冲突激化到一定程度，也就是达到冲突的临界值，会导致教育政策的瓦解或者是利益群体的"逃逸"。教育政策的利益契合主要是指教育政策的主客体利益契合的程度，当主客体利益存在一定程度不可调和的差异时，要重新审视教育政策的可行性。一般而言，主客体利益在教育政策的外力作用下，会呈现出正逆两方面的反应，当主客体呈正反应时，教育政策的执行会得到很好的保障和支持，教育政策的效果会更好；当出现逆反应时，要重新考虑教育政策的执行程度，采取适当的措施缓解主客体之间的矛盾冲突，或者增加针对不同群体的利益考量，缓和利益矛盾，使教育政策能有效执行下去，避免教育政策执行中的弱化、缺位和部分忽略。因此，教育政策的利益契合是教育政策执行中的关键环节，在教育政策的制定和执行过程中，要充分调研了解不同群体的利益诉求，并结合主客体的实际情况适时修正和调整，才能保障教育政策执行目标的有效实现。

　　4. 反馈回路

　　反馈回路是指要打破教育政策自上而下的执行模式，同时建立自下而上的反馈回路，让政策在执行过程中能及时修正和调整；任何政策的执行总会因为一些外力的偶然因素导致教育政策在执行过程中出现缺位或者执行不到位，因为事物之间的不同层次关系调整会相应地影响到不同对象在区域环境中的彼此对应模式。在教育移民政策的执行过程中，贫困边远山区孩子和家庭因为教育移民政策，影响到其本身的生活环境的变化，孩子搬迁到城里上学，导致家庭关系出现一定程度的变化。如，孩子到城里上学，父母因为孩子年纪尚小，需要一个劳动力长期陪读，影响到家庭的收入水平；如果父母都外出打工，孩子过早离开家庭，缺少家庭的关爱，又不利于孩子的成长。在调研毛感乡中心小学时，有些孩子的父母外出打工，孩子假期回家，老人无法接送，路途较远的孩子安全存在一定的隐患；同时，老人生活上对孩子的照顾不能周全，孩子在生活营养和家庭关爱上缺失，使学校老师压力增大。这些问题的出现是教育移民政策当初没有考虑到的现实状况，而这种状况的出现会不同程度地影响到教育移民政策的执行。因此，建议采取一种自下而上的信息反馈回路，有利于教育政策的不断修正和完善，使教育政策的执行能达到总体目标实现的最大化。

六、契合理论的延伸——教育移民政策的成功范式

总体而言，教育移民政策的实施有其一定的现实意义，在海南省得到了当地群众的积极反应。在中国特色社会主义城镇化的进程中，城镇地区教育水平的提高显得尤为重要，而城乡二元经济结构导致的城乡差距越来越大，如何使落后地区的教育水平实现跨越式发展，为当地的经济建设提供有力的智力支持，是政府尚待解决的课题。而教育移民政策的实施为我们打开了一个窗口，虽然还存在一些现实亟待解决的问题，但不失为一个缩小城乡差距的有益途径。通过对教育移民政策的梳理和分析，我认为教育移民政策可以作为落后地区缩小城乡教育差距的一个有效范式，总结以下几个方面的措施，以期对其他民族地区的教育发展提供参考。

（一）契合教育现状，满足教育移民政策的实施条件

目前，各少数民族地区的教育发展情况都或多或少地存在着城乡教育差距加大、教育资源分配不均衡的矛盾；随着地区经济社会的发展，教育水平的提高已变得刻不容缓；而如何提高当地的教育水平，实现教育的均衡发展，需要结合当地教育发展的现实情况，总体布局，分步实施；坚持教育公平、教育资源有效利用和教育均衡发展的原则，把偏远地区的教育发展纳入到当地教育发展的总体规划中来，利用好发达地区的教育资源辐射优势，以先进带动后进，为贫困地区的教育发展提供一个可持续的发展平台，让贫困地区的群众满足基本的教育需求；在教育移民政策的实施过程中，要充分考虑当地的政治、经济和文化状况，以及当地群众对教育发展的意愿，结合当地教育发展的实际情况，充分考虑教育政策执行的可行性和可操作性，才能保障教育移民政策的有效实施。

(二)教育政策的制定和执行要兼顾多元主体利益诉求

教育政策的制定要体现主客体价值的诉求，把主客体纳入到政策执行的系统中来，使教育政策的执行得到各方的支持和拥护，不是简单的自上而下的执行模式，而是充分考虑到各主客体的利益诉求，使教育政策不仅反映主客体的价值理念，也体现出对边缘群体的适当关切。在一定区域内，各群体的利益冲突在所难免，要抓住主要矛盾和次要矛盾，坚持以人为本的理念，把主客体的利益契合作为教育政策可行性的关键环节，使教育政策的制定符合民众的意愿，在执行过程中得到群众的拥护和支持。从教育规律的角度出发，杜绝政府简单的发展模式，把建设新的学校基础设施作为提高学校的政绩工程，要结合当地群众的受教育意愿，把教育人、培养人、造就人作为教育政策的出发点和落脚点。

(三)建立自下而上的信息反馈机制

教育政策在执行过程中要及时地接受不同层次群体的信息反馈，建立自下而上的信息反馈机制是保障教育政策得以有效实施的重要举措，它能有效地收集教育政策存在的问题和不足，也能及时地提供信息指导教育政策的修正和完善。建立自下而上的信息反馈机制，需要把不同主客体纳入到政策体系中来，充分地表达意愿，各级各部门要设立信息沟通平台，信息反馈机制要独立于自上而下的政策执行体系，使信息反馈及时通畅，让政策制定者能及时修正和完整政策执行中的缺位和不足。

(四)建立差异补偿机制

教育移民政策不能搞一刀切，要充分考虑不同群体的利益诉求，适度保障边缘特殊群体的利益，使教育政策在执行中能最大化地达到预期目的。在教育移民政策的执行过程中，不同区域群体的家庭情况、经济水平各不相同,特别是一些贫困地区的孩子即使得到了基本的助学补助也不足以保障家庭对其学习的支持,对这样的群体要适度调整教育政策,建立差异补偿机制,保障其在一定的经济条件下顺利完成学业。在差异补偿机制上,要兼顾不同群体的实际困难,也要考虑当地的物价水平和财政支付能力,保障教育政策的可持续性。

(五)建立教育政策评估监督机制

教育政策的评估和监督机制是为了保障教育政策的顺利实施,防止教育政策在执行过程中,不同层次的执行部门夹杂一些自身部门的价值利益弱化或抵触教育政策的执行。建立独立的教育政策评估和监督机制是为了保障教育政策的科学有效和客观公平;从我国教育行政部门目前的现状来看,政府既是执行者也是监督者,监督机制的缺失是政策执行缺位和滋生腐败的重要原因。因此,在地方政策研究机构的基础上拓展教育政策的评估和监督功能,建立区别于教育行政部门的第三方评估监督组织显得尤为必要,这不仅能保障教育政策的公平透明,也能提高教育政策执行的效果。

(六)完善财政支付制度

教育移民政策的实施需要一定经费的保障和支持。我国教育经费近几年得到了明显提高,但是各个地区的经济发展情况不同。随着我国省级统筹义务教育经费保障机制的建立,各省市教育经费也相差很大,特别是一些贫困县市的教育经费来源更是无法支撑较大的教育投入,贫困边远县市的教育投入需要上级政府给予支持和照顾,方能补足产生的财政缺口。以海南省保亭县为例,教育经费主要来源于省级政府、当地政府和言爱集团的资金投入,这种教育经费的模式可以保障教育移民的基础投入,但却无法保障当地政府对教育经费的持续投入。因此,可根据不同群体的教育经费进行单列，并建立长期的教育经费保障支付制度，以保障教育移民政策的可持续性，如移民学校的基础维修基金、学生奖助学金、最低生均资助经费、学校教育支出经费、教师工资福利支出等，根据当地的物价水平和财政支付程度，计算出每一年教育移民支付的最低标准，并由省级或上级财政单列进行直接支付补贴，以保障当地政府对教育移民政策的顺利实施。

第六章 对海南省保亭县教育移民问题的政策建议

海南省教育移民政策的实施是近几年海南省教育发展过程中最大的亮点，也是结合海南省教育基础条件薄弱、教学质量相对低下的教育背景提出的创新举措，为实现教育公平和地区教育的跨越式发展起到了重要的作用，也为全国其他地区的教育发展提供了可供借鉴的实践经验。虽然在实践的过程中还存在着诸多问题，但却给我们开辟了落后地区教育如何实现跨越式发展的新思路、新想法。从学术的角度看，教育移民政策的实施缓解了教育公平与效益的矛盾，促进了落后民族地区教育的跨越式发展，也为教育扶贫理论提供了新的模式。在实践的过程中，也带来了一些新的思索，这为更好地完善教育移民政策提供了有力的参考和现实的佐证。只有在实践中不断总结，才能更好地服务于地区教育的可持续发展。下面，我将结合保亭自治县民族教育发展的实际问题提几点政策建议，以期为进一步完善教育移民政策提供参考。

一、统筹规划，对教育移民政策进行顶层设计

教育政策的实施要兼顾考虑受众利益群体之间的各自诉求。在教育移民政策中，政府、学校教师、学生和学生家长是教育移民政策的直接的利益主体，但彼此的政策利益取向是不同的，如何平衡好资源的分配，需要在制定政策时做好顶层设计。在教育移民的过

程中，政府需要在兼顾公平的情况下，考虑如何整合教育资源，使教育资源发挥最高的效率。学校教师需要在已有教育资源的条件下尽最大的努力提高教学质量，帮助学生尽可能地满足教育的需求，既满足个人职业价值的实现，又服务于教育事业；学生的利益需求是较以前的教育条件更好或者更方便；家长的利益考量是教育政策实施能切实地减轻家庭的教育负担，并有助于提高学生的教育质量。因此，不同利益主体之间的需求是不同的，政府是政策的执行主体，教师是政策的中介者也是政策的受众客体，学生和家长是政策的服务客体。如何协调好彼此之间的关系，是教育移民政策体系需要深刻考虑的重要内容。在教育移民政策的实行过程中，出现的问题大多是彼此之间的利益需求得不到满足，不同群体内部也会因为个体情况的不同，存在区别于大众的利益需求。比如撤并移民学校的学生到新的中心校就读，离中心校近的学生家庭的负担自然比离家远的学生教育成本的负担要小，离家远的孩子需要作出个人的牺牲，而这种牺牲的程度如果超出其自我的承受能力，政策的执行就会出现偏差，学生就会因此而辍学或者是退学。因此，教育政策的实施需考量不同利益相关者的需求，如果盲目地"一刀切"，必然会使不同利益群体出现负面的反抗情绪，也就违背了公共政策制定的初衷，效果也会大打折扣。

从目前的组织结构来看，政府、教育职能部门、非政府组织是政策的制定和执行者，但彼此之间的职能分工却并不明确。基本上非政府组织负责出资金，政府负责制定政策和出资金，教育职能部门负责政策的落实，整个环节缺乏政策的监督和评价。也就是说，政府既是政策的制定者，也是政策的评估者，效果的好坏与否得不到社会或者是利益客体的评价；在政策的制定过程中，真正的受众、学校、学生和学生家长参与不了政策的制定和监督，他们真正的利益诉求也无从反馈。在教育移民过程中，部分学生家长对于孩子集中到县城上学的担忧之情有时超出了使其接受平等教育的心情，认为孩子太小无法生活自理，在这样的背景下，舍弃教育也是无奈之举。做好顶层设计，就需要平衡好彼此之间的利益诉求，在尽可能满足的条件下，消除政策执行可能出现的负面情况。

做好教育移民政策的顶层设计，应充分给予学校、非政府组织一定的权力去参与到教育移民的政策执行过程中，只有在充分调研了解政策利益受众体——学生和家长的需求，才能更好地反馈于政策制定者，不断地修正政策的不足，才能更好地落实政策。学校在教育移民政策过程中，不仅仅是一个教育机构，更是教育政策目标得以落实的重要力量，学校的整合既要考虑教师的发展，更要考虑学生的安全。比如在学校校车问题上，保亭思源学校校长很是困惑，有社会组织考虑到学生上学安全的问题，准备赠送几辆校车给学校用于接送学生上、下学，但是校长考虑到学校既要维护校车的运营，又要考虑配备一定的后勤人员，这些顾虑超出了其个人的权限范围，使校长宁可放弃接受校车，也不想增加过多的工作量。如果体制机制不完善，或者是在顶层设计上没有统筹考虑可能出现的问题，职能部门就会面临被动的工作局面。在政策的执行过程中，也要发挥非政府组织的监督作用，保障教育资金运营的公开透明，监督移民学校建设的进度和工程质量。建议在省财政设立教育移民的专项资金项目，不仅可以保障资金的专项运营，也有利于打开非政府组织对教育捐助的渠道，吸引社会募捐资金资助教育的发展。作为一个长效性的项目用于资助教育移民工程，这样做既保障了各地区不会因为地方财政的不足而产生教育投入的缺口，又可保障教育移民工程的长期资金投入。做好顶层设计，还要明确职能的分工，政府不应全部包办教育，应该是结合各方面的考量制定切实可行的政策，比如，对于资金的管理规范、教育移民政策的指导性文件、奖助学金的评定标准、教学改革的大纲要求等，在具体的执行过程中，要给予地方政府和教育局一定的自主权，让学校校长充分发挥自主管理的能力，政府负责监督各职能部门制度落实的情况，并让各职能部门及时反馈存在的问题，充分调动好教育移民各利益主体的积极性和主动性。一个政策执行的好坏或许不在于你亲力亲为，而在于它利于疏导和兼顾主、客体的利益诉求。

二、因地制宜，分阶段组织实施教育移民

教育移民政策的执行涉及学生的规模大、范围广，全省同步进行，对人力、物力、财力等方面的要求都很高，必须做好统筹规划，保障政策执行的连续性。以保亭县为例，为做好教育移民工程，该县规划用 5 年时间分三个阶段完成"中学向县城区域整合，小学向乡镇原中学校址整合，原有的乡镇中小学校校址改为乡镇中心幼儿园"的目标，并把任务分解成小学、初中和高中的整合三个部分。政策执行过程中要坚持科学规划，先易后难，分步实施，以整合教育资源、不加重农民负担为原则。在规划设计上，规定农村完小的在校生人数规模在 200 人左右，服务半径覆盖在 2.5～3 千米。城镇小学由大班额逐步过渡到每班控制在 45 人范围之内。教学点的撤并要适当照顾偏远、交通不便的地方，保留 1～3 年级的教学点，4～6 年级集中撤并到中心校就读，教学点不再独立建制，隶属于中心小学或邻近的完全小学，教学点推行复式班教学。要求在教育移民政策的执行过程中，一是要正确处理布局调整与就近入学的关系，做到既要保证规模，又要方便入学，不能降低义务教育的普及率；二是要处理好布局调整与当地群众办学积极性的关系，不能打击群众办学的积极性，坚持"三级办学，两级管理，市县为主"的体制，做好群众的思想工作；三是要有效处理好撤并学校的资产，加强对学校财产的管理，防止教育资源的浪费和闲置；四是要把改善办学条件与加强对薄弱学校建设相结合，处理好与学校内部管理体制改革的关系，保障教师的合法权益，确保教育教学秩序的稳定。在教育移民的实践过程中，总体上运营正常，基本没有出

现因为教育移民政策而导致的社会矛盾。但是全县教育移民政策涉及的学生和教师规模大、范围广，执行过程中需要协调的部门太多，难免会出现问题。特别是在思源学校的建设和后期维护上，还存在考虑不足，学生宿舍、校舍和办公设备不足的问题；同时在移民学生的集中办学上，还存在部分学生因为离家太远超出了规定的3千米覆盖范围的问题，有些地区在移民政策的执行过程中，没有考虑少数群众的实际需求，政策上实行"一刀切"，这种做法也势必会影响到教育移民政策的效果。在保亭县毛感中心小学寄宿的学生很多都是离家太远的低年级学生，如果没有一定的保育人员配备，对于过早疏离家庭教育的孩子成长还是不利的。

因此，在教育移民的政策执行过程中，要充分进行调研，了解偏远地区学生及家长的利益需求，尽量考虑他们在教育过程中的负担。对于有些地区的教学点，即使规模小，还是应该适当地保留，不能因教育资源的整合而牺牲学生就近入学的教育权利，因为对于生活还不能自理的孩子而言，过早地离开原来学校教育与家庭教育一体的环境，对其个人的成长还是不利的。教学点不仅能够满足偏远地区教育在数量上的要求，也不会打击当地群众办教育的积极性。在调研过程中了解到，琼海市塔洋镇地区有些侨民和当地群众集资办起来的学校刚刚投入运营没几年，就因为教育移民政策的集中办学而撤并，这不仅影响到当地群众办学的积极性，也让学生和家长对政策执行很不理解，觉得他们原来的学校很好，并且很方便，好好的学校现在变成镇上的文化活动室。建议在教育移民政策的执行过程中，要因地制宜，坚持集中办学与分散教学点相结合，分步实施，不能不顾实际情况"一刀切"。还要充分考虑当地群众对政策的建议，不能挫伤当地群众办学的积极性。在教育移民的过程中，要分阶段地转移学生，不能因为教学点的基础条件差而整体移民，可先转移高年级的学生，逐步转移低年级的学生；同时还得考虑教育质量，在保亭县移民过程中，有些教学点虽然基础条件较差，但每年的升学率较县城条件好的学校都要高，移民之后，学校的教学质量整体下降，这样的经验教训要认真总结，要遵循教育的规律，不能"一刀切"地以为改变了教学环境就能提高教学质量，对于教学效果较好的学校，要重点扶持和照顾。总地来说，还是要坚持集中办学与分散办学相结合，适度集中，重点兼顾，避免不顾实际情况"一刀切"的政策执行。

三、进一步加强移民学校的师资队伍建设

师资队伍的建设关系到教育移民政策执行的真正效果。目前保亭县师资队伍的主要矛盾是师资满编与学科教师缺编并存的现象；按师生比，目前的师资配备是足够的，但是师资队伍老龄化占比高，同时英语、计算机、美术、体育等教师也存在很大缺口。如何创立更加灵活的人才体制机制，是个值得探讨的课题。保亭县教育局尝试了通过教师的教学比赛、教师考评等"九项工程"建设提升教育质量。但是教师队伍的建设还有待更加灵活的机制建设，坚持引进教师与本地教师队伍相结合的配备，给予优秀教师一定的平台和待遇，保障教师队伍的稳定，同时创立能上能下的灵活机制，让一部分老龄化和不符合专业需求的教师退居"二线"，负责教育的后勤保障和服务；同时鼓励一部分专业技能优秀的教师担当业务骨干，给予教学机会和质量要求；并极力争取引进紧缺学科的教师充实师资队伍，做到专业齐全，合理配备；营造一个相对竞争、学术争先的教师氛围。在教师的引进上，要突出学科建设和管理能力；目前思源学校的校长由海南省教育厅面向全国高薪选聘，年薪达到12万元，这个标准并不低，但要给予学校校长一定的教学自主权，放权建设思源学校文化和鼓励其开展教师队伍的建设，完善教师队伍和管理人才的制度建设。

在学校的师资队伍建设上，保亭县教育局采用与海口市优秀教

师的轮换挂职交流和本地优秀教师竞聘的方式对教师队伍进行改革，希望通过引进教师和优秀教师的"传帮带"等方式提升教师队伍的业务水平，同时通过成立研训中心，促进教师队伍的内涵建设。这可以说是一条具有创新的举措，既提升了教学质量，又带动了师资队伍的建设。虽然目前教师队伍的研修基础还很薄弱，但却能在体制机制上给年轻教师创造一个专业发展的平台。在制度建设的同时，也需要注重校园文化的建设，特别是随着教育移民政策的深入、教师队伍的多元化，如何使引进教师与本地教师在教育观念上、学校管理上相互融合、相互促进，是个需要认真思考的问题。教师队伍的稳定需要软环境的配合，教师队伍如何形成合力，需要文化的适应与融合，校园文化建设不仅包括学生的文化，还涵盖了教师的生存文化。软环境的建设不像制度建设那么具体，它需要一定的宽松的环境进行文化潜意识的浸染，加强校园文化的建设也是教师队伍建设的重要内容。

四、进一步完善教育移民的长效助学机制

贫困学生因家庭教育负担成本过高而辍学和退学的现象，目前在保亭县还是极少的，但并不表示教育移民政策已经很完善。一是家庭对教育机会的需求很强烈，即使家庭再苦、再累，也要送孩子享受更好教育的意识已经深深扎根在群众的心中。二是教育移民政策的补助相较于以前的助学补助更高，让很多学生家庭降低了教育成本，目前的标准还在能够承受的范围之内。但是，目前的补助标准还是存在不足，比如学生的伙食补助、交通补助等。补助标准不足，既有政府财力不足的原因，更重要的是长效的补助机制没有建立。保亭县的经济条件本身不是很富足，属于小财政办大教育，近几年对教育的投入已经超出了其自身的承受能力，如果随着教育移民政策的逐步深入，省级财政和社会资助逐年减少，教育移民资金

的缺口将会越来越大，地方财力的支持也必然会负担更重；同时，很多移民学生因为集中到县城上学，家庭的教育成本也逐年攀升，对于家庭贫困的孩子而言会越发难以承受。目前省政府与地方政府对移民学生的补助基本是按 5：5 的比例拨付，补助资金主要来源于省、市两级财政和社会募捐资金。对于对教育移民过程中出现的校车问题，目前没有专项补助，也就是资金缺口的来源没有一个长效的资金补助。

建议由省政府设立教育移民学生补助的专项资金账户，由省财政每年按比例正常拨入，同时拓宽社会募捐资金的渠道，地方财政的补助也纳入到该系统，按比例拨付，补助资金以实名制直接发放到学生的账户上，避免专项补助资金的占用和挪用；同时，公示补助学生名单接受社会的监督，保障补助资金的发放及时到位。由于税费体制改革，保亭县地方财政对教育投入的比例越来越高，如果没有一个长效的助学机制，单凭地方财政很难长期维持。特别是随着物价的上涨，学生现在的伙食费补助已显现出不足，增加学生补助标准的呼声也日益高涨。因此，各级政府需要未雨绸缪，把问题想到前面，结合国家教育补助的相关政策，争取国家和社会资金的参与，做好财政的教育经费预算，按一定的比例要求统一纳入专项资金项目进行有效管理，这样既能及时了解补助资金的及时发放，又能动态地了解各地财政补助的具体情况，及时寻求解决办法，保障学生补助资金及时发放。

五、加强针对少数民族学生的校本课程开发

少数民族教育具有选择和创造的功能，承载着文化传承的重任。对于少数民族地区的教育而言，要平衡好主流文化和民族文化课程的比例关系；而应试教育过于弱化了民族文化，同时也造成了一定民族文化传承的断层。海南少数民族教育要结合本地民族学生

的特点，有针对性地突出民族历史文化的教育，如黎族的历史、海南民俗文化织锦、竹竿舞等。要加强对海南本民族文化的教育，既能提高本土学生对本民族文化的兴趣，又能保证民族文化传承后继有人。目前民族文化课程项目都纳入到校本课程之中，保亭县教育局提倡各学校要突出校本课程的设计，打造具有特色的校本课程。但是在实际的教学过程中，校本课程很多流于形式，教学形式单一，具体的民族文化内容显得过于空洞。分析原因，一是对民族文化了解的师资不多，很多老师对民族文化的解读仅仅是片段式的截取，使课程流于形式，学生的学习兴趣不高。二是学校的校本课程在学校的课程比例并不高，或者是作为主流课程的一种补充，学校考核既不以此作为考核的指标，学生升学也不以校本课程作为单项考核，因此，老师和学生的积极性并不高，校本课程的开发和教学形式都没有一个适合的发展环境。

校本课程的开发需要专业师资的配合，不仅仅是学校流于形式的简单解读。少数民族校本课程的开发需要提高到更高的高度上进行教材的统一设计，建议省教育厅设立校本课程开发课题组，引进一些少数民族文化的传承人集中进行多个类别的校本课程设计，比如少数民族的织锦、琼剧、黎药、苗族蜡染等，把这些不同形式和类别的校本课程作为地区教育校本课程的选修科目，指导各地区学校进行有选择性的选取，作为校本课程的内容。同时，加强校本课程师资的培训力度，可聘请一定数量的少数民族文化的传承人作为课程的指导者，传授一定的民族技艺；对校本课程的考核要突出特色结合和专业比赛的内容，让各学校选派一定比例的学生进行比赛。对于有一定技能的特长生，在基础教育的升学教育上给予一定的政策倾斜，激发学生学习民族文化的兴趣，同时也能引导学校加大对学校特色课程的支持力度。在调研过程中了解到，保亭县民族中学的学生在民族舞蹈比赛中每年都在省里拿奖，但是这些孩子的家长却并不鼓励孩子学习民族舞蹈，认为学生把精力浪费在这些无用的科目上，会影响其正常的升学。要转变这种观念，需要教育政策上的引导，也需要在教育课程设置上把主流文化课程与民族特色的校本课程摆在一个适当的平衡状态，否则，民族文化校本课程的开发就会像无根的浮萍，永远处于学校教育的边缘。

为此，笔者建议：第一，深度挖掘海南少数民族文化，并将其纳入到学校校本课程开发体系中，设立小学、初中和高中以及大学不同级别的少数民族校本课程体系，形成以教育部、地方教育部门和民族学校三位一体的少数民族文化课堂体系，编写国家民族文化课程、地方民族特色课程的选修教材，把课程设置的比例适当放权给地方教育部门，如在小学开设民族手工艺课程，中学开设民族音乐和舞蹈课程，大学开设少数民族历史文化、民族文学等课程。乡土课程的开发，有利于民族学生加深对本民族文化的认同度，增强民族的归属感和爱国爱乡的热情。第二，建立少数民族文化继承人保障机制，纳入到民族教育系统。鼓励民族文化传承人参与民族文化教材的编写和课程传授。保障其合法的知识产权，极力扶持其开展民族工艺的创作。聘请部分民族文化传承人担任学校选修课的教师，这样不仅解决了民族文化传承人的出路问题，也使民族文化在学校得到更好的传承。第三，在基础教育的升学上，适当降低少数民族特长生的入学条件，引导少数民族学生学习本民族的文化传统。改变民族学校教师的教育观念，不把学业成绩作为学生发展的唯一标准。在入学考核上，对有民族文化特长的学生进行文化笔试——特长面试——专家推荐意见等多方面考核，降低入学的文化分数，给予民族特长学生更多的发展机会。第四，把少数民族文化的校本课程纳入到教育政策的评估和监督体系。对于校本课程开发做得好的学校要给予一定的激励，在考核标准上给予一定的政策倾斜①。

---

① 谢君君：《海南少数民族教育发展与文化传承》，载《教育评论》2011年第3期。

　　总之，校本课程的开发要结合本民族文化的特色，也需要得到政府和教育部门切实的重视；少数民族教育的发展，不能缺失对民族文化的传承。教育移民政策的执行不仅要考虑教育资源的效率、教育的公平，还要在民族文化的选择和创新上有举措，这不仅是教育的应有之义，也是民族教育的使命和责任。

结　语

　　我国少数民族地区教育发展的现状决定了教育公平、教育均衡发展是一个长期的发展过程；从学术上对少数民族地区教育发展进行研究没有终点，这不仅是中国特色社会主义发展的要求，也是民族地区教育实践探索的应有之义。由于各民族、各地区所处的环境不同，教育发展也存在差异；缩小各民族地区教育水平的差距，实现少数民族地区的教育跨越式发展，就要求我们抛开现有的常规发展模式去打破现实的藩篱，找寻一种更适合民族地区自我发展的新路径。

　　本研究试图对民族地区教育跨越式发展的问题作出解答，通过海南少数民族自治县——保亭县教育移民的调查，让我们更清楚地了解民族地区教育的自我发展不仅是当地民众自我教育意愿的诉求，也是民族教育发展的理论延伸；虽然现实的路径可能会在实践的过程中存在或多或少的瑕疵，但探索永无止境。在本研究中，笔者通过对海南省保亭自治县教育移民的背景、实施过程、取得成效以及存在的问题进行考察论证，从不同的利益群体角度进行分析，并在现有民族教育理论的基础上，对现实的教育移民问题进行理论思考，试图构建教育移民可供借鉴的实践模式，以期对其他民族地区提供参考。

　　在研究中，笔者深刻感受到民族教育发展的蓬勃动力，也深刻领悟到民族教育超常规发展有其历史的必然要求。虽然，海南少数民族地区教育移民实施的时间还较短，还不能较为客观地评价教育移民实施前后的效果，但其走出了民族教育发展的一条新的路径。遗憾的是，由于本人自身学术的浅薄，在该研究上还存在着几点不足：一是对教育移民研究的定性研究不够，虽然收集了大量的一手调研材料，但定量材料有余，定性理论分析的水平还有待加强；二是教育移民的实践评价还有待深入，包括不同民族地区教育移民的比较研究和海南省少数民族地区教育移民前后的效果评价；三是理论与实践的结合不足，如何融合还有待继续学习探索。

　　总而言之，民族教育的发展总是随着历史的车轮在不太平坦的道路上曲折前行，不管前途如何，总有一种力量会打破现有的平衡，让学术的探索追随着历史的脚印坚定地前行，发展永无止境。

海南省教育扶贫移民调查问卷
〔县(市)、乡(镇)教育行政部门负责人问卷〕

尊敬的县(市)、乡(镇)教育行政部门负责同志:

您好!

为了客观把握海南省教育扶贫移民的真实情况,以便为今后的相关政策提供可靠的依据,特组织本次学术调查。此次调查以匿名的方式填答,所有信息仅供研究使用。您只需根据实际情况在选项上打"√"或在_____上填写相应信息。衷心感谢您的支持和协助!

    1. 您的基本情况是:

    (1)性别:①男   ②女

    (2)年龄:_____周岁

    (3)民族:①汉族 ②少数民族:_____族

    (4)文化程度:①高中(中专)以下 ②高中(中专)③大专④本科 ⑤研究生

    (5)职务:①教育局长(副局长)②科长(股长)③乡镇教育站长(干事)

    2. 您所在县(市)或乡(镇)从_____年开始实行教育扶贫移民工程(请填写具体年份)。

    3. 您认为当地实行教育扶贫移民工程的主要原因是:(可多选)

①按省里的教育政策要求 ②农村学龄人口减少，教学点招生不足 ③解决当地乡镇与城镇教育水平的差距，实现教育均衡发展的需要 ④提高教育质量的需要 ⑤方便教育管理的需要 ⑥实现教育资源合理配置的需要 ⑦教育扶贫的需要 ⑧减少生态保护区人口，保护生态保护区的环境需要 ⑨税费改革导致的地方政府教育经费的不足 ⑩城镇化的要求 ⑪其他_____

4. 当地政府在教育扶贫移民工程中采取的方式主要是：(可多选)

①建立示范学校的方式 ②强制撤并教学点的方式 ③劝说示范集中办学的方式 ④鼓励和强制相结合的方式 ⑤其他_____

5. 当地教育扶贫移民工程采取的主要形式是：(可多选)

①完全合并式 ②兼并式 ③三年级以上集中到县城集中上学，三年级以下保留教学点 ④集中分散式 ⑤其他_____

6. 您认为当地实行教育扶贫移民工程取得的成效是：(可多选)

①提高了学校规模效应 ②实现了教育资源的合理配置 ③提高了教育质量 ④减轻了教师的负担 ⑤减轻了学生家庭教育成本的负担 ⑥有助于教育的均衡发展 ⑦加快了本地教育的发展 ⑧其他_____

7. 您认为当地教育扶贫移民工程存在的问题是：(可多选)

①学校配套建设资金的不足(如校车、后勤保障、学生伙食、住宿等) ②政府学校建设资金不到位，管理缺乏监督，学校运营成本高 ③教师引进、住房、待遇资金存在缺口 ④学生上学路程太远 ⑤学生家长教育成本负担加重 ⑥班级规模过大 ⑦少数民族学生学习生活压力加大，在学校存在不适应(产生叛逆、逃学、

心理问题等)　⑧教师的工作负担加重　⑨教育质量有所下降　⑩长效助学机制存在补助不足　⑪学校教育管理制度不健全　⑫其他_____

8. 您认为实行教育扶贫移民工程的困难是：(可多选)

①撤并教学点村民不支持　②学生家长不理解　③教师怕下岗失业，工作不安心　④部分学校不配合　⑤学生担心上学路途太远，存在安全隐患　⑥其他_____

_____

9. 当地实行教育扶贫移民工程后入学率、辍学率和升学率与以前相比：(请在符合项下打"√")

	①增加	②减少	③大体相当
入学率变化情况			
辍学率变化情况			
升学率变化情况			

10. 当地实行教育扶贫移民工程后学生上学是否方便：
①是　　　　　　　　②否

11. 您认为解决农村中小学上学路途过远问题最好的途径是：(可多选)

①寄宿制　②定点班车接送　③家长接送　④学校配套建立校车车队　⑤其他_____

12. 您认为建立思源学校的好处在于：(可多选)

①农村学生可以享受到优质的教育资源　②有利于学校集中管理　③有利于农民工子女的学习和生活　④有利于提高学校的教育质量　⑤其他_____

13. 您认为思源学校存在的主要问题是：(可多选)

①低年级学生寄宿生活不方便　②学校教师编制过紧　③缺少必要的配套经费　④引进外地教师与当地少数民族学生家长存在文化冲突，学生家长对教师的教学管理不理解　⑤少数民族贫困学生家庭负担增加　⑥少数民族文化特色课程开发不足　⑦边远少数民族学生在县城上学存在不适应　⑧学校缺乏保育人员和工勤人员　⑨对贫困家庭学生的资助不足　⑩师资不足，无法开展双语教学　⑪其他_____

14. 您认为学校的布局结构应该是：(请在下表中填写相应的数字)

合理布局指标项	小学	初中	高中
学校服务范围大约多少千米合适			
学校服务人口大约多少人合理			
理想的学校规模大约应该是多少个班			
理想的学校规模大约应是多少个学生			
最低应该不少于多少个学生			
生师比保持在什么样的比例为合理			

15. 您认为当地农村是否应当保留教学点：
①是　②否　理由是：_____

16. 当地农村被撤并教学点闲置校产的处理方式是：(可多选)
①开展学前教育　②交由村委会处理　③发展校办产业　④收归教育部门　⑤交由乡镇处理　⑥由学校变卖后补充教育资金　⑦其他_____

17. 您认为当地教育师资富余学科是_____，短缺师资学科是_____
①语文　②数学　③外语　④体育　⑤艺术(音乐、美术)

⑥计算机　⑦心理健康　⑧科学　⑨品德与生活　⑩品德与社会
⑪思想品德　⑫历史与社会　⑬综合实践活动　⑭双语教师　⑮其他

18. 您认为职业教育实行"四免一补"政策对当地教育扶贫有哪些帮助：
①有利于农村学生的升学　②有利于当地学生掌握一门技能
③有利于学生就业　④有利于减轻贫困学生家庭的负担　⑤有利于减少贫困地区人口，使其向城镇流动　⑥其他_____

_____

19. 您对当地的教育扶贫移民政策的态度：
①支持　　②不支持　　③无所谓

20. 您认为当地教育扶贫移民最需要解决的问题是：
①增加经费投入　②加强思源学校建设　③合理配置师资和加强师训　④增加贫困学生的补助　⑤其他_____

_____

21. 您对教育扶贫移民工程还有哪些建议：_____

_____

_____

海南省教育扶贫移民调查问卷
〔学生家长问卷〕

尊敬的学生家长：

您好！

为了客观把握海南省教育扶贫移民的真实情况，以便为今后的相关政策提供可靠的依据，特组织本次学术调查。此次调查以匿名的方式填答，所有信息仅供研究使用。您只需根据实际情况在选项上打"√"或在_____上填写相应信息。衷心感谢您的支持和协助！

1. 您的基本情况是：

(1)性别：①男　　②女

(2)年龄：_____周岁

(3)民族：①汉族　②少数民族：_____族

(4)身份或职业：①务农　②经商　③干部　④教师　⑤医生⑥外出打工　⑦其他_____

(5)家庭一年纯收入大约是_____元

2. 您家有_____个孩子，其中上学的有_____个，他(她)们现在上：

①小学　②初中　③高中　④其他_____

3. 您每年负担孩子教育成本占到家庭收入的_____%。

4. 您家孩子上学要走＿＿＿＿＿＿千米路，要花＿＿＿＿＿＿小时。

5. 您家孩子所上学校是否撤并过：

①是　　　②否

6. 现在孩子上学您最担心的问题是：

①孩子的安全问题　②家庭经济负担加重　③孩子学习成绩下降　④孩子的住宿生活问题　⑤其他＿＿＿＿＿＿＿＿＿＿＿＿

7. 您认为现在孩子上学是否方便：

①是　　　②否

8. 与教育扶贫移民前相比，您认为现在学校的老师对学生：

①更负责任　②没有以前负责　③说不清楚

9. 您认为解决当地农村孩子上学路程过远的最好办法是：（可多选）

①让学生住校　②定点校车接送　③家长接送　④孩子自己坐班车　⑤其他＿＿＿＿＿＿＿

10. 您家里是否有孩子住校：

①是　　　②否

11. 您家里孩子每学期住宿费是＿＿＿＿＿＿元，每月生活费大约是＿＿＿＿＿＿元。

12. 您家负担孩子上学的住宿费和生活费是否有困难：

①有困难，负担不起　②有点，但能勉强支撑　③一般，属于承受范围　④没有问题

13. 您认为在当地农村孩子上学最远不超过＿＿＿＿＿＿千米为好；初中生上学最远不超过＿＿＿＿＿＿千米为好；高中生上学最远不超过＿＿＿＿＿＿千米为好。

14. 您认为农村中小学集中办学后，是否应当保留当地的教学点：

①应当保留　②不用保留　理由是：＿＿＿＿＿＿＿＿＿＿＿＿

15. 当地在实行教育扶贫移民后，对孩子的教育起到什么帮助：（可多选）

①教育水平得到了提高 ②孩子的成绩得到了提高 ③政府对孩子教育的补助比以前提高了，减少了家庭的教育负担 ④学校的教学设施比以前好了 ⑤使孩子能享受到跟城里孩子相同的教育条件 ⑥孩子上学的兴趣提高了 ⑦其他＿＿＿＿＿＿＿＿＿＿

＿＿＿＿＿＿＿＿＿＿＿＿＿＿

16. 政府对当地中小学的撤并过程是进行宣传动员，还是强制手段：

①宣传动员 ②强制手段 ③说不清楚

17. 当地在进行农村中小学的集中办学时是否征求过当地村民的意见：

①是 ②否

18. 您认为当地实行教育扶贫移民工程的主要原因是：（可多选）

①按省里的教育政策要求 ②农村学龄人口减少，教学点招生不足 ③解决当地乡镇与城镇教育水平的差距，实现教育均衡发展的需要 ④提高教育质量的需要 ⑤方便教育管理的需要 ⑥实现教育资源合理配置的需要 ⑦教育扶贫的需要 ⑧减少生态保护区人口，保护生态保护区的环境需要 ⑨税费改革导致的地方政府教育经费的不足 ⑩城镇化的要求 ⑪其他＿＿＿＿＿＿＿＿＿＿

＿＿＿＿＿＿＿＿＿＿＿＿＿＿

19. 您认为当地教育扶贫移民政策存在的问题是：（可多选）

①学校配套建设资金的不足（如校车、后勤保障、学生伙食、住宿等） ②学生上学路程太远 ③学生家长教育成本负担加重 ④班级规模过大 ⑤少数民族学生学习生活压力加大，在学校学习存在不适应（产生叛逆、逃学、心理问题等） ⑥教育质量有所下降 ⑦长效助学机制存在补助不足 ⑧学校教育管理制度不健全

⑨其他_____

20. 您认为当地实行的教育扶贫移民政策，迫切需要解决的问题是：（可多选）

①学生上学距离太远，有安全隐患，希望能提供定点校车接送 ②学生的教育负担太大，希望增加对困难家庭孩子的教育补助 ③学生的住宿条件太差，希望改善住宿条件 ④希望学校加强对学生的教育管理 ⑤学校教育与少数民族文化脱节，希望学校增加关于少数民族文化的课程 ⑥增加心理辅导课程 ⑦其他_____

_____

21. 您对当地实行的教育扶贫移民政策是什么态度：

①支持 　②不支持

理由是：_____

22. 您对当地实行的教育扶贫移民政策有什么建议：

_____

_____

_____

_____

_____

海南省教育扶贫移民调查问卷
〔学生问卷〕

亲爱的同学：

你好！

我们是中南民族大学"海南省教育移民研究"的研究人员，为了客观把握海南省教育扶贫移民的真实情况，以便为今后的相关政策提供可靠的依据，特组织本次调查。你的意见对于我们的调查研究具有非常重要的价值。因此，特请你支持我们的调查。此次调查以匿名的方式填答，你只需根据实际情况在选项上打"√"或在_____上填写相应信息就可以了。谢谢你的支持和帮助！

1. 你的基本情况是：

（1）性别：①男　　②女

（2）年龄：_____周岁

（3）民族：①汉族　②少数民族：_____族

（4）你父母的情况是：

①都在家务农或者其他工作　②父亲或母亲一人在外地打工③父母都在外地打工　④其他_____

2. 你是在县城住校就读还是在教学点走读：

①住校　　　　　　　　　　②走读

3. 你每学期要交_____元学费，如果是住校的话，交

_____元住宿费，每月_____元生活费。

4. 你家里负担你的学费、住宿费和生活费是否有困难：

①有困难　　　　②没有困难　　　　　　③不知道

5. 你住校后是否得到过生活补助：

①是　　　　②否　　　　③每学期得到_____元生活补助和_____元交通补助。

6. 你认为在家里还是在学校住宿好：

①家里　　②学校　　③差不多

7. 你每星期要在学校住_____天；你们学校一个房间一般住_____个同学；一张床铺一般睡_____个同学。

8. 你主要从家里带菜吃还是从食堂买菜吃：

①家里带菜　　　　②买食堂的菜

9. 你认为学校食堂的饭菜怎样：

①跟家里差不多　　　　②不太合胃口　　　　③有点贵

10. 你家离校_____千米；你一般是坐车上学，还是走路上学？

①坐车，到校_____时间　②走路，到校_____时间

11. 一般情况下，你是怎样上学的：

①自己上学　　②父母接送　　③与同学结伴上学

12. 你们所在学校是否与别的学校合并过：

①是　　　　　　②否

13. 一般情况下，你上学时：

①步行　　②骑自行车　　③坐公共汽车　　④坐校车⑤其他_____

14. 你现在上学是否比以前方便：

①比以前方便　　　　②没有以前方便

15. 现在你所居住的村里，上学的同学与教育扶贫移民之前

相比：

①多了　　　　　　　②少了　　　　　　　③差不多

16. 你认为现在老师与同学们在一起的时间比以前：

①多些　　　　　　　②少些　　　　　　　③差不多

17. (1)你现在所在班上有＿＿＿＿＿＿个同学；

(2)现在的班与教育扶贫移民前所在的班相比：

①大些　　　　　　　②小些　　　　　　　③差不多

(3)你喜欢：

①大班上课　　　　　②小班上课　　　　　③无所谓

18. 你喜欢所有的课由一个老师上还是分开由多个老师上：

①一个老师上　　　　②多个老师上　　　　③无所谓

19. 你现在的学习成绩与教育扶贫移民之前相比：

①提高了　　　　　　②下降了　　　　　　③说不清楚

20. 你喜欢以前的学校还是现在的学校：

①以前的学校　　　　②现在的学校

21. 你现在上学最担心的问题是：(可多选)

①路远不安全　　②受别的同学欺负　　③加重了家长的负担
④不适应学校环境　　⑤害怕与老师的交流和沟通　　⑥住宿和吃的不
习惯　　⑦离家时间太长，想父母　　⑧其他＿＿＿＿＿＿＿＿＿＿＿

22. 你认为解决上学路程太远问题的最好办法是：

①住校　　　　　②定点校车接送　　　　③家长接送
④自己坐公共汽车　　　　⑤其他＿＿＿＿＿＿＿＿＿＿＿＿＿＿＿＿

23. 你认为现在所在学校在哪些方面需要改善：

①校车接送　　②学校伙食　　③住宿条件　　④卫生医疗
⑤学校课程太多、课外活动太少　　⑥教学水平　　⑦对贫困家庭
的学生补助　　⑧学校教育管理制度不健全　　⑨其他＿＿＿＿＿＿＿

24. 你对集中到县城上学的政策是什么态度：

①支持　　②不支持　　理由是＿＿＿＿＿＿＿＿＿＿＿＿＿＿＿＿＿

25. 你对学校的教育管理有什么建议：

_____

_____

_____

_____

海南省教育扶贫移民调查问卷

〔学校卷〕

尊敬的校长、老师：

　　您好！

　　为了客观把握海南省教育扶贫移民的真实情况，以便为今后的相关政策提供可靠的依据，特组织本次学术调查。此次调查以匿名的方式填答，所有信息仅供研究使用。您只需根据实际情况在选项上打"√"或在＿＿＿＿＿上填写相应信息。衷心感谢您的支持和协助！

　　1. 您的基本情况是：

　　(1)性别：①男　　　②女

　　(2)年龄：＿＿＿＿＿＿周岁；教龄＿＿＿＿＿＿年；是否外地引进教师：①是　　②否

　　(3)民族：①汉族　　②少数民族：＿＿＿＿＿＿族

　　(4)文化程度：①高中(中专)以下　②高中(中专)③大专④本科　⑤研究生

　　(5)职务：①校长(副校长)②学校中层干部　③教师　④其他＿＿＿＿＿＿

　　(6)您所带的年级：＿＿＿年级(初中请按照 7~9 年级填写)

　　2. 您目前所在的学校：

（1）①小学　　②初中　　③九年一贯制学校　　④高中

（2）①寄宿学校　　②走读学校　　③走读寄宿混合学校

3. 您所在县(市)或乡(镇)从_____年开始实行教育扶贫移民工程(请填写具体年份)

4. 您认为当地实行教育扶贫移民工程的主要原因是：(可多选)

①按省里的教育政策要求　②农村学龄人口减少，教学点招生不足　③解决当地乡镇与城镇教育水平的差距，实现教育均衡发展的需要　④提高教育质量的需要　⑤方便教育管理的需要　⑥实现教育资源合理配置的需要　⑦教育扶贫的需要　⑧减少生态保护区人口，保护生态保护区的环境需要　⑨税费改革导致的地方政府教育经费的不足　⑩城镇化的要求　⑪其他_____

5. 当地政府在教育扶贫移民工程中采取的方式主要是：(可多选)

①建立示范学校的方式　②强制撤并教学点方式　③劝说示范集中办学方式　④鼓励和强制相结合方式　⑤其他_____

6. 当地教育扶贫移民工程采取的主要形式是：(可多选)

①完全合并式(两校或多校完全合并)　②兼并式(一所学校兼并另一所或几所学校)　③三年级以上集中到县城上学，三年级以下保留教学点　④集中分散式(一所中小学校带几个教学点)　⑤交叉式(几个年级在甲村，几个年级在乙村，彼此独立运行)；⑥其他_____

7. 您认为当地实行教育扶贫移民工程取得的成效是：(可多选)

①提高了学校规模效应　②实现了教育资源的合理配置③提高了教育质量　④减轻了教师的负担　⑤减轻了学生家庭教

育成本的负担　⑥有助于教育的均衡发展　⑦加快了本地教育的发展　⑧其他＿＿＿＿＿＿＿＿＿＿＿＿＿＿＿＿

8. 您认为当地教育扶贫移民工程存在的问题是：（可多选）

①学校配套建设资金的不足（如校车、后勤保障、学生伙食、住宿等）　②政府学校建设资金不到位，管理缺乏监督，学校运营成本高　③教师引进、住房、待遇资金存在缺口　④学生上学路程太远　⑤学生家长教育成本负担加重　⑥班级规模过大　⑦少数民族学生学习生活压力加大，在学校存在不适应（产生叛逆、逃学、心理问题等）　⑧教师的工作负担加重　⑨教育质量有所下降　⑩长效助学机制存在补助不足　⑪学校教育管理制度不健全　⑫其他＿＿＿＿＿＿＿＿＿＿＿＿＿＿＿

9. 您认为实行教育扶贫移民工程的困难是：（可多选）

①撤并教学点村民不支持　②学生家长不理解　③教师怕下岗失业，工作不安心　④部分学校不配合　⑤学生担心上学路途太远，存在安全隐患　⑥其他＿＿＿＿＿＿＿＿＿＿＿＿＿

10. 当地实行教育扶贫移民工程后入学率、辍学率和升学率与以前相比：（请在符合项下打"√"）

	①增加	②减少	③大体相当
入学率变化情况			
辍学率变化情况			
升学率变化情况			

11. 当地实行教育扶贫移民工程后学生上学是否方便：

①是　　　　　　　　　　②否

12. 您认为解决农村中小学上学路途过远问题最好的途径是：（可多选）

①寄宿制 　　②定点班车接送 　　③家长接送 　　④学校配套建立校车车队 　　⑤其他＿＿＿＿＿＿＿＿＿＿＿＿

13. 您认为建立思源学校的好处在于：(可多选)

①农村学生可以享受到优质的教育资源 ②有利于学校集中管理 ③有利于农民工子女的学习和生活 ④有利于提高学校的教育质量 ⑤其他＿＿＿＿＿＿＿＿＿＿＿＿＿＿＿＿＿＿

14. 贵校学生上学最远的路程大约是＿＿＿＿＿＿千米，最长时间到校大约是＿＿＿＿＿＿个小时。

15. 当前贵校共有＿＿＿＿＿＿个班，共有＿＿＿＿＿＿个学生，平均每班＿＿＿＿＿＿个学生，生均建筑面积＿＿＿＿＿＿平方米；教育扶贫移民实行前，贵校共有＿＿＿＿＿＿个班，＿＿＿＿＿＿个学生，平均每班＿＿＿＿＿＿个学生，生均建筑面积＿＿＿＿＿＿平方米。

16. 贵校少数民族学生有＿＿＿＿＿＿人，所占比例大概为＿＿＿＿＿＿％。

17. 当前寄宿制小学1~3年级＿＿＿＿＿＿个住校生、4~6年级＿＿＿＿＿＿个住校生、中学＿＿＿＿＿＿个住校生，共配备了＿＿＿＿＿＿名保育人员或生活管理人员。

18. 当前贵校的服务范围是＿＿＿＿＿＿个村，服务人口是＿＿＿＿＿＿人。

19. 贵校对寄宿学生每人每学期补助＿＿＿＿＿＿元生活费，＿＿＿＿＿＿元交通费。(没有补助的可以不填)

20. 您认为思源学校存在的主要问题是：(可多选)

①低年级学生寄宿生活不方便 ②学校教师编制过紧 ③缺少必要的配套经费 ④引进外地教师与当地少数民族学生家长存在文化冲突，学生家长对教师的教学管理不理解 ⑤少数民族贫困学生家庭负担增加 ⑥少数民族文化特色课程开发不足 ⑦边远少数民族学生在县城上学存在不适应 ⑧学校缺乏保育人员和工勤人员

⑨对贫困家庭学生的资助不足   ⑩师资不足，无法开展双语教学
⑪其他_____

21. 您认为学校的布局结构应该是：（请在下表中填写相应的数字）

合理布局指标项	小学	初中	高中
学校服务范围大约多少千米合适			
学校服务人口大约多少人合理			
理想的学校规模大约应该是多少个班			
理想的学校规模大约应是多少个学生			
最低应该不少于多少个学生			
生师比保持在什么样的比例为合理			

22. 您认为当地农村是否应当保留教学点：
①是   ②否   理由是：_____

23. 当地农村被撤并的教学点的闲置校产的处理方式是：（可多选）
①开展学前教育   ②交由村委会处理   ③发展校办产业
④收归教育部门   ⑤交由乡镇处理   ⑥由学校变卖后补充教育资金 ⑦其他_____

24. 当前贵校各科教师的配备情况是：
①恰好配齐   ②富余   ③短缺
教育师资富余学科是_____，师资短缺学科是_____
①语文   ②数学   ③外语   ④体育   ⑤艺术(音乐、美术)
⑥计算机   ⑦心理健康   ⑧科学   ⑨品德与生活   ⑩品德与社会
⑪思想品德   ⑫历史与社会   ⑬综合实践活动   ⑭双语教师   ⑮其

他_____

如果师资短缺，你认为短缺的原因是什么：

①待遇低招不到人　②外地教师主观上觉得条件差，不愿意来少数民族地区教书　③存在生活上的不适应　④缺少发展平台⑤其他_____

25. 您认为职业教育实行"四免一补"政策对当地教育扶贫有哪些帮助：

①有利于农村学生的升学　②有利于当地学生掌握一门技能③有利于学生就业　④有利于减轻贫困学生家庭的负担　⑤有利于减少贫困地区人口，使其向城镇流动　⑥其他_____

26. 您对当地的教育扶贫移民政策的态度：

①支持　　　②不支持　　　　③无所谓

27. 您认为当地教育扶贫移民最需要解决的问题是：

①增加经费投入　②加强思源学校建设　③合理配置师资和加强师训　④增加贫困学生的补助　⑤其他_____

28. 您对教育扶贫移民工程还有哪些建议：_____

_____

_____

参 考 文 献

一、英文文献

[1] R. F. Yeager. Rationality and Retrenchment: The Use of a Computer Simulation to Aid Decision-Making in School Closing[J]. Education and Urban Society, 1979(11).

[2] Douglas Lehman. Bringing the School to the Children: Shortening the Path to EFA [J/OL]. http://www1.worldbank.org/education/notes.asp, August, 2003.

[3] Serge Theunynck. School Construction in Developing Countries: What Do We Know? [J/OL]. http://www1.worldbank.org/education/pdf/EFAAcase_Construction.pdf, 2003.

[4] L. Cuban. Shrinking Enrollment and Consolidation, Political and Organizational Impact in Arlington, Virginia, 1973-1978 [J]. Education and Urban Society, 1979(11).

[5] M. H. Metes. The Closing of Andrew Jackson Elementary School: Magnets in School System Organization and Politics [C]// B. S. Bachrach(ed.). Organization Behavior in Schools and School Districts. New York: Praeger, 1981.

[6] Oscar Lewis. Five Families: Mexican Case Studies in the Culture of Poverty[M]. New York: Basic Books, 1966.

二、中文文献

[1] 范先佐，等．中国中西部地区农村中小学合理布局结构研究[M]．北京：中国社会科学出版社，2009.

[2] 姜德华．中国贫困地区类型及开发[M]．北京：旅游教育出版社，1989.

[3] 王小强，白南风．富饶的贫困[M]．成都：四川人民出版社，1986.

[4] 罗必良．从贫困走向富饶[M]．重庆：重庆出版社，1991.

[5] 沈红，周黎安，等．边缘地带的小农——中国贫困的微观理解[M]．北京：人民出版社，1992.

[6] 金俊峰．云南山区"开发式"扶贫模式研究[D]．华东师范大学，2006.

[7] 刘维忠．新阶段新疆农村扶贫开发模式与对策研究[D]．新疆农业大学，2010.

[8] 夏英．贫困与发展[M]．北京：人民出版社，1995.

[9] 张宏．欠发达地区参与式扶贫开发模式研究——以甘肃麻安村为例[D]．兰州大学，2007.

[10] 龚晓宽．中国农村扶贫模式创新研究[D]．四川大学，2006.

[11] 欧文福．西南民族贫困地区的教育与人力资源开发——基于产业发展与人力资源能力建设[D]．西南民族大学，2006.

[12] 谷宏伟．"教育致贫"及其后果——转型时期中国低收入家庭的教育困境[D]．东北财经大学，2007.

[13] 李菊兰．非政府组织扶贫模式研究[D]．西北农林科技大学，2008.

[14] 孟立军．历史性跨越：民族地区超常规发展与民族地区发展研究[M]．南宁：广西民族出版社，1999.

[15] 马克思恩格斯选集(第 1 卷)[M]. 北京：人民出版社，1972.

[16] 千里原. 民族工作大全[M]. 北京：中国经济出版社，1994.

[17] 黄万纶，李文潮. 中国少数民族经济教程[M]. 太原：山西教育出版社，1998.

[18] 杨清震. 中国少数民族地区边境贸易[M]. 太原：山西教育出版社，1998.

[19] 张慧真. 教育与族群认同——贵州石门坎苗族的个案研究(1900—1949)[M]. 北京：民族出版社，2008.

[20] 顾明远. 教育大辞典(第 4 卷)[M]. 上海：上海教育出版社，1992.

[21] 康晓光. 中国贫困与反贫困理论[M]. 南宁：广西人民出版社，1995.

[22] 保亭黎族苗族自治县地方志编纂委员会. 保亭县志[M]. 海口：南海出版公司，1997.

[23] 刁田丁. 政策学[M]. 北京：中国统计出版社，1998.

[24] 奈德尔·拉波特，乔安娜·奥弗林. 社会文化人类学的关键概念[M]. 北京：华夏出版社，2009.

[25] 齐见龙，等. 五指山基业——海南少数民族教育探究[M]. 沈阳：吉林人民出版社，2005.

[26] 王善迈. 教育经济学简明教程[M]. 北京：高等教育出版社，2002.

[27] 余源培，荆忠. 寻找新的学苑——经济哲学成为新的学科生长点[M]. 上海：上海社会科学院出版社，2001.

[28] 张人杰. 国外教育社会学基本文选[J]. 上海：华东师范大学出版社，2009.

[29] 林乘东. 教育扶贫论[J]. 民族研究，1997(3).

[30] 马晓强. 关于我国普通高中教育办学规模的几个问题[J]. 教育与经济，2003(3).

[31] 石人炳. 国外关于学校布局调整的研究及启示[J]. 比较教育研究, 2004(12).

[32] 庞丽娟, 韩小雨. 农村中小学布局调整的问题、原因及对策[J]. 教育学报, 2005(4).

[33] 中西部地区农村中小学合理布局结构研究课题组. 我国农村中小学布局调整的背景、目的和成效——基于中西部地区6省区38个县市177个乡镇的调查分析[J]. 华中师范大学学报(人文社会科学版), 2008(4).

[34] 钱志亮. 社会转型时期的教育公平问题——中国教育学会中青年教育理论工作者专业委员会第十次年会综述[J]. 教育理论与实践, 2001(2).

[35] 柳海民, 娜仁高娃, 等. 布局调整: 全面提高农村基础教育质量的有效途径[J]. 东北师范大学学报(哲学社会科学版), 2008(1).

[36] 范先佐. 农村中小学布局调整的原因、动力及方式选择[J]. 教育与经济, 2006(1).

[37] 吕泽斌. 超前性、合理性、效益性和有序性——关于农村中小学布局调整的实践与思考[J]. 教育科学, 1995(1).

[38] 余海波. 合理调整布局, 提高办学效益——西南民族地区基础教育办学的一条有效途径[J]. 学术探索, 2001(5).

[39] 吴宏超, 赵丹. 农村学校合理布局标准探析——基于河南省的调查分析[J]. 教育发展研究, 2008(17).

[40] 雷万鹏. 义务教育学校布局——影响因素与政策选择[J]. 华中师范大学学报(人文社会科学版), 2010(5).

[41] 邬志辉. 中国农村学校布局调整标准问题探讨[J]. 东北师大学报(哲学社会科学版), 2010(5).

[42] 王远伟, 钱林晓. 关于农村中小学合理布局的设计[J]. 华中师范大学学报(人文社会科学版), 2008(3).

[43] 赵丹，郭清扬．促进教育资源共享：国外发展中国家学校合并的重点和启示[J]．外国中小学教育，2009(9)．

[44] 孙家振．调整学校布局，优化资源配置——关于农村义务教育阶段学校布局调整的实践与思考[J]．山东教育科研，1997(1)．

[45] 王泽德．对我国农村中小学布局调整的反思[J]．教育学术月刊，2009(5)．

[46] 于海波．农村学校布局调整要警惕辍学率反弹[J]．求是，2009(16)．

[47] 姜荣华．农村学校布局调整：农民选择与农民认同[J]．东北师大学报(哲学社会科学版)，2010(5)．

[48] 范先佐．农村学校布局调整与教育的均衡发展[J]．教育发展研究，2008(7)．

[49] 邓佑玲．关于三峡库区移民学校布局调整现状的调查[J]．民族教育研究，2007(2)．

[50] 范铭，郝文武．对学校布局调整三个"目的"的反思——以陕西为例[J]．北京大学教育评论，2011(2)．

[51] 冉芸芳，王一涛．教学点：何去何从——关于农村学校布局调整的一项质的研究[J]．当代教育科学，2007(9)．

[52] 东梅，常芳，白媛媛．农村小学布局调整对学生成绩影响的实证分析——以陕西为例[J]．南方经济，2008(9)．

[53] 范先佐，曾新．农村中小学布局调整必须慎重处理的若干问题[J]．河北师范大学学报(教育科学版)，2008(1)．

[54] 王海英．农村学校布局调整的方向选择——兼谈农村学校的"撤存"之争[J]．东北师大学报(哲学社会科学版)，2010(5)．

[55] 吴宏超．农村学校布局调整的困境与出路[J]．华中师范大学学报(人文社会科学版)，2007(2)．

[56] 郭清扬. 农村学校布局调整与教育资源合理配置[J]. 教育发展研究, 2008(7).

[57] 郭清扬. 我国农村中小学布局调整问题、原因及对策[J]. 华中师大学报(人文社会科学版), 2008(1).

[58] 秦玉友. 农村学校布局调整的认识、底线与思路[J]. 东北师大学报(哲学社会科学版), 2010(5).

[59] 万明钢, 白亮. 我国农村学校布局调整问题研究述评[J]. 教育科学研究, 2009(6).

[60] 沈红. 中国贫困研究的社会学述评[J]. 社会学研究, 2000(2).

[61] 林乘东. 教育扶贫论[J]. 民族研究, 1997(3).

[62] 严万跃. 论现代教育的扶贫功能[J]. 深圳职业技术学院学报, 2006(4).

[63] 杨能良、黄鹏. 教育扶贫——我国扶贫的财政学思考[J]. 福建财会管理干部学院学报, 2002(1).

[64] 周丽莎. 基于阿玛蒂亚·森理论下的少数民族地区教育扶贫模式研究——以新疆克孜勒苏柯尔克孜自治州为例[J]. 民族教育研究, 2011(2).

[65] 沈红. 中国历史上少数民族人口的边缘化: 少数民族贫困的历史透视[J]. 经济开发论坛, 1993(5).

[66] 沈红. 扶贫开发的方式与质量——甘肃、宁夏两省区扶贫调查分析[J]. 开发研究, 1993(2).

[67] 陈全功, 等. 农村长期贫困与教育改革[J]. 贵州财经学院学报, 2006(1).

[68] 奂平清, 王等等. 农村贫困地区教育扶贫及其对策探析[J]. 西北成人教育学报, 2001(1).

[69] 魏奋子, 李含琳, 王悦. 贫困县教育移民的政策定义与可行性研究——以西部地区四个干旱贫困县为例[J]. 人口与经

济，2007(3).

[70] 海南省教育移民联合调研组．海南省"教育移民"情况的调研报告[J]．琼州学院学报，2008(1).

[71] 杨华．民族地区的经济发展与教育功能的强化——从宁夏吊庄开发性移民看教育的发展及其功能[J]．西北民族研究，2004(3).

[72] 张学敏．三峡库区教育移民迁校经费缺口分析与对策研究[J]．教育与经济，2001(4).

[73] 余祖光．终身教育背景下职业教育的扶贫助困功能[J]．北京大学教育评论，2007(3).

[74] 吴月新，肖正德．浙江永嘉县教育扶贫工作的调研报告[J]．当代教育论坛，2007(4).

[75] 彭徐．西部大开发与凉山教育扶贫战略研究[J]．西昌师范高等专科学校学报，2003(2).

[76] 陈玉堂，等．实施现代远程教育 加快农村发展步伐——"河北科盟远程教育扶贫网"的启示与思考[J]．河北科技大学学报(社会科学版)，2004(1).

[77] 黄文平，卢新波．贫困问题的经济学解释[J]．上海经济研究，2002(8).

[78] 魏向赤．关于教育扶贫若干问题的思考[J]．教育研究，1997(9).

[79] 中国青基会希望工程公告[N]．人民日报，1997-3-5.

[80] 我国积极利用世行贷款发展教育[N]．中国教育报，1996-6-6.

[81] 魏向赤．转变教育扶贫的观念[J]．金秋科苑，1997(3).

[82] 杨朝晖．马克思主义跨越理论及其中国化进程[J]．理论观察，2010(3).

[83] 刘先春，吴阳松．原著视角下对马克思跨越理论的真实考察

[J]. 兰州大学学报(社会科学版)，2011(2).

[84] 孟立军. 论民族教育的历史性[J]. 民族教育研究，1996(3).

[85] 孟立军. 论中国民族教育的历史特点[J]. 中南民族大学学报，1996(1).

[86] 孟立军. 民族教育超常规发展的理论和实践探索[J]. 中南民族大学学报(哲学社会科学版)，1996(6).

[87] 孟立军. 抗战时期教育中心内移及其对民族教育的影响[J]. 中南民族大学学报(哲学社会科学版)，1995(6).

[88] 董建中. 论民族传统文化与民族教育的协调发展问题[J]. 云南师范大学学报，1991(1).

[89] 翁文艳. 教育公平的多元分析[J]. 教育发展研究，2001(3).

[90] 肖建彬. 论教育公平研究中的若干理论问题[J]. 西北师大学报(社会科学版)，2003(3).

[91] 石中英. 教育公平的主要内涵与社会意义[J]. 中国教育学刊，2008(3).

[92] 高立平. 教育公平：教育权利与教育权力[J]. 现代教育科学，2005(5).

[93] 陈云奔. 近10年来我国"教育公平"研究进展[J]. 上海教育科研，2004(4).

[94] 翟博. 教育均衡发展：理论、指标及测算方法[J]. 教育研究，2006(3).

[95] 陈立浩，朱克良，李颜. 历史的画卷——海南民族高等教育50年[J]. 琼州大学学报，1998(4).

[96] 琼州大学"海南民族教育探究"课题组. 海南少数民族地区基础教育现状及其发展思路[J]. 琼州大学学报，2004(1).

[97] 杨东平. 影响接受高等教育机会不均的制度性因素探析[J]. 中国高等教育，2001(6).

[98] 黄彩文，于爱华. 少数民族大学生的文化适应与民族认

同——以云南民族大学为例[J]. 楚雄师范学院学报，2009
(7).

[99] 罗康隆. 论文化适应[J]. 吉首大学学报(社会科学版)，2005
(2).

[100] 谢君君. 教育扶贫研究述评[J]. 复旦教育论坛，2012(3).

[101] 谢君君. 海南少数民族教育发展与文化传承[J]. 教育评论，
2011(3).

[102] 张兴华. 义务教育均衡发展误区及矫正[J]. 教育发展研究，
2003(1).

[103] 郭晓强，周强. 小丹尼尔·爱德华·科士兰：20 世纪的科学
大师之一[J]. 生物学通报，2008(12).

[104] 刘祯. 个人——组织契合的理论基础：价值论和契合论[J].
管理学家(学术版)，2012(10).

后　记

本书是在我博士论文的基础上修改而成。

自从师从中南民族大学孟立军教授，我开始关注少数民族地区基础教育，以往我总是局限在城乡教育资源差异配置的思维定势中去思考民族地区教育发展的路径，但孟立军教授的民族地区教育跨越式发展理论，为我研究民族地区教育发展路径打开了新的视野。近年来，关于民族地区教育发展的学术讨论一直在延续，民族地区教育发展面临着什么样的现状？发展遇到了什么样的瓶颈？在现有的条件下，有没有一条适合发展的路径？带着这些问题和困扰，我深入到民族地区调研其基础教育发展的"本真"面貌，并试图探索其未来政策发展的合适路径。

由于在农村出生长大，我对农村教育发展有着一种切身的人本关怀，希望有更多的农村学生能感受到教育给自身命运带来的改变。在研究过程中，我特意选择了海南省保亭自治县作为调研地点，想通过对民族地区的个案调研，以点带面，生动地反映出民族地区教育在改革发展中发生的变化。在民族地区教育的发展中，不同利益主体在教育政策过程中不断进行利益博弈，原本教育场域的生态变化，教育政策实施过程中的教育质量提升与学生辍学交织，民族地区教育资源的整合与人本价值的错位，使我深刻地感受到受益者在政策制定过程中的弱势地位。在现实与理想之间，民族教育总在一条曲折的道路上，选择一种看似合理的平衡，这种现象让人深思，发人深省。当然，论文的写作还存在着很多不足，由于理论知识浅薄，我看问题还不够透彻，还需要在不断地研究中去思考和感悟，本研究只当是一个阶段性的成果，聊以自慰，同时，也让我收拾心情，整理思绪再不断地反省前行。

在论文的写作过程中，我要特别感谢孟立军教授，正是在他的悉心帮助和指导下，我实现了从对民族教育这个领域一无所知到融入到民族教育发展的现实关怀中的转变。我还要特别感谢苏德教授、田敏教授、柏贵喜教授、李俊杰教授、李吉和教授的指点和帮助。在各位老师的关怀下，我走进了学术的汪洋，在这个浩瀚的领域里不断探索。

也感谢在论文写作的过程中，甘永涛师姐对我的建议和帮助；感谢宝华师兄三年的盛情款待；感谢中南民族大学的师兄师姐对我的关心和帮助，使我的学习生涯充满了乐趣和快乐。

本书的出版得到了武汉大学出版社赵财霞女士的支持和帮助，在此一并谢过！

由于本人才疏学浅，知识面狭窄，书中有许多纰漏和不足之处，敬请各位读者批评指正。

2014 年 11 月 20 日于海口阿布小斋